竹村亞希子

超訳 易経 陰

坤《こん》為《い》地《ち》ほか

新泉社

まえがき
——『超訳 易経 陰 ——坤為地《こんいち》ほか——』刊行にあたり

このたび、長らく絶版になっていた角川SSC新書『超訳・易経 自分らしく生きるためのヒント』（二〇一二年）を大幅に加筆修正、再編集し、増補改訂版として出版する運びとなりました。

じつは、増補改訂版として出版する企画はずいぶん前から計画し、『超訳 易経 陽』（二〇二〇年二月）とともに出版する予定で準備をしていました。ところが、そこにコロナ禍が起こってしまったのです。十年前は東日本大震災、そして今度はコロナ。陰については、よくよく「天雷《てんらい》无妄《むぼう》」に縁があるのだと思います。

天災と人災の違いを教える易経

さて、易経には天災と人災の違いが明確に書かれています。

「災」という字は、上半分の「く3つ」は「川」の象形文字です。水をあらわしていますが、横にすると易の八卦《はっか》の坎《かん》の象《しょう》☵になり、自然に当てはめると水（第二章五五ページ参照）になり、洪水などの水害をあらわします。下半分の「火」は火事や日照りによる被害をあらわしますので、「災」で自然発生的な天災を意味します。

この「災」の対の字が「眚《わざわい》」という字で人災を意味し、二つの字を合わせて「災眚《さいせい》」と読みます。「天雷无妄」の卦《か》では、「災眚《さいせい》」について次のように問いかけています。

自然に逆らえば最初に人災が起き、その人災は天災を呼ぶ。そして自然に逆らい続けるなら、人災と天災が増幅して起きてくる。それでもなお、自然に逆らい続けるのか。

自然に逆らう生き方とは人間中心の考え方です。経済活動しかり、ほかにも農薬や化学肥料による土壌汚染、抗生物質など抗菌による免疫不全やアレルギー、また環境破壊による異常気象、目に見えない細菌や微生物などの生態系の破壊などが挙げられます。

『土と内臓』(デイビッド・モントゴメリー+アン・ビクレー：著　片岡夏実：訳／2016年／築地書館)にも「より深刻な抗生物質の乱用が進行中」で「全世界で使われる抗生物質のおよそ九〇パーセントが、明らかに感染のない動物に使われている」「人間と動物に共通して感染する微生物のあいだに、抗生物質耐性が急速に広まれば、将来の世代は、一度は克服したと思われていた感染症に日常的にかかって死ぬ恐れが生じる」とあるように、新型コロナウイルスも、この人間中心主義の結果でしょう。

とくに経済活動は最も人為的なことですから、このままこの状態を進めていけば、災眚《さいせい》(天災と人災)を繰り返し、経済はますます混乱、混迷を窮めると警告を発しています。つまり、自然に倣《なら》って、自然や人を大切にする生き方・働き方をしなさいと易経は教えています。

漢字辞書編集者の円満字二郎氏によれば、「禍《わざわい》」という字の「示（しめすへん）」は神とか、社とか、神様に関係した字に出てくる部首ですが、戦禍や舌禍、輪禍、薬禍などとして使われ、人間が引き起こす出来事であるということです。今回のコロナ禍も、人の営みが深くかかわっている、つまり人災といえるのではないでしょうか。

一方、今回の危機は「学びの最高のチャンス」ともいえます。危機はかならず終わるけれども、またかならずやってきます。自然災害は十〜三十年ごとにあります。とてつもない大きな災害も五十〜百年ごとにあります。次の危機に備えて学び準備すれば、いつ、どこで何が起きても、生き延びられるようになります。易経には全編にわたって、困難な時や理不尽さが、いちばん人を成長させると書かれています。

持続可能性を追求するのが易経

易経で最も有名なことばを紹介します。

易《えき》は窮《きわ》まれば変《へん》じ、変ずれば通《つう》じ、通ずれば久《ひさ》し　（繋辞伝《けいじでん》）

変通《へんつう》の理《ことわり》ともいわれていることばです。聞いたことがある人は多いと思いますが、最後の「久し」の意味を知らない人が多いです。

なぜ変通なのか。それは久しく永続していくためです。易経は、もとより「ＳＤＧｓ（エスディージーズ）」、「Sustainable Development Goals（持続可能な開発目標）」なのです。

このことを山地剝の卦《か》を使って説明しましょう。

十二消長卦《じゅうにしょうちょうか》（第三章一〇六ページ）で紹介した山地剝《さんちはく》は「剝《は》がされる時」をあらわしている卦《か》です。充実しているものはわずかで、ほとんどが空虚で不安な要素ばかりの卦《か》とも読みとれます。一方で、いちばん上の陽の爻《こう》を果実にたとえると、最後の果実が落ちる時ですが、これさえ残っていれば、どんな世の中になってもその実が落ちて芽が生じ、植物は育っていけるとも読みとれます。

このＳＤＧｓ《エスディージーズ》（持続可能性）な考えは、日本の伝統企業・老舗企業によくあらわれています。日本は世界一、老舗企業が多い国です。創業三百五十年なんていう企業は、日本ではたくさんありますが、世界では見ることができません。老舗企業は、長年、事業を続けていますから、その間には何度も危機がくりかえされてきました。ですから、有事への備えは家訓として残っています。

彼らにとって最も重要なことは、「変通して久しく通じていく」。まさにＳＤＧｓです。そのためには、後継者が企業を潰してもらっては困る。だから彼らは無理をしません。大きくすることではなく、永続することを第一に考えています。まさに易経的な考えですね。

易経をわかりやすく解説するために

私は、占いではない易経のすばらしさをお伝えしたいと、私のことばで、わかりやすくみなさんに解説することにつとめてきました。そのために、これまで出版されている多くの易経解説書とは違った、私のオリジナルの解釈もたくさんあります。乾為天《けんいてん》の龍の成長物語はその代表例です。

それを私は「超訳」と題し、二〇一二年、角川SSC新書から『超訳・易経　自分らしく生きるためのヒント』として出版しました。

『超訳・易経』は、当時、角川マガジンズに在籍していた編集者の内田朋恵さんが、「帝王学としてではなく、リーダーのためでもなく、一般の人のための易経の本を書いてください」と手紙をくれたことから始まりました。

そして、二〇〇〇年から私の本の編集をお手伝いしてくださっている都築佳つ良さんと内田さん、私の三人で、ああでもない、こうでもないと三年以上、侃侃諤諤《かんかんがくがく》の議論をしてつくりあげました。十二消長卦については、セミナー等では、昔から毎年冬至には欠かせない解説でしたが、本に書いたのはこの時がはじめてでした。

つまり私が最もこだわって書いた、いまでも自分としては（拙著の中では）いちばん好きな本が『超訳・易経』です。

その後、『超訳・易経』は絶版になりましたが、セミナー受講者のみなさんからも、復刊を求める声がいちばん多い本でした。そこで、出版社を新たに増補改訂版として『超訳 易経 陰』を、同じ編集メンバーで出版することにしたのです。

本書出版にあたっては、第六章、第七章を新しく加えました。

第六章では、「火天大有《かてんたいゆう》、風地観《ふうちかん》、沢火革《たくかかく》、火風鼎《かふうてい》、水風井《すいふうせい》、艮為山《ごんいさん》、火水未済《かすいびせい》、水火既済《すいかきさい》」の八つの卦を加えて、それぞれの卦辞《かじ》と爻辞《こうじ》を通して「時中《じちゅう》」について解説しました。

第七章では、これまで出てきた卦のつながり、陰陽の用い方、考え方をまとめてみました。

本書はぜひ、今年二月に出版した『超訳 易経 陽 ―乾為天《けんいてん》―』（『リーダーの易経』の増補改訂版）と一緒に読んでください。乾為天の龍の話をメインとし、陽について詳しく解説した『超訳 易経 陽』とともに読むことで、易経をより深く理解できるでしょう。そして、易経の面白さや縦横無尽さを読者が発見されることを心から願います。

また、拙著として『経営に生かす易経』（致知出版社）が出版されていますが、これは『リーダーの易経「兆し」を察知する力をきたえる』『超訳・易経　自分らしく生きるためのヒント』をもとに行った講演をまとめた講演録です。そのため内容が重なった部分が多くなってしまいましたが、今回それぞれの本を増補改訂版として再編集し、出版した二冊『超訳　易経　陽』『超訳　易経　陰』がオリジナルとなることをお断りしておきます。

最後に、この本は占いの本ではありません。

解釈も多くの占いの本とはかなり違っています。易占いを学びたい方にとっては内容が異なります。また、私が体験で得た自分なりの解釈を加味していることを、最初にお断りしておきます。

竹村亞希子

二〇二〇年八月

目次

はじめに

易経というと、みなさん占いを思い浮かべることでしょう。

たしかに、易経は「占いの書」として発祥したもので、実際そこには、占った結果として、いまどんな状況にあるのか、将来どんなことが起きるのか、それに対してどのように対処すればいいのか、その方法がこと細かに書かれています。

ところが一方で、「君子占わず」つまり、「占わなくても吉凶《きっきょう》がわかる」と、占いを否定することが書かれている書でもあります。これは、易経をきちんと読んで理解したならば、先々の変化を察することができるようになり、未来がどうなるのか、そのためには、いまなにをすればいいのか、といった出処進退がわかるようになるということを意味しています。実際、易経には、私たちの人生で起こりうるあらゆることが書かれており、読み解いていくと、さまざまな事に対処できるようになっているのです。

こうしたことから、古来、易経は単なる占いの書ではなく、儒教の経典『四書五経《ししょごきょう》』の筆頭にも挙げられる経書《けいしょ》として大切にされてきました。事実、『論語《ろんご》』『老子《ろうし》』『荘子《そうじ》』とともに思想・哲学、人生学、帝王学の書として、さらには処世の智慧《ちえ》の書として、学ぶべき学問とされてきたのです。

私が易経に出合ったのは一九七〇年春のこと。それ以来、奥深い易経の魅力に取り憑《つ》かれてしまいました。いまでは「易経研究家」として、講演や講座を通して多くの方々に易経の魅力を紹介しています。

よく、「易経の魅力はなんですか」と聞かれます。

いろいろありますが、私にとっての魅力は、およそ人間の考えることがすべて書いてあり、行間から感じ取れることのすべてが腑《ふ》に落ちるということでしょうか。わかりやすくいえば、つらいことも楽しいこともひっくるめて、人生を受け容れることができるようになるということだと思います。

私のセミナーを受けている人たちからは、よく「易経を学んだらなにか問題が起きてもあわてなくなりました」という声を聞きます。それはどういうことかといいますと、人生の岐路に立たされたとき、難しい問題に突き当たったとき、いつも易経が解決の糸口を示してくれるということではないかと思います。

もちろん、いくら長く易経を学んできたといっても、相変わらず「しまった！」「困った」「どうしよう」と思うことは起こります。しかし、易経がいつもそばにあるおかげで、ただあたふたとするのではなく、その困難を冷静に余裕をもって受け止めることができたのではないかと感じています。

これまで私は、『超訳 易経 陽』をはじめとして、帝王学の解釈に近い本を出版し、講演を行ってきました。しかし常々、私は易経の智慧をビジネスマンやリーダーだけでなく、女性や学生をはじめとする一般の人たちにも広めたい、そして役立ててもらいたいと考えておりました。本書は長年抱いてきた私の夢がかなったものです。

したがって、本書の易経の解釈は主婦、仕事をもつ女性、母親、父親、祖父母、会社員、教員など、普通の生活を営んでいる人たちを念頭に行いました。言うなれば「みんなの易経」です。

とはいえ、易経は読むうえでさまざまな約束事があり、それが大きなネックになっています。本書ではそうした基礎知識がなくても読んでいけるように工夫してありますので、まずは第二章「易経とはなにか――易経の基礎知識」を飛ばして読んでみて、途中で興味をもたれたら、戻って読むのもおすすめです。

本書を通して先人の智慧《ちえ》の宝庫に触れ、生活のあらゆる場面で易経をご活用いただけたらと思います。

第一章　易経とは人生の変化を教える書

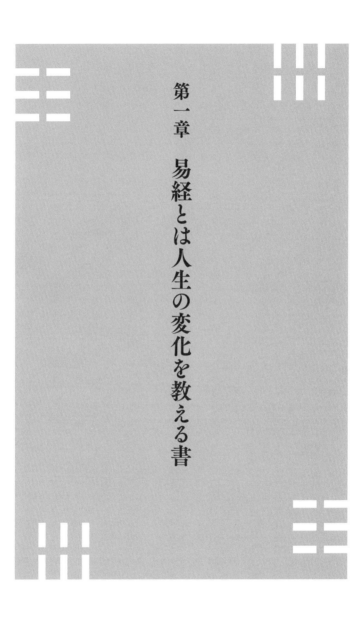

自分らしく生きるために易経を読む

易経の魅力に取り憑《つ》かれてから半世紀近く。占いではない易経のすばらしさをみなさんに伝えたいと、私のことばでわかりやすい解釈をすることにつとめてきました。

私が易経と出合ったのは、いまから四十八年前、神田にある占い専門の中古書店で「筮竹《ぜいちく》・算木《さんぎ》・筮筒《ぜいとう》」の三点セットを買ったのがきっかけです。そのとき一緒に、『易占《えきせん》の神秘』（熊崎健翁著・加藤大岳校訂）、『易学大講座』（加藤大岳著・全八巻）という本も購入し、見よう見まねで易占いをはじめました。

それから一年ほど経った二十二歳の春のある日、易経を最初のページから読んでみようと思い立ったのが、いま思えば易経研究の第一歩でした。

その本の最初に書いてあったのが「乾為天《けんいてん》」、龍の成長の話でした。たった数行の短い辞句なのにもかかわらず、書かれているその情景が次々と頭に浮かんできて、いっぺんで易経のとりこになってしまったのです。

それから易経研究と易占いを同時に学んでいくなかで、多くの解説書との出合いがありました。

なかでも二十六歳のときに中古書店で手に入れた明治の易聖《えきせい》といわれた高島嘉右衛門《たかしまかえもん》の著作『増補　高島易断』※（元亨利貞・全四巻、B5、明治三十九年、熊田活版所）は、私にとっては奇跡の出合いともいうべき本です。当時この本は、巷《ちまた》の中古書店では三十万円の値といわれ、国会図書館でしか見られない幻の書籍とされていました。

見つけたときは驚きとうれしさで、全身に電気が走ったことを鮮明に覚えています。十数ページ落丁していたため、十五万円という安値だといわれたのですが、二十六歳の私にとっては易々とは買えないほどの高額の本でした。しかし、一生に一度の幸運な出合いと自らに言い聞かせ、思い切って購入したのです。そしてつねにかたわらに置き、座右の書としておりました。（※高島嘉右衛門及び著作の『高島易断』は、「高島易断総本部」「高島易断総本家」「高嶋易断総本部」やその出版物とは一切関係ありません）

易経を読むようになって、私自身にもいろいろな変化がありました。一番大きな変化は、自分の置かれている状況を客観的に見られるようになったことでしょうか。

二〇一一年三月十一日に東日本大震災が起こったときも、私は不思議と落ち着いていられました。もちろん、私が名古屋にいたことが最大の理由だとは思いますが、それでも高層ビルの二十六階にいたので、その揺れ方は尋常ではありませんでした。

地震が起きたとき、私は「これは天雷无妄《てんらいむぼう》だ！」と思い、**「无妄《むぼう》は元《おお》いに亨《とお》る。貞《ただ》しきに利《よ》ろし。それ正《せい》にあらざるときは眚《わざわい》あり」**という易経に書かれたことばを思い出していました。

「无妄《むぼう》」とは、「妄《みだ》りが無い」という意味で、「妄《みだ》り」とは欲や望み、期待、作為をあらわします。「妄《みだ》りが無い」ということは無欲、無作為、自然体、つまり大自然の働きを意味します。「亨《とお》る」は、「ものごとが通じて循環していく」という意味です。大自然は大きく循環して人間に恵みをもたらしますが、ときに活発に働いて天災をもたらします。

易占いでは、天雷无妄《てんらいむぼう》が出たら「災いだ」と、とても怖れられます。それはなぜか。**「正《せい》にあらざるときは眚《わざわい》あり」**とあるように、無欲、自然体でなければ災いがあると書かれているからです。

天雷无妄《てんらいむぼう》については、のちほど詳しくお話ししますが、東日本大震災は、地震だけでなく津波の被害に原発事故までともなった千年に一度といわれるほどの大災害であり、日本はたいへんな痛手を負いました。以前から続く経済不安に政治不安も重なって、多くの人が「豊かな時は終わり、日本は苦難の時代に入った」と感じたことでしょう。あの日から私たち日本人の人生観、価値観は少なからず変わったように思います。

六十四の卦《か》に記された人生

「当たるも八卦《はっけ》、当たらぬも八卦《はっけ》」ということばを聞いたことがあると思います。これは「占いは当たることもあれば、当たらないこともある」ということですが、この卦《け》は易経からきたことばで、正式には卦《か》と読み、易経には六十四種類の卦《か》が記されています。

この本を読み進めるにあたり、最初に易占いと易経の違いについて簡単にお話しします。易占いとは、筮《ぜい》を立てて得た卦を使って、いま起きている問題への対処法を知るための術です。一方、私がこれからお話ししていく易経とは、人生で起こるあらゆる問題の解決法（これを易経では「中《ちゅう》する」といいます）が、あの手この手を使って書いてある書物のことで、占って得た卦だけを読むというものではありません。

誤解を恐れずに言うならば、易経は「陰」と「陽」で「中する」ということを伝えるために書かれた書物で、この重要な三点について、六十四種類の卦《か》と三百八十四の小話を使って、手を替え品を替え私たちに伝えようとしているものなのです。

人間には、苦しみ、悲しみ、勢いがある、どうにもならない閉塞、楽しみ、安らぎなど、いろいろな時がめぐってきます。一口に苦しみといっても、金銭問題で苦しい、人間関係で苦しい、病気で苦しい、望みがかなわず苦しいなど、さまざまな苦しみがあるでしょう。

易経ではそういったさまざまな状況を一つの「時」＝卦《か》として、六十四の物語にして書いてあります。それぞれの卦《か》にはさらに六つの小話があり、全部読むと起承転結の物語のようになっています。どの卦《か》に書いてあることも、自分に関係ない話は一つもありません。誰もが経験したことのある、あるいはこれから経験するであろうことばかりです。

ですから、どこの卦《か》から読んでも必ず、あなたやあなたの周りに起こっている問題や状況に合致する話が書いてあり、そして「なにをすればうまくいく」「なにをすればうまくいかない」という具体的な対処法（「中する」こと）、つまり人生の出処進退の方法が書かれています。それを読み取っていくことで、自分らしく生きるためのヒントを見つけてほしいのです。

易経を読んでいくうえでいちばん大切なことは、卦《か》に書かれた物語を自分の状況に重ねることです。いま自分が遭遇していること、仕事や人間関係、子育て、家庭など、自分を取り巻く状況で問題になっていること、困っていること、あるいは過去にあったことなど、自分の経験と照らし合わせたり、身近な出来事に引き寄せたりしながら読んでほしいのです。

なぜこんな話をするかといいますと、易経の卦《か》に書かれている物語はあまりに抽象的なため、自分の経験に照らし合わせて読み進めないと、易経が意味するところ、つまり生きるためのヒントを正しく読み取れない怖れがあるからです。

あらゆる人間の行動を描いたといわれるシェークスピアの物語は、主人公がいて、悪役がいて、脇役がいてと、物語がわかりやすく展開していきます。一方、抽象的で難しいといわれている易経の話も、慣れてくると六十四の卦《か》からシェークスピアの物語に負けず劣らずのストーリーが浮かび上がってきます。

易経の卦《か》に書かれている物語にも、主人公が一つの志を遂げるまでのサクセスストーリーがあったり、さまざまなキャラクターの登場人物があらわれ複雑な人間模様を展開し人間関係の問題を語ったりします。また、君子《くんし》（徳のある人）と小人《しょうじん》（徳のない人）が出てきて、その時にどういう行動をするかによって、どのように運命が分かれていくかを教えている卦《か》もあります。

易経は「実践哲学の書」ともいわれるように、運命を打開するための哲学が書かれていますから、書かれている対処法を実際にやってみることに意義があります。まさに「禍《わざわい》転じて福となす」となるための対処の智慧《ちえ》が満載の書なのです。

ここで少し六十四卦《か》の構成についてお話しします。

六十四卦《か》は前半の上経《じょうけい》三十卦《か》と後半の下経《かけい》三十四卦《か》に分かれ、一つ一つの卦《か》には名前がつけられています。かつ、その並び順には意味があり、その流れ自体が一つの人生を物語っているともいわれています。

最初の卦《か》は陰陽の陽を象徴する「乾為天《けんいてん》」、次に陰を象徴する「坤為地《こんいち》」が書かれています。陰陽が交わって一つのものごとが生まれるという考え方から、次に「産みの苦しみの時」をあらわす「水雷屯《すいらいちゅん》」の卦《か》になります。その次は「山水蒙《さんすいもう》」という「啓蒙の時」をあらわす教育の卦《か》になり……、と続き、最後から二番目に「完成の時」である「水火既済《すいかきさい》」、そして最後に「未完成の時」をあらわす「火水未済《かすいびせい》」の卦《か》を置いています。最後に完成を置かず、未完成に終わっている。これは時の変化に終わりはなく、永遠に循環していくことをあらわしています。

この本では六十四の卦《か》すべてを紹介できませんが、取り上げた卦《か》を読んで、自分の人生と摺《す》り合わせてみてください。きっと「ああ、これは私の経験と同じだ……」と、感じられるものが見つかるはずです。

人生の節目に易経の教えを生かす

私たちは普段、自分の置かれている状況を俯瞰《ふかん》して判断できるほど、広い視野ではものごとを見ていません。とくに、怒りの感情や欲にとらわれているときは、目の前のことしか見えなくなります。視野が狭くなると、目の前に立ちはだかる壁はどうやっても乗り越えられないほど高く見え、かえって悩みや苦しみは耐えがたいものとなってくるでしょう。起きた問題はなくなりませんし、過ぎた時間も戻らないのです。

けれど、悩み苦しみながらも事実を事実として受け容れることができるようになると、突然解決方法が見えてきます。

私は常日頃、習慣的に易経を開くようにしています。易経には「易の書たるや遠《とお》ざくべからず」と書かれていて、易経という書物は本棚にしまっておくものではなく、必要に応じて絶えずくりかえし辞書でも引くように学びなさいと教えています。なぜなら人生は日々、新しい変化の連続です。どんなに易経を学んでも、状況が変われば自分の思い込みや感情でものごとを見てしまうかもしれませんし、人はどうしても自分の都合のいいように考えたいものだからです。

感情や欲、思い込み、妄念などを取り払った視点から自分の状況を省《かえり》みると、ありのままの現実が見えてきます。ですから、「なんだかものごとが前に進まない」「なぜこの人とはいつも平行線なのか」と感じたときには、易経を読んでみましょう。ものごとを平らかに見るためのヒントが見つかるはずです。

易経は、「すべては同じ法則性をもって変化していく」と教えています。つまり、状況が変わっても人間は同じように問題に突き当たり、そしてものごとの成否はおおよそ人間のとる行動によって成り行きが決まっていると説《と》いているのです。

とはいってもその教えは、すべてについて「こうあるべき」「こう行動すべき」といった画一的なものではありません。反対に、易経には**「典要《てんよう》となすべからず、ただ変の適《ゆ》くところのまなり」**と書かれています。「典要となすべからず」とは、決めつけたり、頭を固くしてはいけないということです。つまり、固定観念を捨て、時や状況とともに自分自身を変化させ、成長していくことに重きを置いた教えとなっています。

人にはかならずターニングポイント、人生の分岐点があります。また成長していくうえで必要な大きな節目もあります。その時に取るべき選択を誤ると、その後の人生がつらくなるものです。後悔することのないよう、正しい選択ができるよう、あなたの人生に易経の教えを生かしていきましょう。

天災の時を教える「天雷无妄《てんらいむぼう》」

東日本大震災に遭遇した時、私の頭の中に「天雷无妄《てんらいむぼう》」の卦《か》が浮かんだことはすでにお話ししましたが、易占いでこの卦《か》が出たら「災い」だと怖れられます。それはなぜか。もう一度、天雷无妄《てんらいむぼう》の卦《か》を見てみましょう。

「无妄《むぼう》は元《おお》いに亨《とお》る。貞《ただ》しきに利《よ》ろし。それ正《せい》にあらざるときは眚《わざわい》あり」

とあるように、まさしく「无妄《むぼう》」つまり、無欲、無作為でなければ災いがあると易経は教えています。言い換えれば、この卦《か》は、人の期待はことごとく裏切られ、希望も通らないし、予定はなにも実現しない。とにかく望むことがなにもかなわない時なのです。

私たち人間には欲があります。望みもあり、期待もします。本当に無欲で、作為をしないなんてことはできません。つまり、无妄《むぼう》ではないということです。

それどころか、人間は「人工で雨や雪も降らせられるようになった」と、まるで自然をコントロールできるかのように勘違いして、驕《おご》りたかぶっているのではないでしょうか。その結果、大自然と私たち人間とは相容れない、易経のことばでいえば、「なにも通じない」状況となっているのでしょう。

じつは、天雷无妄《てんらいむぼう》の卦《か》には、「眚《わざわい》」と「災」の両方の字が出てきます。「災」は天災や外からくる災い、予期せず身に降りかかってくる災いを意味し、「眚《わざわい》」は人災や自ら引き起こす災いを意味し、易経ではきちんと使い分けて記してあります。

震災後、私は天雷无妄《てんらいむぼう》の卦《か》はなにを教えているのかと、何度も何度も易経を読み返しました。そこで改めて気づいたことは、いくら技術を発達させても、自然の力の前では人間は無力だということです。実際、東日本大震災では、地震や津波という天災だけでなく、福島第一原発事故という前代未聞の人災が起きてしまいました。

ありのままを受け容れ、自然とともに生きる

東日本大震災のような大きな天災に遭《あ》ったとき、私たちはそれをどう受け止めたらいいのでしょうか。被災された方たちは「なぜ、私たちが……」と、その不運を呪《のろ》いたくなると思います。しかし自然が起こす天災は、いつ、誰の身に起きてもおかしくないのですから、名古屋に住む私が被災して命を落としていた可能性もあったと思っています。

天雷无妄《てんらいむぼう》の卦《か》を読むと、頭に浮かぶ二つのことばがあります。

一つは、道元さんの『正法眼蔵《しょうぼうげんぞう》』の中にある「現成公案《げんじょうこうあん》」のことばです。

「しかもかくのごとくなりといへども、華《はな》は愛惜《あいじゃく》にちり、草は棄嫌《きけん》におふるのみなり」

これを文字通り読めば、「花は惜しまれて散っていく、草は嫌われても繁りはびこっていく」となりますが、道元さんはそんなことを言いたかったのではないと思います。人間の思いには好き嫌いがあります。ところが自然には作為はありません。ありのままです。善人か悪人か、好きか嫌いかに関係なく、すべての生あるものは、ただ生まれて、ただ自然に還っていくものだといっているのではないでしょうか。

そのように考えれば、自然はつねに新陳代謝していますから、地殻変動もそのうちの一つです。人間から見れば、地震や津波は災難ですが、自然には妄《もう》、つまり作為などありません。ただ、自然の循環から地震や津波を起こしただけなのです。そこには、善人だから災害をもたらさない、悪人だから災害をもたらすといった作為はありません。自然はすべてに等しく与え、ありのままなのだ、と道元さんは教えているのでしょう。

もう一つは、良寛さんのことばです。七十一歳の良寛さんが故郷の新潟で大地震にあった時、親しくしていた同郷の俳人、山田杜皐《とこう》に宛てて書いた手紙にあります。

「地震はまことに大変に候、
野僧、草庵は何事もなく、親類中死人もなくめでたく存じ候。
うちつけに死なば死なずてながらえて
かかる憂き目を見るがわびしさ
しかし、災難にあう時節には災難にあうがよく候。
死ぬる時節には死ぬがよく候。
是はこれ災難をのがるる妙法にて候。
かしこ」

良寛さんの悟りの境地がよくあらわれていると思います。

天雷无妄《てんらいむぼう》については解釈がとても難しく、私には十分に伝える力がまだまだ足りませんが、この二つのことばが、天雷无妄《てんらいむぼう》のいいたいことを一番よくあらわしていると考えています。

東日本大震災の時、名古屋も大きく長く揺れました。揺れている間、頭の中でくりかえしていたのが良寛さんの「災難にあう時節には災難にあうがよく候。死ぬる時節には死ぬがよく候。是はこれ災難をのがるる妙法にて候」ということばでした。

易経は、天雷无妄《てんらいむぼう》の状況では、作為なく、ありのままの自然体で生きることが大切だと教えています。とはいえ、つねに作為なく、無欲で生きている人など、皆無でしょう。いくら易経に学んでいるといってても私はとてもできません。

東日本大震災では、多くの尊い命が亡くなり、多くの方が家族を失い、家を失いました。それなのに私は安全に守られ、のうのうと生きている。半ば罪悪感をもちながら、次々と入る映像を見ていました。そして、これまでなんと傲慢《ごうまん》に生きてきたことかと羞恥《しゅうち》を覚え、同時に、生かされていることへの深い感謝と畏怖《いふ》心をより強く感じるようになりました。あの時から私の生きることへの価値観が変わりました。

天災によって人災を引き起こさないために

東日本大震災から九年が経ちました。

「まえがき」でも触れましたが、本書は、二〇一二年に出版された『超訳・易経　自分らしく生きるためのヒント』（角川ＳＳＣ新書）の増補改訂版です。前書は、当初二〇一一年に出版する予定でしたが、震災で出版が延期になり、その間に内容を大幅に書き直して二〇一二年に出版となりました。

日本では、東日本大震災後も熊本、北海道の震災や西日本豪雨など多くの災害に見舞われ、そのたびに「无妄《むぼう》」の言葉をかみしめてきました。そして、二〇二〇年、増補改訂版となる本書の出版の準備をしている最中に、今度は新型コロナウイルスのパンデミック（感染症の世界的流行）が発生しました。いま、私は改めて天雷无妄《てんらいむぼう》の卦《か》に学んでいます。

先に天雷无妄《てんらいむぼう》は天災を意味する「災」と、人災を意味する「眚《わざわい》」の両方を教えていると書きました。じつは「災」よりも怖ろしいのは「眚」なのです。

天災が起きるのは止むなく、私たちは受け止めて向き合っていくしかありません。しかし、**「それ正《せい》にあらざるときは眚《わざわ》いあり」**とは、私たちが無欲、無作為である「无妄《むぼう》」ではなく、自分の欲に走り「妄《みだ》り」になったなら、人災が引き起こされ、さらなる被害をもたらすといっているのです。

たとえば地震には、津波や火災、地盤沈下といった災害がともなうことがありますが、本当に怖ろしいのは、それに加えて人災が起きて二重、三重に被害が広がっていくことだと教えています。このことが易経に書かれているということは、太古から天災のあとには人災が起きるということがくりかえされてきたからでしょう。

新型コロナウイルスの蔓延によって、他者に恐怖を感じ、ヘイト的な行動や攻撃を行うことによってむやみな争い＝人災が起こりやすいことを懸念していたところ、とても易経的な文章に出合いました。

それは新型コロナウイルスが蔓延したイタリア、ミラノにあるアレッサンドロ・ヴォルタ高校の校長先生が「ヴォルタ高校の皆さんへ」と、休校中の生徒に宛てた手紙です。

少し長くなりますが紹介します。


「アレマン人[※1]がペストを連れて、ミラノに侵入してくるのではないか、という保健省の恐れが本当になった。感染が広がり、イタリアの大部分で犠牲者が出た……」

これは、アレッサンドロ・マンゾーニの小説『いいなづけ』三十一章の冒頭部分です。この章と次の三十二章では、一六三〇年、ミラノで流行したペストによって街が打撃を受けた様子が綴られており、いま、この世の中で起こっている出来事を重ね合わさずにはいられません。

（中略）

外国人やよそ者を危険だと思い込む、役所同士で激しく対立する、最初の感染者、いわゆる〝ゼロ号患者〟を突きとめようと躍起になる、専門家達の意見を軽視する。さらにウィルスを広めた人たちの追跡、制御のきかない噂話やデマ、根拠のない治療、生活必需品の奪い合い、そうする間に危険にさらされていく人々の健康……、これらの様子が描かれています。（中略）

これらのことからもマンゾーニの小説というより、今朝の新聞から飛びだした言葉を読んでいるように思えてくるのです。

〝日の下に新しいものはない〟[※2]という言葉があります。このたびは親愛なる皆さんに、「学校閉鎖」をお伝えしなくてはなりません。学校というのは決まった時期に行事が行われることで、時の移り変わりを感じ、市民生活がきちんと送れていることを認識する場所です。今回の強制的な休校は、理由なく行うものではありません。非常にまれなことですが、国からの要請があり——事実、重大な事情があって行うものです。(中略)

そして皆さんには、次のようにお伝えしたいと思います。

冷静さを保ち、群集心理に惑わされないでください。必要な予防策をとって、いつも通りの生活を続けてください。休校中の時間を生かして、散歩をしたり、良書を読んだりしてください。元気なら、ずっと家に閉じこもっている理由はありません。スーパーや薬局に駆けこむ理由もありません。(中略)

この病気が世界の端から端、そして果てまでも急速に広がったのは時代の〝産物〟によるものです。感染を止める壁はありません。何世紀も前、同じように伝染病が蔓延しました。しかし、そのスピードはもう少しゆっくりでした。

このような危険な事態がもたらす別の大きな危機は、マンゾーニ、もっと時代をさかのぼってボッカッチョが教えてくれています。それは私たちの社会生活や人間関係が毒され、人間らしい行いができなくなることです。

〝見えない敵〟がいたるところにいて、いつ襲われるかわからないという恐怖にとらわれたとき、私たちは本能的に、同じ人間をむやみに脅威に感じたり、攻撃の対象と感じたりするものです。しかし、十四世紀や十七世紀に伝染病が蔓延した時代よりも、現代医学はかなり進歩してきています。私たちの貴重な財産――社会組織や人間性を守るには、理性的な思考を持ってください。もしそれができなければ、本当に〝ペスト〟が勝利することになるでしょう。

学校で皆さんに会えることを、心待ちにしています。

ドメニコ・スキラーチェ

（ここまで『「これから」の時代《とき》を生きる君たちへ　イタリア・ミラノの校長先生からのメッセージ』ドメニコ・スキラーチェ著〈世界文化社　２０２０〉より引用）

※１　ドイツ南西部のライン川上流地域に定住するゲルマン系の民族。
※２　「先にあったものはまた後にもあり、先になされたことはまた後にもなされる。日の下に新しいものはない」（旧約聖書　伝道の書　第一章――九節より）時は変化していくが、四季のめぐりのように循環して人間の歴史も同じことを繰り返していく、ということを意味する。

コロナ禍の脅威に向き合うための正しい姿勢を教示するこの手紙は世界中で話題になりました。た。天災に連鎖して起こる人災は怖ろしいものです。コロナ禍だけでなく、災害時は集団パニック、窃盗、人々の反目による分断、非難、暴動などが引き起こされる可能性があります。しかし、人災は防ぐことができます。災害においては平常心を保ち、正しく向き合い、人災を防いでいくことが大切なのです。

天雷无妄《てんらいむぼう》は最も易経的な卦《か》、つまり易経の教えをいちばんよくあらわしている卦だと思います。ところが、易経六十四卦のうち、この卦だけには「どうすれば問題が解決するか」という具体的な対処法が書かれていません。誤解を怖れずに言えば、ただ「自然であれ」ということが書いてあるだけです。

スキラーチェ校長は生徒に、「時の移り変わりを感じ、市民生活がきちんと行われていることのできる学校を閉鎖せざるを得ない非常時であるけれども、「いつも通りの生活をしてください」言っています。これは天雷无妄《てんらいむぼう》が教えている「自然体でいなさい」ということに通じます。災害に遭遇した時は自然体で向き合うことにはじまり、そうすることで冷静に対処を考えられるようになるということです。

そして、くりかえされてきた歴史や先人の智慧から正しく向き合う姿勢を学びとることが、天災によって起こる人災を防ぐ手立てとなるのです。
天雷无妄《てんらいむぼう》の卦《か》は本書の第五章で易経に書かれている辞とともに改めて解説します。また、災害時に人災を防ぐための具体的な対処法や心の在り方については、第五章、第六章で紹介する、人と人が背き合い、疑心暗鬼になる構造を説いた火沢睽《かたくけい》の卦《か》、節制と節約の時をあらわす水沢節《すいたくせつ》の卦《か》、また止まる時を教える艮為山《ごんいさん》の卦《か》からも示唆を得られるかと思います。ぜひ、参考になさってください。

易経は時、状況の変化に応じて、自然に合わせて、ありのままに生きることの大切さを教えています。作為なく、自然に身をゆだねて生きていけば、おのずとものごとは進んでいくのです。

本書では、さまざまな事例を出しながらこうした易経の教えを紹介していきます。読み進めながら、自分自身で「ありのままとはなにか」「自然体とはなにか」に対して答えを見つけていってください。そうした探求をすることから易経の理解がはじまり、自分らしく生きるためのヒントが見つかるのです。

第二章　易経とはなにか

―易経の基礎知識―

この章では易経の決まり事についてお話しします。少々難しい話なので、まずは飛ばして読むことをおすすめします。第三章以降を読んでから、もう一度戻って読むと、より理解できるでしょう。

易経の成り立ち

第一章では、易占いではない易経とはどのようなものか。易経を読むことで、人生にどのような変化が生まれるのかについて、天雷无妄《てんらいむぼう》の卦《か》を使ってお話ししましたが、この章では易経を読むうえで知っておくといい、基本的な知識を紹介します。

占いの書として発祥《はっしょう》した易経は、東洋の古典の中でも最古の書です。その歴史はたいへんに古く、一説には約五千年前に記されたともいわれています。

「易《えき》」という字は、十二時虫《じゅうにじちゅう》と呼ばれる蜥蜴《とかげ》を意味しています。これは光の変化によって日に十二回、体の色を変えるといわれることから「易《か》わる」、つまり「変化」を意味するようになりました。

易経は現代でも占いの書として用いられていますが、それだけではありません。後世になって儒教の経典である『四書五経《ししょごきょう》』の「五経」の中の一つに挙げられた立派な経書《けいしょ》です。

経書の「経」という字には、織物の経糸《たていと》という意味があります。織物は経糸《たていと》を張ってから緯糸《よこいと》を通していきますが、まず基礎になる経糸をしっかり張らないと良い織物ができません。そこから「経」の字は「ものごとの筋道」「人の生きる道」「理《ことわり》」といった意味をもつようになりました。

また、「経書」とは聖人が書いた書物を指しますが、最も古い『五経』以後、どれほどすばらしい書物が書かれても、それらは「書」であって、「経書」とはいいません。

さて、「易」は変化、「経」は理《ことわり》ですから、易経は「変化の理《ことわり》」について書いてある書物と読み解けます。人の世は移ろい往《ゆ》くものです。また自然もつねに変化しています。そうした変化に応じて私たちはいかに正しい道筋を選び取りながら生きるべきか。易経はそういった人生哲学を説いた本といえるでしょう。

また、古代中国では「帝王学の書」としても扱われてきました。一国の王たる者、国を治めるためには「見えないものを観る目」と「諫言《かんげん》を聞く耳」を身につけることが必須条件といえます。こうした目と耳をもつことで、こだわりをなくし、ものごとの兆しを読むことができるのです。そこで王たちは、易経を通してものごとの変化の道理を知り、事に臨んでどう対処していくべきかを学びました。現代でも易経は「帝王学の書」として、企業や組織のリーダーの方々に読まれています。また、中国最古の「思想哲学書」としても知られ、西洋哲学にも大きな影響を与えています。

このように、易経はもともと国政を占うための書として発展していきましたが、じつは、どんな立場の人が読んでも的確なアドバイスが得られる、「処世の智慧《ちえ》の書」なのです。

易経成立の歴史的背景

では、どのように「占いの書」が経書にまでなり、さらに帝王学や思想哲学、処世の智慧の書となり得たのでしょうか。ここからは易経の成り立ちについてお話ししましょう。

現在の易経は本文と、のちに書き加えられた解説書で構成されています。その発祥はあまりにも古いため、誰が最初を記し、誰が解説書を記したかについてもはっきりわかっていません。あくまでも伝説として伝わっていることとして、『漢書芸文志《かんじょげいもんし》』という古い本に易経の作者について「人は三聖《さんせい》を更《か》え世は三古《さんこ》を歴《へ》たり」と書かれています。

「人は三聖を更え」の「三聖」とは、伏羲《ふっき》、周の文王《ぶんおう》とその息子の周公旦《しゅうこうたん》、孔子《こうし》のことです。「世は三古を歴たり」とありますが、「三古」は伏羲、周の文王と周公旦、孔子が生きた三つの時代です。三つのそれぞれの時代の聖人によって、易経の体裁が整ったといっています。

一番古いのは伏羲《ふっき》の時代ですが、これはいつ頃とははっきりわからないほどの大昔です。伏羲は古代中国の神話伝説上の人物で、帝王または聖人として、人首蛇身《じんしゅじゃしん》で描かれています。

「当たるも八卦《はっけ》、当たらぬも八卦」ということばがありますが、易経の基である陰陽を唱え、「八卦」を考案したのが伏羲《ふっき》だと伝わっています。

伏羲の次に周の文王と周公旦が本文を記し、孔子が解説書をまとめたとされています。ここからは歴史を追いながら、説明していきます。

亀の甲羅や獣骨に孔《あな》を開けて火にかけ、ひび割れた形で占うものを「卜《ぼく》」、筮竹《ぜいちく》（易占いに使われる細い竹の棒）を使って占うものを「筮《ぜい》」ということから、占いを総称して「卜筮《ぼくぜい》」と呼ぶようになりました。「卜《ぼく》」は主に殷《いん》（商《しょう》ともいう）（紀元前一六〇〇年頃〜紀元前一〇四六年）でさかんに行われていた占いです。一方、「筮《ぜい》」というのは、周を中心にさかんに行われていた占いです。古代中国では、国の重大事を決めるのに占いを用いたほど、占いは重視されていました。とはいえ、この頃に使われていた占いの書は、吉凶《きっきょう》をあらわしたシンプルなことばが記されただけのものでした。

殷の時代の終わりに、殷の諸侯《しょこう》であった周《しゅう》の文王とその息子、周公旦によって、現在の易経の本文が記されたと伝承されています。文王は、のちに殷の紂王《ちゅうおう》を倒して周王朝（紀元前一〇四六年〜紀元前二五六年）を築く武王《ぶおう》の父です。周公旦は武王の弟にあたります。

殷の紂王といえば、暴君の代名詞として知られています。酒池肉林《しゅちにくりん》の放蕩《ほうとう》に明け暮れ、罪人や自分に逆らった臣下を見せ物のように処刑した「炮烙《ほうらく》の刑」などの悪逆無道が司馬遷《しばせん》の『史《し》記《き》』に記されています。

文王《ぶんおう》もその暴虐に苦しめられた一人でした。紂王《ちゅうおう》は、諸侯の実力者であった周の文王が謀反《むほん》を起こすことを怖れ、文王を羑里《ゆうり》という地に幽閉します。幽閉は七年間におよび、一説によると、その間に紂王は文王の長男を殺して人肉のスープにして、文王に食べさせるという残虐な行いもしています。

文王は、そのような苦しみの幽閉生活のなかで易経の本文を記しました。そしてその後を四男である周公旦が引き継いだと伝えられています。歴史的にも周の時代に、占筮書《せんぜいしょ》として大きく発展したことははっきりわかっています。文王と周公旦が書いたものは「周易《しゅうえき》」と呼ばれており、「易経」は後世の呼称です。現在読まれている易経は、この「周易」に解説書が付記されたものを指します。

「周易」がさかんに読み解かれたのは、孔子をはじめ、多くの思想家があらわれた春秋戦国《しゅんじゅうせんごく》時代（紀元前七七〇年～前二二一年）です。春秋戦国時代は、周王朝が衰えてから秦《しん》の始皇帝が天下統一を成すまでの波乱の時代です。小さな国が勢力を争い、激しい戦闘がくりかえされていました。一つ判断を誤れば国や民の存亡にかかわるという緊迫した状況下で、占いに求められたのはただ吉凶を言い当てるだけではなく、もし戦いの勝敗を占って「凶」と出たならば、「では、どうすればいいのか」という指南でした。

結果に対する問いかけに答えるために、膨大な解釈や注釈が書き加えられ、意味づけされていったのです。戦乱の世に書かれた解釈は機知に富んだものでした。いかなる状況のなかでも運命を切り開く智慧が盛り込まれ、そして、しだいに思想哲学的な内容へと発展していったのです。

この解説書をまとめたのが孔子だといわれています。易経の解説文の中には、「これはどういう意味ですか?」という弟子の問いかけに対して、「子曰《しいわ》く」と続き、孔子がそれに答えるという問答形式で書かれているところがあります。ただ、実際に孔子が書いたという説は、歴史的にも矛盾するところがあって、孔子の弟子や儒教の学者によって書かれたのだろうともいわれています。

このように、いつ誰が書いたのかについては諸説ありますが、易経は悠久の歳月をかけて、多くの賢人によって書き継がれてきた書物であることには違いありません。孔子が生きたのは紀元前五五一年~前四七九年、文王が「周易」を記したのが紀元前一一〇〇年頃といわれていますから、孔子の時代には「周易」はすでに古典だったわけです。

戦国時代のあと、秦(紀元前七七八年~前二〇六年)の始皇帝は思想統一のため、民間にある医薬・卜筮《ぼくぜい》(占い)・農業以外のすべての書を焼き捨てるという「焚書坑儒《ふんしょこうじゅ》」を行いましたが、「周易」は占いの書とされ、難を免《まぬが》れました。そして後漢《ごかん》の時代(紀元二五年~二二〇年)

になって、四書五経の一つに加えられました。「易経」と呼ばれるようになったのは経書になったあとのことです。

こうして、多くの賢人により書き継がれてきた易経ですが、「経《けい》」と呼ばれる本文と「伝《でん》」と呼ばれる解説書で構成されています。

「経」は人間に起こりうるあらゆる物語が書かれた六十四卦《か》から成り立ちます。この「経」はたいへん古い時代に書かれ、孔子の時代にはすでに古典でしたから、読み解くことが難しい書物でした。そこで読みやすい「十翼《じゅうよく》」（十個の伝《でん》）という解説書が少しずつ加わり、いまのような形になっていきました。

易経は変化の書

易経の「易」という字は「変わる」、「変化」を意味するとお話ししました。実際、英語では、「Book of Changes」、「変化の書」と訳されています。

「易」という字には、一字で「変易《へんえき》」「不易《ふえき》」「易簡《いかん》（簡易《かんえき》）」という三つの意味がありますが、これを「易の三義《さんぎ》」といいます。それぞれの意味は次のようになります。

変易《へんえき》とは、「変化」という意味で、この世のすべてのものごと、人も物も自然も、一時たりとも変化しないものはなく、つねに変化し続けているということを指しています。

不易《ふえき》とは、「不変」という意味です。すべてのものは変化しますが、その変化には必ず、春夏秋冬の季節のめぐり、朝昼晩という一日のめぐりにみられるような、一定不変の「変わらない」法則性があるということです。

易簡《いかん》（簡易《かんえき》ともいう）とは、「易《やさ》しい、簡単」という意味です。「変易」「不易」があらわす変化と不変の法則に基づいてものごとは変化していることを私たち人間が理解できたならば、何事もわかりやすくなり、悩みや問題もスムーズに解決し、あらゆる意味で生きやすくなるということです。

つまり変易《へんえき》、不易《ふえき》があらわす、こうした循環、不変のサイクルは、すべての事象に通ずる栄《えい》枯盛衰《こせいすい》の道理なのです。

たとえ話をします。実りを得たいという思いがいくら強くても、凍った冬の大地に種をまいたら秋の実りはありません。しかし春に種をまけば、実りの秋を迎えることができます。人間の思いが自然の法則にぴったりと合致した時にはじめて実るのです。早く苦境を脱したいと焦って、冬に種をまいてもなにも実りません。天の気候と大地の栄養の準備が整った、春に種をまくことが一番の近道、最善の道なのだよ、と易経は教えています。

種をまく時期を知らせる「兆し」を観る

易経は兆しを感じ取ることが重要だと教えています。では、易経のいう「兆し」とはなんでしょうか。

先ほど、「冬に種をまいても秋に実りは得られない」ことをお話ししました。では、種をまくタイミングはどのように知ればいいのでしょう。それがまさに「兆しを観る」ということです。ちなみに、「見る」ではなく「観る」としたのは、目に見えるものは「見る」、目に見えないものを感じとって察することを「観る」と易経は使い分けていると、私が解釈しているからです。

私がこの「兆し」を理解するうえでたいへん助けになったことに、ある人物との出会いがあります。その人物とは、物理学者でカタカムナ文明（先史時代の日本に存在したとされる超古代文明）でも有名な楢崎皐月《ならさきこうげつ》さんです。

約五十年前、私は父の書斎で楢崎さん自筆のカタカムナについての資料を見て、易経との関連を強く感じました。そしてどうしてもお会いしたいと思い、楢崎さんと連絡を取ったのです。

最晩年の楢崎さんは、外部のどなたとも会われなくなっていたのですが、私のたっての願いにより、「一時間だけ」という約束で、習志野のご自宅を訪ねることができました。その面会で、最初に私が「カタカムナの考えは易経を読み解くヒントになる」と言うと、楢崎さんはカタカムナとの出合いや、ご自身の数奇な運命について六時間にわたり語り続けてくれました。

そして、「潜象《せんしょう》は現象に前駆する」と言われたのです。

このことばを聞いたとき、「易経のいう兆しとはこれだ！」と、私は一瞬にして腑に落ちました。

別れの際には、定期的に私から連絡を取り、研究の進みぐあいをお聞きすることになりました。その二年後、楢崎さんは亡くなられましたが、訪問からお亡くなりになるまでの二年の間、約束通り私は二～三カ月に一度の割合で楢崎さんと電話でお話しする機会を得ました。電話では、楢崎さんがカタカムナと古事記との関連について、私がカタカムナと易経の関連について、互いに話しました。たったの二年間でしたが、楢崎皐月さんは、私が易経を読み解いていくうえでの貴重なヒントをくださった恩人です。

さて、楢崎さんに言われた「潜象《せんしょう》は現象に前駆する」ということばをきっかけに、私は次のことを理解しました。

易経の「きざし」は目には見えないけれど感じることができる、察することができるもののことで「兆《きざ》し」である。一方、一般に使われる「きざし」は、目に見える変化のことで、たとえば、「春のきざし」のように、雪の間からふきのとうが顔を出したとか、ふと気づいたら日が延びていた、などのことではないか。そう考え、「萌」という漢字を当てたところ、易経のいう「兆し」がすっと理解できたのです。易経のいう兆しは「ほら、あれが兆しですよ」と教えられるものではなく、まだ現象としては目には見えないけれど、ものごとのゆくえを暗示するものなのです。

易経に有名なことばがあります。

易《えき》は窮《きわ》まれば変《へん》ず。変ずれば通《つう》ず。通ずれば久《ひさ》し。

これは、この世のあらゆるものは窮極《きゅうきょく》に達すると変化する、という意味です。ここでいう「窮極」とは、とことんまでいってピークに達するということです。つまり冬が窮まれば春になります。夏が窮まれば秋になります。変化することで、ものごとは行き詰まることなく新たに成長し、発展していきます。

易経は、ものごとが窮《きわ》まった時に、兆しが生じていると教えています。

今度は良い兆しを例に、暦の上から説明します。易経では、冬がピークを迎えるのは冬至だとしています。まさにこれが潜象を意味しますが、ちょっと早いと思いませんか？　たしかに「冬に至る」と書きますが、冬至は毎年十二月二十二日頃です。冬本番はまだこれからというところですね。

冬至は一年でいちばん日が短くなる日です。九月頃から昼間の時間が日一日と目に見えて短くなってきて、十二月の冬至でピークに達します。そしてピークに達したとたん、次の瞬間から転換して日が長くなるのです。**「易は窮《きわ》まれば変《へん》ず」**ということです。潜象として冬が春へと向かう瞬間なのです。

「一陽来復《いちようらいふく》」ということばがあります。これは冬至のことをいいますが、じつは易経のことばです。この冬至の「一陽来復」こそが、易経でいう〝春の兆し〟、言いかえれば、悪い状況が良い方へ向かう兆しなのです。しかし、冬至に春の兆しが生じたとはいっても、私たちにはまだ実感できません。それどころか、冬至のあとに小寒、大寒があって、一月、二月に冬本番の寒さがやってきます。そして厳しい寒さを過ぎ越したあとで、ようやく春の萌《きざ》しが見えてきます。

このように、春の兆しは、私たちが春を肌で感じるずっと前に生じていますが、兆しから萌しがあらわれるまでには、かなりの時間差があります。そして私たちが冬のピークと思うところと、易経のいうピークにもずれがあるわけです。

自分自身の「一陽来復」の体験を思い出してみてください。ものごとが悪い状況から良い方へ向かったまさにその時のことです。苦しい時期を乗り越えたあとに思い返してみると、「そういえばあのことをきっかけに流れが変わったな」と思う「時」があったのではないでしょうか。けれど、苦しみや苦労はそれからも続き、状況が改善したのはしばらくあとのことではなかったでしょうか。

生じたばかりの兆しを察するのはまず不可能です。ただし、いつ兆しが生じるのか、ピークはどこか、このことを頭の隅に置いて過ごすことが大切だと易経は教えています。

例外なく、兆しはだんだん明らかになってきて、やがて目に見える萌しとしてあらわれます。それにいつ気づくか、ということが大切なのです。なるべく早く気づくように、兆しを観る目を養いなさいと易経は教えているのです。

兆しは発生してから、一度きりではなく、何度も何度も、いろいろな機会を通してさまざまな形で私たちに信号を送って報《しら》せてきます。その兆しのサインに早く気づくために、時の変化とともに生きているということを忘れないでいたいものです。そうすれば、必ずものごとを観る目は変わってきます。

「時流」に乗らない「時中《じちゅう》」の考え

易経には「時中《じちゅう》」ということばがあります。

「時に中《あた》る」という意味で、つまりその時にぴったりのということです。春に種をまくのは時中《じちゅう》ですが、冬の凍った大地に種をまくのは時中《じちゅう》ではないということです。

易経がなんのために時と兆しについて教えているのか。それは時を読み、兆しを察して、その時にぴったり合った行動をとれば、多くの人生の問題は解決し、願いはかなうものだと説いているからです。つまり、易経の教えの根幹がこの時中《じちゅう》なのです。

ここで気をつけてほしいのは、「その時にぴったりの」というと、「それは時流に乗ること」と勘違いする人がいますが、「時中」と「時流」の二つのことばは、じつは正反対の意味をもっているということです。

時流は聞き慣れたことばです。「時流を読め」「時流に乗れ」とビジネスの講演会などではよく言われています。けれど、易経には「時流というものもたしかにある。しかし、時流に乗るものは時流によって必ず滅びる」と書かれています。こういうと、「えっ、時流に乗ったらいけないの?」と驚くかもしれませんが、この二つのことばの違いが大切です。

たとえばロングヒット商品とベストヒット商品の違いです。ロングヒット商品はいつの時代もコンスタントに売れ続けていきます。一方、ベストヒット商品というのは、ある時期、時代の波に乗って爆発的に売れるかもしれませんが、時代の風潮とともに忘れ去られてしまいます。それなら、その時々でベストヒットを出し続ければいいじゃないか、という人がいますが、それこそが「時流を追う」ということです。

ちなみに易経では、春夏秋冬がめぐっていくことを「常態」といいます。これに対して、時流を求めていつも収穫していたい、「冬はいらない」という考え方は「変態」といって、中途挫折の道だといわれます。

兆しを観る目を養えば、その時に合わせて、その時にぴったりのことができる、というのが易経の教えです。どんなに混乱した時にあっても、必ずその時を通り抜けるための最善の道、時中があります。

「時流」には「たまま乗る」ということがあっても、「時中」には「たまま中《あた》る」ということはありません。中《あた》るべくして中《あた》るのが時中だと易経は教えています。

易経は符号で成り立っている

易経にはいろいろと約束事があり、本格的に読むためには専門的知識が必要ですが、ここでは本書を読み進めるために知っておきたい基礎知識として、「陰陽」の考え方、八卦《はっか》、六十四卦《か》の成り立ちとその約束事について簡単にまとめてご紹介します。

先に古代の聖人伏羲《ふっき》が陰陽を唱え、八卦、さらに六十四卦を考案したのが易経のはじまりとお話ししましたが、なにしろ五千年前のことですから、本当は誰が考えたのかはっきりしません。これはあくまでも伝説としての話です。

しかし最初に陰陽の考え方が生まれ、それを基本として八卦ができ、さらに六十四卦へと応用・展開していったことは事実です。

こうしたことはすべて符号であらわされ、現在まで伝わってきました。大韓民国の国旗に描かれている☰、☷、☵、☲というマークをご存じでしょうか。じつはこれが易経ではなくてはならない符号であり、八卦の一部をあらわしています（図表1参照）。

そして六十四卦とは八卦をさらに展開したものです。ちなみに、第一章で紹介した天雷无妄《てんらいむぼう》は六十四卦の一つで、これを符号であらわすと䷘となります。

［図表1］大韓民国の国旗

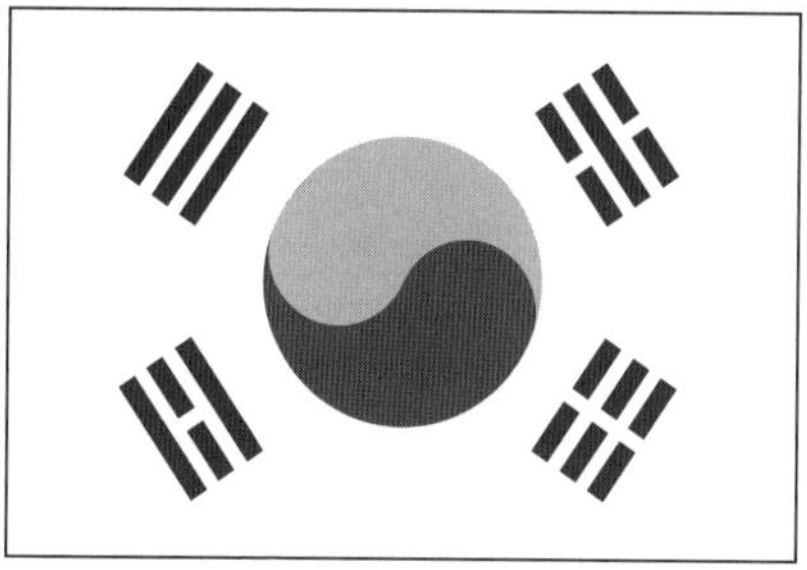

初めて八卦、六十四卦を見る人にとっては、この符号、なにがなんだかさっぱりわからないことでしょう。しかし一見複雑なようですが、よく見てください。ただ二種類の符号を組み合わせてあるだけです。一本の棒になっているのが陽をあらわす符号（⚊）で、棒の真ん中があいているのが陰をあらわす符号（⚋）です。

易経の本には難しい漢字の六十四卦の名前とともにこの符号がいつもセットで記されていて、それが易経初心者にはたいへん高いハードルになっています。ただ、この符号はなんのためにあるのか、どのようにできあがっているのか、これが理解できればハードルもだんだんと低くなっていくはずです。

なぜなら、易経に書かれている物語はすべてこの符号の組み合わせからできており、そこからあらゆる状況を読み取って記したものだからです。

易経の基本となる陰陽

易経は、ものごとを陰か陽かに判別するところからはじまります。

つまり弱い（陰）か強い（陽）か、裏（陰）か表（陽）か、というように正反対の性質に分けることだと考えてください。陰陽の分け方はシンプルですから、あまり迷うことなく感覚でパッとわかると思います。

図表2の八卦《はっか》太極図《たいきょくず》を見ながら読み進めてください。

陰陽の符号は、一説には陽は男性器、陰は女性器をシンボル化したものといわれています。

陰陽の分け方の目安をあえていうならば、積極を陽、消極を陰。発する側が陽、受ける側が陰ということになります。陰陽を例に挙げると次のようになります。

〈陰（⚋）〉地　夜　悪　邪　止　弱　裏　柔　小　月　寒　冬　女　子　－
〈陽（⚊）〉天　昼　善　正　動　強　表　剛　大　日　暑　夏　男　親　＋

［図表2］八卦太極図《はっかたいきょくず》

性質	健やか	悦ぶ	麗《つ》く	動く	入る	陥る	止まる	順う
自然	天《てん》	沢《たく》	火《か》	雷《らい》	風《ふう》	水《すい》	山《さん》	地《ち》
八卦《はっか》	乾《けん》	兌《だ》	離《り》	震《しん》	巽《そん》	坎《かん》	艮《ごん》	坤《こん》

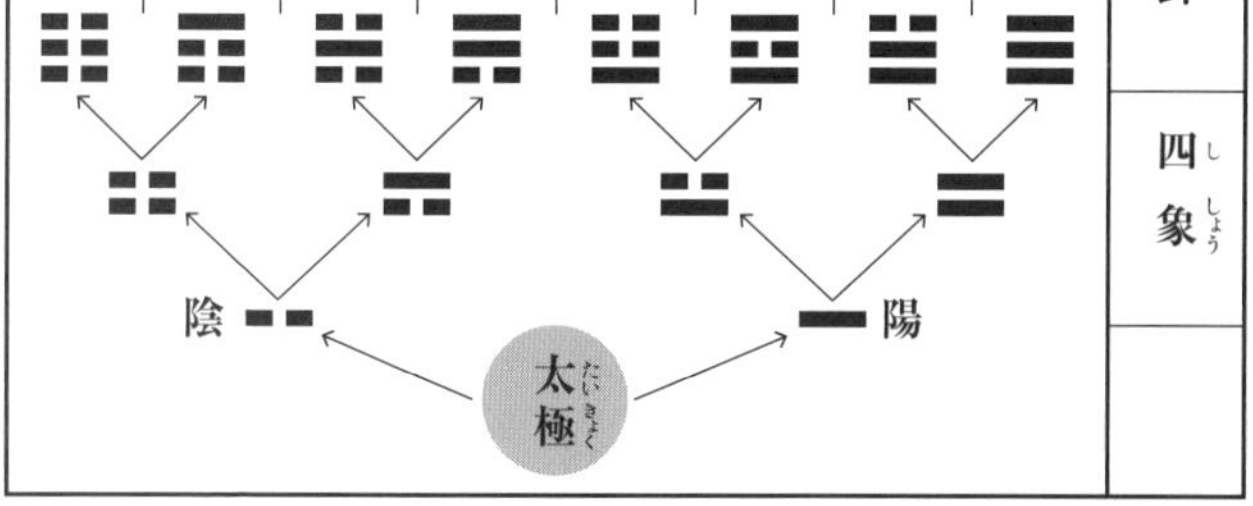

では、陰陽から八卦はどのようにできあがったのでしょうか。

図表2のいちばん下に「太極《たいきょく》」と書いてあります。これは陰と陽が分かれる前の混沌とした状態をあらわしています。本来、太極《たいきょく》には根元的な宇宙のパワーとか、この世のすべてのものごとが生まれてくるエネルギーの源といった意味があります。そして、すべてのものごとは正反対の二面性をもち、陰（⚋）と陽（⚊）が同時に生じるとしています。この考えにしたがって陰陽に分けていきましょう。

たとえば人間です。人間と一言にいえば、陰でも陽でもない太極《たいきょく》ということになります。性別で分けると、男性が陽で女性が陰になります。同じように自然（太極）を天と地に分けたら、天が陽で地が陰になります。一日は昼が陽、夜は陰です。

陰と陽に分けていきましたが、ものごとというのはそんなに単純ではありません。たとえば強い、弱いといっても、少し強い、少し弱いということもあります。そこで、さらに陰陽の符号を二本ずつの組み合わせであらわし、符号を四つ（四象）にしたのです。

八卦《はっか》には意味づけがある

これで四種類の符号ができましたが、これでもまだ単純すぎるということで、今度は陰陽の符号を三本重ねた組み合わせにして、全部で八つの符号をつくり、「八卦《はっか》」としました。

そしてわかりやすくするために、それぞれ☰乾《けん》・☱兌《だ》・☲離《り》・☳震《しん》・☴巽《そん》・☵坎《かん》・☶艮《ごん》・☷坤《こん》と名前をつけ、さらに自然現象に配して天《てん》・沢《たく》・火《か》・雷《らい》・風《ふう》・水《すい》・山《さん》・地《ち》と振り分け、性質をあらわした意味づけも加えました。

たとえば、陽の符号が三本の☰は、名前を「乾《けん》」とつけ、自然現象では陽気あふれた「天」、さらに「健やか」という性質をもたせました。

では、どうやって八卦《はっか》の名前と意味づけをしたのか。それには陰陽から読み取るだけでなく、八卦《はっか》の形も関係しています。

兌《だ》☱の形を見ると、上にくぼみがあって水が溜《た》まっている沢《さわ》のように見えます。また、艮《ごん》☶は山の形をして、どっしりと止まることをあらわします。

離《り》☲は火ですが、太陽の形にも見えますし、ろうそくの火が燃えているようにも見えます。太陽もろうそくの火も中心は暗く見えるものです。火というものはなにかについて燃え上がり、また離れて燃え移っていきます。そこから麗《つ》く（易経ではこの漢字を使います）という性質をあらわしています。また、漢字には相反する意味を含んでいるものが多く、離という字は離《つ》くとも読みます。

坎《かん》☵の符号を縦にしてみると水という字の象形文字になりますが、水は昔から苦難をあらわします。また、坎という字は土が欠けると書いて穴です。このことから陥るという意味づけになっています。

　このように、意味づけ（性質）に照らし合わせながら八卦を見ると、自然を象《かたど》った抽象画のように見えてくるでしょう。易経では、こうして形のイメージで読み取ることを「象《しょう》を観《み》る」といいます。

六十四卦《か》の象《しょう》を観る

ものごとをもっと詳しく判断するためには八卦《はっか》ではまだ足りないということで、八卦《はっか》を二つ重ねて、八×八で六十四の卦《か》をつくりました。図表3は六十四卦の名前と符号をあらわした「六十四卦早見表」です。ここでそれぞれの呼び方を紹介しましょう。

これまで「陰陽の符号」といってきた一本一本を易経では「爻《こう》」といいます。つまり六十四卦《か》は、六本の陰陽の爻《こう》でできているといえます。また、六十四卦《か》それぞれの名前を「卦名《かめい》」といい、陰陽六本の爻《こう》であらわしたものは「卦象《かしょう》」といいます。易経の本では卦名《かめい》と卦象《かしょう》はいつもセットで書かれています。

次に表の見方を説明しましょう。

右上に「上」「下」とあります。八卦《はっか》を上下に重ねて六十四卦《か》がつくられているので、上と下に分けて表にしてあります。具体的に見ていきましょう。

「上」欄の一番左の坤《こん》（地）と「下」の欄の一番上の乾《けん》（天）の合わさったところに、「地天《ちてん》泰《たい》」という卦《か》があります。卦名《かめい》は、八卦《はっか》それぞれに当てはまる自然のたとえ、☷（地《ち》）と☰（天《てん》）から地天泰《ちてんたい》䷊とつけられています。この卦《か》は六十四卦《か》の中でもとくにおめでたい形のあらわれとして、よく易占いの看板に描かれています。

卦名《かめい》はふつう、八卦《はっか》それぞれの自然のたとえが上下の順でついていますが、同じ種類の卦《か》を組み合わせた卦《か》ではこのかぎりではありません。この場合は八卦《はっか》の名前と自然のたとえを合わせて名前をつけます。たとえば、☰（乾《けん》）と☰（天《てん》）で䷀「乾為天《けんいてん》」といい、健やかに伸び

［図表３］六十四卦早見表

坤☷（地）	艮☶（山）	坎☵（水）	巽☴（風）	震☳（雷）	離☲（火）	兌☱（沢）	乾☰（天）	上／下
䷊ 地《ち》天《てん》泰《たい》	䷙ 山《さん》天《てん》大《たい》畜《ちく》	䷄ 水《すい》天《てん》需《じゅ》	䷈ 風《ふう》天《てん》小《しょう》畜《ちく》	䷡ 雷《らい》天《てん》大《たい》壮《そう》	䷍ 火《か》天《てん》大《たい》有《ゆう》	䷪ 沢《たく》天《てん》夬《かい》	䷀ 乾《けん》為《い》天《てん》	乾☰（天）
䷒ 地《ち》沢《たく》臨《りん》	䷨ 山《さん》沢《たく》損《そん》	䷻ 水《すい》沢《たく》節《せつ》	䷼ 風《ふう》沢《たく》中《ちゅう》孚《ふ》	䷵ 雷《らい》沢《たく》帰《き》妹《まい》	䷥ 火《か》沢《たく》睽《けい》	䷹ 兌《だ》為《い》沢《たく》	䷉ 天《てん》沢《たく》履《り》	兌☱（沢）
䷣ 地《ち》火《か》明《めい》夷《い》	䷕ 山《さん》火《か》賁《ひ》	䷾ 水《すい》火《か》既《き》済《さい》	䷤ 風《ふう》火《か》家《か》人《じん》	䷶ 雷《らい》火《か》豊《ほう》	䷝ 離《り》為《い》火《か》	䷰ 沢《たく》火《か》革《かく》	䷌ 天《てん》火《か》同《どう》人《じん》	離☲（火）
䷗ 地《ち》雷《らい》復《ふく》	䷚ 山《さん》雷《らい》頤《い》	䷂ 水《すい》雷《らい》屯《ちゅん》	䷩ 風《ふう》雷《らい》益《えき》	䷲ 震《しん》為《い》雷《らい》	䷔ 火《か》雷《らい》噬《ぜい》嗑《ごう》	䷐ 沢《たく》雷《らい》随《ずい》	䷘ 天《てん》雷《らい》无《む》妄《ぼう》	震☳（雷）
䷭ 地《ち》風《ふう》升《しょう》	䷑ 山《さん》風《ふう》蠱《こ》	䷯ 水《すい》風《ふう》井《せい》	䷸ 巽《そん》為《い》風《ふう》	䷟ 雷《らい》風《ふう》恒《こう》	䷱ 火《か》風《ふう》鼎《てい》	䷛ 沢《たく》風《ふう》大《たい》過《か》	䷫ 天《てん》風《ぷう》姤《こう》	巽☴（風）
䷆ 地《ち》水《すい》師《し》	䷃ 山《さん》水《すい》蒙《もう》	䷜ 坎《かん》為《い》水《すい》	䷺ 風《ふう》水《すい》渙《かん》	䷧ 雷《らい》水《すい》解《かい》	䷿ 火《か》水《すい》未《び》済《せい》	䷮ 沢《たく》水《すい》困《こん》	䷅ 天《てん》水《すい》訟《しょう》	坎☵（水）
䷎ 地《ち》山《ざん》謙《けん》	䷳ 艮《ごん》為《い》山《さん》	䷦ 水《すい》山《ざん》蹇《けん》	䷴ 風《ふう》山《ざん》漸《ぜん》	䷽ 雷《らい》山《ざん》小《しょう》過《か》	䷷ 火《か》山《ざん》旅《りょ》	䷞ 沢《たく》山《さん》咸《かん》	䷠ 天《てん》山《ざん》遯《とん》	艮☶（山）
䷁ 坤《こん》為《い》地《ち》	䷖ 山《さん》地《ち》剥《はく》	䷇ 水《すい》地《ち》比《ひ》	䷓ 風《ふう》地《ち》観《かん》	䷏ 雷《らい》地《ち》豫《よ》	䷢ 火《か》地《ち》晋《しん》	䷬ 沢《たく》地《ち》萃《すい》	䷋ 天《てん》地《ち》否《ひ》	坤☷（地）

ゆく時をあらわしています。

人生の「時」を物語る六十四卦《か》

六十四卦には、人間に起こりうるあらゆる時の物語が書かれていることはすでにお話ししました。もう一つお話ししたいのが、易経の教える「時」は、単なる時間timeをあらわしているのではないということです。易経が教える「時」というのは、映画や芝居のストーリーや、そのなかのワンシーンのようなものです。

たとえば過去の苦しかった時やうれしかった時のことを思い出してみてください。

その時というのは、どんな環境や状況で、そこにはどんな登場人物がいたのか。自分はどんな立場にいて、人間関係や心理状況はどうだったのか。そしてどんな結果になったのか。時の流れとともに、いろいろなことが思い描かれるでしょう。

このように、私たちが「あの時は……」と思い出すなかには、環境や状況、人間関係やその力関係、心理状況、立場や地位、時間の変化など、すべてが含まれています。

私は六十四卦があらわしている「時」というものを、どう伝えようかといろいろ考えてきました。そして、易経が教える「時」には「時・処・位」が含まれていると気づいたのです。

「時」とは時代や時間の変化、タイミングです。「処」は場所、環境、状況、心の状況、対処のことです。「位」は、立場、地位、人間関係です。このように「時」を理解すると六十四卦《か》の物語がすっと心に響いてきます。こうして卦象《かしょう》の読み方がわかると、そのなかにいっぱい詰まっている「時」の情報に気づくことができるのです。

さて、次に易経の構成内容について少しお話しします。

六十四の卦象《かしょう》から読み取った物語をことばにして説明しているのが、「卦辞《かじ》」と「爻辞《こうじ》」です。

「卦辞《かじ》」は、各卦《かくか》のはじめに「こういう時を述べます」と説明し、どのようにすればものごとが通じるかを説いています。

次に来るのが「爻辞《こうじ》」です。これは物語の一場面、一場面を六つに分けて、それぞれの小さな物語を説明しています。それぞれの小さな物語では、登場人物の地位や立場、人間関係をもあらわし、その場その場で起こってくるさまざまな問題とともに場面が進行していきます。さらに、その時、その場でどう対処すればいいかということも教えています。つまり、時の移り変わりや登場人物の立場、地位、人間関係は、すべて六本からなる陰陽の爻《こう》で示されているのです。

次に爻《こう》の見方を説明します。図表4を参考に読み進めてください。

爻《こう》は一番下から上に向かって読んでいきます。呼び方は、下から順に「初爻《しょこう》」「二爻《にこう》」「三爻《さんこう》」

[図表4] 爻の見方

	年齢	植物	会社組織	武道・芸道	体	思考と行動
上爻	後高年期	枯	相談役・顧問	名誉師範	頭・首	再考
五爻	前高年期	実・花	社長・会長	師範	胸	実現
四爻	中年期	つぼみ	重役	師範代	腹	試行
三爻	壮年期	枝葉	部長	上級	腰・股	提案
二爻	青年期	芽	課長	中級	脚	企画
初爻	幼少期	種	社員	初級	足	アイディア

「四爻《よんこう》」「五爻《ごこう》」「上爻《じょうこう》」です。本書ではわかりやすくするために、初爻《しょこう》を一番目、二爻を二番目……上爻《じょうこう》を六番目または①、②、③……⑥と呼んでいます。

易経があらわす時の移り変わりは、六十四卦すべてに共通して、一番下の爻《こう》からはじまって上に進んでいく、という約束事があり、種にはじまり、芽生えて成長し、結実してやがて枯れるという、栄枯盛衰の道にしたがって進行します。この順序は物語でいうと起承転結の流れです。さらにこの順序は、時の変遷だけでなく、地位や物の構造にも置きかえることができます。

図表4にあるように、爻《こう》があらわす位、地位、立場は、会社組織の例を見るとよくわかると思います。まず大きく二つに分けてみると、下の三本の爻《こう》は従業員側、上の三本は経営側ということになります。一番下は社員、新入社員や若手社員という立場です。二番目には中堅社員、主任、係長も含まれます。三番目が部長です。従業員側のトップの地位です。四番目が重役、社長の補佐、右腕といった立場にあたります。五番目が社長・会長です。易経では五番目が組織のトップの位にあたります。組織のリーダー、国家でいえば王様や首相の地位ということです。

六本の爻《こう》は一番目から五番目までが主要な人びと、ものごとにあたり、たとえば会社組織では現役の構成員にあたります。六番目は相談役で一線を退いた外部の立場ということになります。社外顧問もこの位にあたります。

この会社組織の例を応用していくと、国家という大きなものから町内会、サークル、コミュニティーなどの小さなものまで、あらゆる組織にあてはめて自分の立場を考えることができるわけです。

爻《こう》の読み方はほかにもいろいろと約束事があります。

それぞれの人間関係はうまくいっているのか、それとも、いざこざが起きやすいのか、また、その地位や立場にあって正しい行いができているのか、問題が起きているのか、問題が起きているのであれば、それはなぜなのか、ということも読み取ることができます。爻《こう》は場面や過程をあらわすだけでなく、複雑な心理状況まで表現しているのです。


いろいろお話ししましたが、覚えておいていただきたい爻《こう》の見方のポイントは二つです。一つは時の移り変わりはかならず下から上へ進むということ。二つ目は六本の爻の下から五番目の爻は君子《くんし》の位といって、組織のトップの地位にあたり、成長過程では結実、達成の場であることです。

この二つのポイントを押さえて卦象《かしょう》の見方が少しわかると、易経が理解しやすくなると思います。そして、単なる陰と陽の組み合わせにすぎない六十四卦の奥深さを感じ取ってください。そのなかに含まれる情報と教えの深さは学んでも学びきれないほどあり、先人の智慧と想像力に、私はいつも、ただただ、驚かされるばかりです。

陰と陽は表裏一体のもの

易経が教えていることの根底にはいつも陰陽があります。では、陰陽とはなんなのでしょうか。もう少し踏み込んでお話ししてみたいと思います。

もう一度、陰陽の分け方の例を見てみましょう。

〈陰（⚋）〉 地 夜 悪 邪 止 弱 裏 柔 小 月 寒 冬 女 子 －

〈陽（⚊）〉 天 昼 善 正 動 強 表 剛 大 日 暑 夏 男 親 ＋

陰と陽は相対するものです。そして、どちらか一方がなければ、もう一方もありません。裏がなければ表もなく、昼がなければ夜もありません。女性がいなければ男性もいませんし、逆もまたしかりです。それどころかどちらか一方がいなければ、人間自体、存在しないことになります。つまり陰陽は表裏一体となっていて、実際には一つのものなのです。ですから、易経は陰と陽を別々に切り離して、陰は陰、陽は陽、とは考えません。

たとえば、陰といえば、善悪でいったら悪です。優劣でいったら劣っている、正と邪《じゃ》では邪になります。とはいえ陰である女性が、悪くて劣っていて邪《よこしま》だということにはなりません。同じように、性格が暗いからといってその人に才能がなく、弱いとは判断しませんね。

私には長所も短所もあります。得意なことでは実力を発揮してそれなりに賢くなります。けれど苦手なことでは愚かでなにもできません。とても積極的な時もあれば、とても消極的な時もあります。それが私という人間です。

このように長所ばかりで短所のない人はいません。人は強さと弱さ、やさしさと厳しさの両方を兼ね備えていて、ときには意識してやさしくしたり、厳しくしたりもしています。「厳しさは愛情の裏返し」などともいいますが、一人の人間が、ときに陰の働きになったり、陽の働きになったりしているだけです。つまり絶対的な陰もなければ、絶対的な陽もないのです。

陰陽は入れ替わり変化する

陰陽の振り分けはあまり固定的に考えてはいけません。

なぜなら人間と同じで、あらゆるものは陰になったり陽になったり、コロコロと入れ替わり変化してしまうからです。天と地では天は陽ですが、つねに陽とは限りません。天は晴れなら陽ですが、雨模様なら陰になります。

ですから、このことは陰か陽かと考えても永遠に答えは出ないのです。どのようにアクセスするかで、陰だ、陽だと判断したものが、いとも簡単に変わってしまう、陰陽とはその程度のものです。

私たちはものごとを固定化して考えがちです。成功しているときは、自分はこのままずっと成功し続けると思い込みたくなります。しかし、そう思い込んでいたらかえって問題が起こります。そもそも固定された陰と陽などありません。しかし、それでは判断がつきかねるので整理をするために、その時、その場ごとに、この場合は陰か、陽か、と便宜的に分けて判断しているだけなのです。これが易経の陰陽論です。

五五ページの八卦《はっか》太極図《たいきょくず》のはじまりに太極《たいきょく》が置いてあります。これは、すべてのものごとは、もとは陰でも陽でもない混沌たる一つのものだと示しているのです。このように、易経は固定観念に縛られずに、いつでも太極《たいきょく》を出発点として陰陽を判断しなさいと教えています。

陰陽がものごとの変化を起こす

人生には希望に満ちた喜びの時もあれば、問題や悩みを抱えて苦しむ時もあります。苦しみ多い人生は避けたいものですが、では楽しいばかりが良い人生かといえば、そうとも言い切れません。

人間は良いことばかりでは成長できず、悩みや問題、葛藤《かっとう》、あるいは障害といった負荷があったほうが成長していきます。なぜなら、悩み苦しみを解決しようとすることで生きる力が湧き、新たな希望と喜びを得ることができるからなのです。

易経では人やものごとが変化して発展していくのは、陰陽の交わりによるものだと教えています。陰と陽は対立し、反発しながらも補い合い、助け合って、交ざり合おうとします。そして陰陽が相交わって、新たなものが生み出されます。

陰は陽があってはじめて成り立ち、陽は陰によって生かされます。天と地が交わるということは、天が日差しと雨を大地に与え、大地がそれを受け取って万物を生み育てることです。夏は冬へと向かい、冬は夏へと向かって季節がめぐり、百花草木を実らせます。同じく人間も男女が交わって新しい生命が誕生します。

変化があってこそ人は成長して新たなものを生み出していく、易経はそう教えて変化を重んじています。その変化のエネルギーの源となるのが陰陽の作用です。

しかし、その変化には一定の法則性があります。それが先にお話しした変易《へんえき》・不易《ふえき》・易簡《いかん》の「易《えき》の三義《さんぎ》」です。

「易《えき》は窮《きわ》まれば変《へん》ず。変ずれば通《つう》ず。通ずれば久《ひさ》し」とは、陰が極まれば陽になり、陽が窮まれば陰に転じるという意味です。満ちたものは必ず欠けて、欠けたものは必ず満ちていきます。満月が必ず新月に変わっていく自然の循環はもとより、人間社会の出来事も栄枯盛衰をくりかえしています。これが一定の不変の法則で変化するということです。

このように、陰陽は「消長《しょうちょう》」しながら変化していきます。「消《しょう》」は消えていく、小さくなる、「長《ちょう》」は長じていく、成長していくという意味です。陰と陽はどちらかが強くなるとどちらかが弱くなり、すべてのものごとが幾久《いくひさ》しく循環していきます。

たとえいまが順風満帆な時代であっても、陽が窮まれば必ず陰に転じていきます。そういう目をもって先々を考えたなら、いまをどう生きたらいいのかということが、おのずとわかってくるはずです。

陰陽の変化に対処する

自然はいつもなにも包み隠さず、変化のお手本を示しています。人間がそれに習うならば、人生で起きるものごとも、わかりやすく、やさしいものになると教えています。

しかし、人間は困ったもので、なかなかそううまくは自然の法則にしたがえません。

第一章で天雷无妄《てんらいむぼう》の卦《か》を紹介しましたが、无妄《むぼう》（作為がない）の自然の働きに対して、私たち人間には作為があります。欲もあり、望みもあり、期待もします。それだけに大自然とは相容れないのだとお伝えしました。人間は欲や期待にとらわれて冬の凍った大地に種をまくようなミスをします。つまり陰と陽を見誤るわけです。

ところが、人間は自然に反するばかりかというとそうでもありません。順応する力ももっています。

「天地人三才《てんちじんさんさい》」ということばがあります。「三才」とは三つの働き、才能という意味です。もとは易経の用語ですが、「天の時は地の利に如《し》かず、地の利は人の和に如かず」という孟子のことばが有名です。「天の時、地の利、人の和」といって、昔からものごとを成就するためには、この三つの条件を満たすことが重要だといいます。

「天の時」とは時、時代、タイミング、「地の利」は、環境、場、です。そして、このなかで最も重要なものは「人の和」です。つまりタイミングと環境、状況がそろっていたとしても、そこに人の働きが加わらなければ、ものごとは成就しないというのです。

人間は天と地の中間にあって、大地の上に立っています。易経は、天道《てんどう》、地道《ちどう》、人道《じんどう》、つまり天の働き、地の働き、人の働きの三つの陰陽がぴったりと合った時に変化が起こり、新たなものを生み出すとしています。

もし、人間が自然の変化に順応するならば、その変化に正しく「手を入れる＝中《ちゅう》する」ことができます。それが人間に与えられた才能と働きです。

変化の法則にしたがうならば、いまは順調に進んでいるものごとも、いずれは閉塞して滞る方向へとかたむいていくことは免れません。しかし、人間には豊かさをなるべく長く保とうとする力があり、また苦しい時代であるならば、少しでも早く、より良い状態に転じるように働きかけることができます。

易経が教えているのは、その時々の天の時と地の利を私たちがいかに用いるか、ということです。つまり「陰陽を用いる」ことで、対処法が得られるのです。そして、陰の時には陰の時の、陽の時には陽の時の対処法があり、それぞれ、その時に見合った人間の働き方があると教えています。

第三章

易経から現代を読む

――陰陽で現代の生き方を探る――

陽の時代はすでに終わり、陰の時代になった現代

これまで易経の基礎知識についてお話ししてきましたが、本章からはいよいよ実践編です。易経は、時の変化とその対処を教えていますから、この教えを人生に生かすには、時々刻々と変化する時のなかで実践しながら学んでいくことがいちばんです。こうしたことから易経は「実践の哲学」であるといわれます。そのために心がけたいことは、六十四卦に書いてあることを自分の身近なことに引き寄せて読むということ。そこで、現代という時代に照らし合わせて易経を読んでいきたいと思います。

まず、現在の日本の状況を考えてみましょう。

いまの日本は閉塞感に満ちた、たいへん厳しい時代になったといえます。これまで半世紀近く、栄枯盛衰の道理を教える書物、易経を学んできて、日本の繁栄がいつまでも続かないことはわかっていたつもりでした。しかし、本当にこんな時代になってみないと身にしみて理解できないものだ、とつくづく思います。二〇一一年に東日本大震災が起こった時、私は、日本が文字通り足元から揺るがされていることを実感したのです。震災から九年あまりが過ぎて、いま、世界はコロナ禍という目に見えない脅威にさらされています。経済活動は制限され、誰もが経験したことのない事態に見舞われました。

世界経済の低迷は著しく、それに加えて異常気象による災害、国家間の対立問題など、日本だけでなく、世界が揺るがされています。私たちの生活はどうなっていくのか、また医療は、老後はどうなるのか、子どもの将来は……と考えていくと、どれをとっても不安なことばかりです。世の中は先の見えない閉塞感におおわれています。

ふりかえれば第二次世界大戦後、日本の国土は焼け野原になり、戦災で人びとは家を失い、家族を失い、傷を負いました。もちろん仕事も食料もない暗く厳しい時代でした。しかし、二十年足らずで高度経済成長期を迎え、飛躍的な経済成長を遂げたことはご存じの通りです。その後、九〇年代のバブル崩壊で日本経済の安定成長期は終わり、それ以降、「失われた二十年」とも称される経済の低迷期になりました。

前へ前へと進み、成長してきた時代を陽とすると、止《とど》まり、低迷する時代は陰です。易経は栄えて安定している時ほど、危機感を持ちなさいと教えています。なぜなら陽が窮まれば必ず陰になっていくからです。いまの日本は陽の時代はすでに終わり、陰の時代の只中《ただなか》にあると言わざるをえません。日本はすでに進み行く力を失い、降《くだ》り龍となって地に落ちようとしていることを、誰しも感じているのではないでしょうか。私はこれからどのように生きていけばいいのかについて、さらに易経に学んでいかなければと思うようになりました。

東日本大震災の数年前から、易経を読み返すたびに、日本はもっと衰退していくだろうと危惧を抱いていましたが、それは単に頭で考えていただけで、身にしみて感じてはいなかったのです。易経は「人は怖れ震えるほどの怖い思いをしなければ改めないものだ」とも教えていますが、震災後、そのことばが改めて腑に落ちたと実感しました。

現在、日本だけでなく世界的にも多くの国が衰退の一途をたどっていることは、易経を学んでいなくても、みなさんが感じていることと思います。衰退の時代というのは、私にとっても未知の時代です。戦中、戦後を過ごされてきた人たちは、どん底のような苦しい時代を生きた経験がありますが、いまは戦争経験者も少なくなり、大半の人は豊かに成長する陽の時代だけを生きてきました。しかし、現在は衰退の時代となりました。そういう先の見えない時代、陰の時代を私たちはどう生きていったらいいのでしょう。易経には、その答えが詰まっています。

「陽」を象徴する乾為天《けんいてん》の卦《か》

私がこれまで講演や出版物でくりかえし紹介してきたのが、陽の時をあらわす乾為天《けんいてん》にある龍の話です。これは一つの志《こころざし》を達成するまでの成長過程を龍の物語になぞらえて説《と》いた話です（その内容の詳細は『超訳　易経　陽』をお読みください）。

志を抱いた龍が学び、修養して力をつけていくと、やがて天に昇り、大空を翔《かけ》る飛龍《ひりゅう》になります。しかし、その強大な力に驕《おご》りたかぶることで、力が衰えて降《くだ》り龍になります。

この龍の話は成長論とともに、ものごとの栄枯盛衰を説いており、人生や時代、国家、会社組織がどのように成長して、どのように衰えていくのかということを読み取ることもできるのです。そこで過去を振り返り、現在の状況に照らし合わせながら、乾為天の卦《か》を紹介していきましょう。

乾為天《けんいてん》は八卦《はっか》の乾（天）☰が二つ重なった卦《か》で、天の働きについて説いている卦です。卦辞《かじ》にはこうあります。

乾《けん》は、元《おお》いに亨《とお》りて貞《ただ》しきに利《よ》ろし。

天の働きによってものごとは正しく、健やかに大きく循環して通じていく。

「亨《とお》る」とは通じていく、循環していくという意味です。天の運行によって時はめぐり、季節がめぐっていきます。そして天は大地に日光と雨を与えて地上のありとあらゆるものを育てます。私たち人間は、こうした健やかな天の働きによってすべてを与えられ、成長していくということから、この卦は「健やかに成長する時」を教えています。

なぜ乾為天《けんいてん》に龍が登場するのでしょうか。龍はご存じのように想像上の生き物ですが、特別な能力をもち、昔からめでたいものとされています。龍が描かれた絵や置物を見ると、もくもくとした雲を一緒に連れています。龍には雲を呼び、恵みの雨を降らせて万物を養う能力があるとされているのです。

易経では、龍といえば陽の象徴で、大地に恵みの雨をもたらす天の働きを担《にな》っています。龍は人間社会でいうと、人びとを養い、社会を循環させる徳高い君子《くんし》、つまり社会的リーダーにたとえられます。こうしたことから、乾為天《けんいてん》は帝王学として書かれているといわれています。

では乾為天《けんいてん》の卦《か》は一般人には関係ない教えなのかというと、そうではありません。一国を司る帝王をも育てることができる万能な成長論が書いてあるのです。世界の頂点に立とうという大志から、それこそ趣味のゴルフの上達に至るまで、あらゆる夢や目標を達成するための王道ともいうべき理論です。誰にでもわかりやすいように原則的な成長過程が書いてあり、私は易経の入門としては最適の卦であると思っています。

本書では時代の栄枯盛衰という解釈で読んでいきます。

栄枯盛衰を物語る龍の話

乾為天《けんいてん》䷀は陽を象徴する卦《か》です。それは卦象《かしょう》（卦のかたち）を見ると一目瞭然です。乾為《けんい》天《てん》は「純陽の卦」といって、六本の爻《こう》がすべて陽でできた純粋な陽の卦です。

①潜龍《せんりゅう》――志《こころざし》を立てる
②見龍《けんりゅう》――師に見習って基礎を学ぶ
③乾惕《けんてき》――毎日、基礎をくりかえし実践して、技と応用を身につける
④躍龍《やくりゅう》――独自の技をもって、いままさに天に昇ろうと跳躍する
⑤飛龍《ひりゅう》――雲を呼び、雨を降らせて人々を養う。志を達成する
⑥亢龍《こうりゅう》――驕《おご》りたかぶって昇りすぎた龍。やがて降《くだ》り龍になる

このように、この卦《か》の爻《こう》は、龍が成長していくにしたがって変化していく様子をあらわしています。雲を呼び、雨を降らせる能力を発揮できるのは、⑤の「飛龍《ひりゅう》」だけです。つまり志を達成するのは飛龍の段階になります。そして⑥が「亢龍《こうりゅう》」で、たかぶって抗《あらが》う龍という意味です。亢龍《こうりゅう》はやがて時とともに降《くだ》り龍になっていきます。

それでは、日本がたどってきた敗戦後の復興から現在に至るまでの道のりを、龍の成長と照らし合わせながら、爻辞《こうじ》を説明していきましょう。

志を立てる潜龍の時代

陽の時代はまず、「潜龍《せんりゅう》」の段階から始まります。潜龍とは地底の奥深い淵に潜《ひそ》みかくれた龍です。

①潜龍《せんりゅう》用うるなかれ。
潜龍《せんりゅう》を用いてはならない。

潜龍は真っ暗な淵にいて、まだ地上にも出られず、日の目を見ることができない状況にいます。素養があっても世間で用いることはできず（使い物にならず）、認められません。苦しい境遇のなか、身を潜めるようにして生きているのです。敗戦直後の日本は潜龍の時代といえます。国土は一面の焼け野原になり、普通の生活もままならないマイナスからの出発でした。陽の時代のはじまりは、闇に閉ざされた状況なのです。しかし、強い志や希望というのはそういう状況下に発するものだと教えています。

「確乎《かっこ》としてそれ抜くべからざるは、潜龍《せんりゅう》なり」と書かれていて、確乎不抜《かっこふばつ》ということばの出典になっています。「それ」というのは志です。地上にも出られない潜龍の時代というのは、なにもないからこそ、大きく未来を想像して大志を抱くことができるのです。そして、こうした厳しい境遇のなかでしか、確乎不抜の志は育たないと教えています。

模倣して学ぶ見龍の時代

志を確乎たるものとして育てた潜龍は世の中に見いだされて、ようやく地上にあらわれます。自分の目も開き、世間からも見られるようになったということで、見龍《けんりゅう》といいます。

②見龍田《けんりゅうでん》に在り。大人《たいじん》を見るに利《よ》ろし。

見龍が水田にあらわれた。大人に学ぶ時である。

「**大人を見るに利ろし**」の「大人《たいじん》」とは自分が志すもの、師となる対象です。師に出会い、見習い、基本を学ぶ時です。師の姿勢や基本の型、フォームをそのまま受け容れ、見よう見まねで学びます。スポーツや武道でもそうですが、基本や型というのはまず師のフォームをまねて身につけていくものです。

戦後、日本は欧米の産業や技術、経済、文化を模倣することからはじめて、基礎となる土台をしっかりと築きました。模倣する、まねることは、独自に新たなものを生み出すための基礎づくりとしてかならず踏んでいく段階なのです。

見龍の時代は「基本と型をつくる」ことだけしかしてはいけない、師の教えを受け容れてとにかくコピーに徹することだと教えています。

日進《にっしん》月歩《げっぽ》する時代

師からコピーした型を元にして、技に磨きをかけるのが次の「乾惕《けんてき》」の段階です。

③君子終日乾乾《けんけん》、夕べに惕若《てきじゃく》たり。厲《あや》うけれども咎《とが》なし。

朝から晩まで、くりかえし邁進《まいしん》して努力する。そして夜独りになったときに、今日一日、本当にこれでよかったのかと恐れ憂《うれ》いて省《かえり》みる。たとえすべてうまくいっていたとしても、反省する。そのようであれば、危うい時ではあるが、咎《とが》めはない。

ここでは○○龍とは書いていませんが、先ほどもいったように君子とは龍のことです。わかりやすくするために、私はこの段階を乾惕《けんてき》と名づけています。基本と型を身につけた龍は、くりかえし基本を実践しながら、自分に足りないものはなにか、もっと良くするためにはどうしたらいいのかと、研究するようになります。

この段階は高度経済成長にさしかかった時代といえます。技術革新がめざましく進んだ時期であり、生活は日進月歩で急速に豊かさを取り戻していきました。

ここで「厲《あや》うい」といっているのは、まだ基本を身につけたばかりにもかかわらず、進みすぎるからです。安定しているとはいえず、危うさを含んでいますが、それを自ら意識しながら、毎日、毎日、反省しては進み、また反省することをくりかえしていきます。「乾乾《けんけん》」とは勤勉に一歩一歩前に進んでいくという意味です。失敗や苦労も多い時ですが、それをさらに活力とすることで、日々新たな創意工夫と技を身につけていける充実した時代といえます。

飛び立つ兆しを観る躍龍《やくりゅう》の時代

次の段階で龍は天に飛び立つ寸前のところまできます。基本と技、実力を充分に身につけた龍は、兆しを見極め、天に舞い上がるタイミングを待つのです。

④或《ある》いは躍《おど》りて淵《ふち》に在り。咎《とが》なし。
ある時は躍り上がって跳躍してみたり、またある時は深い淵に退いてみたりしているが、咎《とが》めはない。

私はこの段階を躍龍《やくりゅう》と名づけています。

「跳躍してはまた深い淵に退く」というのは、一度躍り上がっては、潜龍《せんりゅう》がいた淵にまで降《お》りていくという意味です。志したものに到達する前はスランプに陥ることがよくあります。好調と不調の波があり、不安定に大きく上下するわけです。躍龍《やくりゅう》の時代は、この不安定さがいいのです。

そういう「揺らぎ」のなかで潜龍の志を見つめなおし、基本、創意工夫と技をまとめ上げ、進むべき道を再確認するのです。日本の経済成長でいえば、高度経済成長のなか、好景気、不景気を何度かくりかえしながらも機をみて躍進し、経済大国としての地位を築き上げました。躍龍《やくりゅう》は、何度かのスランプを乗り越えることで、より一層の力をつけていきます。そして落ち込みをばねにして、天に舞い上がり、飛龍《ひりゅう》となります。

トップに昇りつめる飛龍《ひりゅう》の時代

成長を続けてきた龍は天《あま》かける飛龍になり、雲を呼び、雨を降らせる能力を発揮し、大きく世の中を循環させて人びとを成長させます。飛龍の時代は、なにをやっても順調に進む時です。まるで開花した花に蜂や蝶が吸い寄せられるように、次々とものごとが実を結んでいくのです。華々しく活躍し、少しくらい障害があっても、それを糧《かて》としてさらに新しい発展をしていきます。

⑤飛龍天《ひりゅうてん》に在り。大人《たいじん》を見るに利《よ》ろし。

飛龍は天に昇った。まわりのすべてのものごとに学ぶべきである。

日本は戦後から見事に復興を遂げ、さらに成長を続けて経済、産業、技術、文化などあらゆる分野で世界から認められ、賞賛されるようになりました。オイルショックやバブル崩壊があったものの、経済は世界のトップクラスの地位を守り続けていました。

飛龍の時代は、まさに陽の極みといった時で、一生懸命やらなくてもトントン拍子に進んでいきます。しかしそれが怖いのです。「窮《きわ》まれば変ず」ということばの通り、安定した状況が長く続くと時代は爛熟《らんじゅく》し、人びとは安心にあぐらをかいて、先を見通す力を失っていきます。

そこで**「大人《たいじん》を見るに利《よ》ろし」**とあります。これは師について基本を学ぶ見龍と同じことばになっていますが、飛龍はすでに師として後進に仰《あお》がれる立場ですので、意味が違ってきます。

飛龍にとっての「大人《たいじん》」(師)とは、まわりのすべての人、すべてのものごとのことです。基本の姿勢を見失うことのないよう、常にまわりのものごとに学びなさいという意味があります。まわりのものごととは、人や出来事、大自然、歴史、また古典に学ぶなどあらゆることを含んでいます。そして、将来どうあるべきかを正しく見極めなさいということです。この「大《たい》人《じん》に学ぶ」ことができたなら、飛龍の時代は保たれると教えています。

陽が窮まれば陰になるとわかっていても、豊かさがあたりまえの時代に生きていると、人は知らず知らずのうちに驕《おご》り、油断します。「創業は易《やす》く、守成《しゅせい》は難《かた》し」といわれる理由がそこにあるのです。

飛龍の力はしだいに衰えていきます。過去の歴史を振り返ってみても、栄えたものはかならず衰退の時を迎えます。どんなにうまく保たれていても、ゆるやかに、確実に衰退していくのです。

驕《おご》りたかぶる亢龍《こうりゅう》の時代

次の亢龍《こうりゅう》は、たかぶって抗《あらが》う龍です。どんなに抗っても、天から落ちていく運命にあります。

⑥亢龍悔《こうりゅうくい》あり。
亢龍《こうりゅう》には後悔があるだろう。

なぜ、亢龍《こうりゅう》になってしまうのでしょうか。それは陽の衝動にかられて、どんな状態になっても陽は積極的に前へ、上へと進もうとするからです。マイナス思考を嫌い、プラス、プラスで進む勢いがありますが、進むことばかりで退き、止《とど》まることを知らないと、さらに上に昇ろうとして、雲を突き抜けてしまうわけです。そうなると龍は肝心要《かんじんかなめ》の雨を降らす働きができなくなります。志を忘れた亢龍はもう龍ではありません。

陽の力は放っておけば、とにかく進み続けます。ですから、亢龍になるのは自然の成り行きともいえるのです。飛龍の時代を長く保つことがいかに難しいか、亢龍についてこう書いてあります。

進退存亡を知って、その正《せい》を失わざる者は、それただ聖人か

進んだものは必ず退き、存在したものは必ず亡びる。進退存亡を歴史に学んで正しさを失わない者は、聖人だけであろうか。

現代はあらゆる方面で後悔が語られる時代です。つまり進みすぎた亢龍の時代であると私は思います。戦後、日本が築いてきた基礎力は六十年以上を経て失われつつあります。メンテナンスを怠り、古くなった土台の上にあぐらをかいていたことに、私たちはようやく気づいたのです。

亢龍はなにに抗《あらが》うのかといえば、失うこと、退くことが嫌なのです。しかし一度亢龍になってしまったら、たとえ退いたとしても、もう飛龍には戻れない。いずれは後悔することになるため「悔《くい》あり」と書かれているのです。亢龍はもう地に降《お》りるしかないわけです。

しかし、降りるといっても二つの方法があります。失墜するのか、自ら降りるのかです。落ちると降《お》りるとでは大きな違いがあります。失墜すると痛い目にあい、しばらく立ち直れませんが、自ら降りるのなら態勢を整えながら降りることができます。スキーでも急斜面を降りるとき、しっかりと腰を落として滑っていけば斜面がゆるやかにみえます。エッジを立てて速度を調節しながら、ゆっくりと余裕をもって降りていけるからです。

現状をみると、今後、急速に経済が回復するという期待はもてません。にもかかわらず、私たちはいまの生活レベルを落としたくない。加えてなにかを失うのではないかと危惧していま す。その危惧が現実にならないためにも、そろそろ進み行く力を抑えて、新たな変化・革新を起こすべく、地上を歩みはじめなければならないと思うのです。

陰によって生かされた陽の時代

乾為天《けんいてん》の龍の話を使って、「陽の時代」を説明してきました。それぞれの龍が着実に段階を踏んで成長するために必要なことがおわかりいただけたと思います。

潜龍《せんりゅう》は苦しい境遇に耐えながら、大志を育てていきます。見龍《けんりゅう》は師の教えを受け容れて学ぶ龍でした。乾惕《けんてき》では進みすぎる危うさを意識して反省をくりかえします。躍龍《やくりゅう》は、不安定な「揺らぎ」をバネに天に舞い上がります。飛龍《ひりゅう》はまわりのすべてのものごとに大人《たいじん》を見いだして学ぶことでした。

耐えて、受け容れ、学び、反省する。乾為天に書かれたどの対処法も、成長するという陽の力を引き出すために陰の力を利用しているのです。

耐えるべきときに耐える、学ぶべきときに学ぶのは、その対処法がその時の的《まと》に中《あた》っているということです。これが易経の教える「時中《じちゅう》」です。

その時その時の的をしっかり押さえて、正確に一段、一段をのぼっていけば、自然に飛龍になります。飛龍は雲を連れています。陽の龍に対して、雲は陰です。つまり、自分の姿が隠れるほど多くの雲を連れている龍ほど徳高く、滞空時間も長いのです。

龍の話は亢龍《こうりゅう》で終わりですが、乾為天《けんいてん》は純粋な陽の卦《か》ということで、「陽の用い方」が最後に書いてあります。

郡龍首《ぐんりゅうかしら》なきを見る。吉なり。

群がる龍を見ると、頭がない。吉である。

乾為天《けんいてん》は六種類の龍が出てきますが、すべての龍がむやみに頭角をあらわさず、陰を生み出すことができたなら、ゆるやかに亢龍《こうりゅう》になっていくことができます。つまり、陽を用いる（利用する）ためには、陰が不可欠だといっているのです。

戦後から現代までを乾為天《けんいてん》の卦《か》に照らし合わせてみてきました。現在、陽の時代は終わったと私は思います。しかしいずれまた陽の時代はやってきます。そのためにも、しっかりと陰の力を蓄えておかなければなりません。

驕《おご》りと後悔は吉凶の兆し

飛龍《ひりゅう》は驕《おご》りたかぶって、亢龍《こうりゅう》になります。

「亢龍悔《こうりゅうくい》あり」と書かれていて、亢龍《こうりゅう》の段階になってはじめて、飛龍の段階でもっとこうしておけばよかったと、悔いることになります。

易経では、驕りはじめたことが「凶の兆し」、後悔することが「吉の兆し」ととらえています。そして、驕りと後悔を転換点として四季がめぐるように、吉と凶も巡りめぐるものだと教えています。

私の講座を受講している人から、「易経を学びはじめてから、凶を怖れなくなりました」と言われたことがあります。

易経は本来、占いの書ですから、吉凶《きっきょう》という言葉がそこかしこに出てきます。ただ、易経のいう「吉《きつ》」は降ってわいたような幸運をいっているのではありませんし、「凶《きょう》」もそれで終わりだと宣告しているのではありません。

占って吉と出たらみなさん喜びますが、凶と出たら嫌なものです。ところが易経を学ぶと、この嫌な凶に対して怖れがなくなり、凶の時をあるがままに受け容れて、どんな時も淡々と生きられるようになっていきます。なぜならば、易経には凶の時はどうしたら吉になり、吉の時はなにをしたら凶になるのかが書いてあるからです。そして易経では、吉《きつ》の意味は「通じる」、凶の意味は「通じない」、ただそれだけなのです。

たとえば、乾為天《けんいてん》の潜龍《せんりゅう》のように、まだ力もなく経験もないときは、なにかをしようとしても通じません。志があるからといって、なにかをしようとして世の中に出ても、かならず失敗します。それどころか、ひどく挫折して志さえも失ってしまいますから、これが凶だというのです。しかし逆境に耐えながらも、志を育て、修養を積んでいくならば、次第に通じていきますから、志の達成へと進んでいけるのです。

易経には吉、凶のことばとともに、「悔《かい》」と「吝《りん》」、そして「咎《とが》なし」ということばが出てきます。これを「吉凶悔吝咎《きっきょうかいりんとが》なし」といって、未来の善し悪しを判断することばとして使われています。

たとえば、「道を失《うしな》いて凶なるなり」「悔《く》ゆることありて征《ゆ》けば吉《きつ》なり」「往《ゆ》けば吝《りん》なり」「終《つい》に咎《とが》なし」といったことばがいたるところで見られます。

そして吉《きつ》は得《え》る、通じる、凶《きょう》は失う、塞《ふさ》がる、吝《りん》は吝嗇《りんしょく》の吝で、けちる、また恥ずかしいこと、悔《かい》は後悔があること、咎《とが》なしの咎とは災難のことで、その災難がないということを表現しています。人は驕《おご》りたかぶると、改めることや努力を惜しみ、けちるようになるものです。ですから吝《りん》は驕った心をあらわします。後悔するの悔《かい》のほうが吉に近く、吝は凶に近いものとされています。

易経の中では、吉《きつ》・凶《きょう》・悔《かい》・吝《りん》は巡りめぐりますが、吉と凶は自分が招くのだと考えると、人間の心理行動がよくわかるようになり、対処法がみえてきます。それで「凶が怖くなくなる」という心境になるのだと思います。

たとえば、失敗したことに気づいて、後悔して過ちを改めることによって吉になります。そうなると、たいていの人は「良かった」とホッと安心します。すると、今度は油断して、楽しみを貪《むさぼ》るようになります。そしてだんだんと悪い方向へ向かい吝《りん》になり、過ちを改めることを出し惜しんでいると、そのうちに凶となります。凶になると初めて悔い改めるため、そこからまた吉に向かいます。こうした吉・凶・悔・吝のめぐりは、誰にでも思いあたるものではないでしょうか。

幼い子どもも吉・凶・悔・吝をくりかえしています。叱《しか》られて泣いて、機嫌を直して笑って、また調子に乗って失敗して、叱られる。それをくりかえして、いいこと、悪いことを覚えていきます。これは大人になっても、同じです。くりかえすのです。ただ、子どものようにすぐに目に見えて結果があらわれず、そのスパンが長くなるだけです。

易経を学んで、吉凶の分かれ目を知る

吉・凶・悔・吝で大事なところは、悔《かい》と吝《りん》です。じつはこれが吉凶の分かれ目となるからです。

吝《りん》はなにをけちり、惜しむのかというと、悔い改めることをけちるのです。

いいことが長く続いていると、たいていのことはうまくいくと思って、多少問題が起きても「まあ、大丈夫だろう」と多くの人が高《たか》を括《くく》ります。そうしたことをくりかえすうちに、だんだん驕《おご》りも生じてきます。誰かが「それはいけない」「間違っていますよ」と忠告してくれたとしても、「大したことはない。いままでも私はこれでやってきた」と改めることを惜しみます。意地とプライドが邪魔をして、柔軟になることができない。改めるべきときに「ごめんなさい」が言えない。見て見ない振りをする、見逃す。そういうことが積み重なっていくのです。

凶ということばは聞きたくないですし、誰でも目をそむけたくなるほど嫌なものです。さらに、自分には悪いことは起こらない、悪くなるはずがないと都合よく考えがちです。そういう思いからも吝《りん》になります。

じつは、こうした驕りや侮《あなど》りはものごとが順調にスラスラと通じる吉《きつ》の時にすでに生じてきます。ところが吉の時というのは、しばらくの間は改めることを惜しんでも、すべてが順調に通じていくので凶の兆しに気づきません。そして気づかないうちに生じた吝《りん》は、時間をかけてある一定の量が積もり積もったときに大きな過失や事故になってあらわれ、凶に至ります。

よく大吉は凶に転ずるから危ないといわれますが、それは驕りたかぶって吝になりやすいからです。好事魔多しといいますが、怖れるべきは絶好調の勢いである大吉の時であって、大吉の時に対しては、易経にはさまざまな警告が記されています。

このように易経は凶に対しては寛容で吉には少々手厳しいところがあります。

さて、私たちは吝《りん》が高じても凶にならないと後悔できません。凶になってはじめて、「あのときに改めておけばよかった」と後悔するのです。ただし、後悔に後悔を重ねても、すぐには吉になりません。ゆっくり、ゆっくりと時間をかけて回復していくしかないのです。

一方、凶という状況を未然に察知して、「このままじゃいけない」と気づいて素早く改めたなら、災いには至らない咎《とが》なしになります。このように悔《かい》になれば、吉へ向かうわけですが、人はなかなかその後悔ができないものなのです。

「震《うご》きて咎《とが》无《な》きものは悔《かい》に存《そん》す」と易経に書かれていますが、「震きて」とは、怖れ震《ふる》えるという意味です。背筋がブルブルッと震えるような思いをしないと、改めないものだというのですが、この震えが凶を吉に、あるいは凶に至る前に回避して咎なしに転換させます。なぜなら、震えることで感受性が回復するからです。驕り、惜しむのは感受性が鈍くなっているからで、悪いことばですが「平和ボケ」も感受性の問題です。

後悔して改めたら凶は吉になるのですが、できれば凶を避けて、咎なく吉へと転換したいものです。そのためには凶になる前に、自分のなかに芽生えた傲慢さや惜しむ、けちるという吝《りん》の兆しを察知することが大切だと易経は教えています。

陰の時代がやってきた

さて、陽の時代が終われば陰の時代がやってきます。では、陰の時代とはどんな時代なのでしょうか。

ものごとがすらすらと通っていく、障害があったとしてもそれがまた功を奏して、さらに成長、発展していくのが乾為天《けんいてん》の陽の時代です。通じる時代に対して塞《ふさ》がる時代、ものごとが通じていかない、進もうとしても進めないのが陰の時代です。

コロナ禍以前なら、「陰の時代は塞がっている、進もうとしても進めない」と言われても大半の人は「それは嫌だなあ」と思うだけで、ピンとこなかったかもしれません。しかし、緊急事態宣言が発令され、私たちは文字通りに社会生活、経済活動が塞がれ、道を断たれるような思いを経験しました。現在もコロナ禍の渦中にあって、感染が収束した後も以前の生活、経済には戻れないだろうとさえいわれています。

できることなら、誰もそんな時代は認めたくないし、長く続くとは考えたくはありません。容易に受け容れられないのがふつうの心情です。しかし、ここからが易経の教えのすごいところです。「繋辞伝《けいじでん》」に次のようなことばがあります。

「戸を闔《とざ》すこれを坤《こん》と謂《い》い、戸を闢《ひら》くこれを乾《けん》と謂い、一闔一闢《いっこういっぺき》、これを変《へん》と謂《い》う」

ものごとは、扉が開いたり閉じたりするように、ある時は開き、あるときは閉じる。終わりなく開閉がくりかえされて、すべてのものごとは変化、変革して発展していくと易経は教えています。

つまり、開いて通じる時は外に出て積極的に活動し、閉じて塞がる時は活動のエネルギーを充電するために休息しなさいということです。

私たちの日常生活も、夜は家の戸を閉めて休み、朝は家の戸を開いて仕事に出かけます。なんでもない日常ですが、そういう活動と休息という陰陽が作用して、大きな変化と成長のエネルギーとなっていきます。

ずっと外に出て積極的に働いていたら、体をこわします。朝には朝のことをして、昼には昼のことを、夜には夜のことをして、私たちは健康に生きていられます。通じる時代、塞がる時代もそれと同じです。ただし、塞がるからといってなにもできないわけではありません。夜には夜の過ごし方があるように、陰の時代にはその過ごし方があるだけだといっているのです。

これからの時代は先が見えません。いくら国の政策に反対であっても選択を余儀なくされたのなら、私たち庶民は受け容れ難《がた》いことも受け容れ、良くも悪くも時代の流れにしたがっていくしかないのでしょう。まさに先の見えない不安だらけの時代です。

では、私たちはどのように生きていけばいいのでしょうか。こうした陰の時代の生き方を教えているのが、坤為地《こんいち》の卦《か》です。

「陽の時代」の生き方を教える乾為天《けんいてん》は天の働きを説いていましたが、それに対して「陰の時代」の生き方を教える坤為地《こんいち》は地の働きを説いています。

坤為地《こんいち》の卦の卦象《かしょう》は䷁のように、すべてが陰の爻《こう》でできた「純陰《じゅんいん》の卦」です。大地は天の時にしたがい、母なる大地としてすべてを受け容れ、地上の万物を生み育て、形あるものにしていきます。そこから「したがい、受け容れる時」をあらわす卦とされるのです。

また、乾為天《けんいてん》の龍に対して、坤為地《こんいち》は牝馬《ひんば》が登場します。馬は丈夫で疲れず、どこまでも地の道を歩いていきます。とくに牝馬は牡馬《ぼば》よりも大人しく、いったん人に馴《な》れると徹底してしたがうようになります。

坤為地《こんいち》の卦《か》については第四章で詳しく説明しますが、積極的に邁進《まいしん》することで力を発揮した陽の時に対して、陰の時は受け容れる度量をもち、柔順にしたがうことで力を発揮していく時だと易経は教えています。

陰の力と陽の力の違い

陰の力と陽の力の違いで、私がおもしろいと思った話があります。以前、知人から聞いたトップセールスマンについての話です。

ほとんどのトップセールスマンは、陽のやり方をします。明るく、快活《かいかつ》でバンバン売り込み、能弁で、聞かれたことにきちんと答えて切り返します。ところが、自動車や百科事典、ピアノなど高額商品を売るトップセールスマンは、一見、ぼうっとしていてやり手には見えず、もともと口べたで積極的には切り込めない。どうしてこの人がセールスなんてしているのだろうと思うような人が桁違いに売り上げるというのです。

やり手のセールスマンは、断られても「これもいいですよ、あれもいいですよ」と言ってきます。するとこちらは売りつけられそうで、「早く帰って」という気持ちになります。

ところが消極的で内気なセールスマンの場合、断られたら「そうですか……」とそれ以上なにも言えないのです。すると、なんとなく不憫《ふびん》に思ったお客のほうから、一言話しかける。それがふんわりと吸収されて、とりたてて気の利いた答えが返ってくるわけでもない。ふんわりと返されるとお客は安心して世間話までしてしまうわけです。そして、何度か訪問を重ねていって、知らず知らずのうちに信頼関係が築かれていきます。

そういうトップセールスマンはとにかく聞き上手で、お客のプライベートなことまでも把握しているそうです。人間関係は、話し上手よりも聞き上手といいますが、人の話をよく聞くことがきっちりとできたら、信頼が築けるということです。

セミナーでこの話をしたら、実際に同様の経験をしたという人がいました。ドイツの掃除機のセールス方法がまさにそうで、簡単な実演をして、なにも言わずにパンフレットを置いていくだけ。なんの説明もないので、かえって購買欲が刺激されるようです。

もう一つ、別の話をします。剣道家である私の知人は、以前、乾為天《けんいてん》の龍の話はまさに武道論だといってとても感激してくれたのですが、積極的に攻めていく剣道家がほとんどのなかで、たぐいまれな陰の力を発揮する剣道家がいることを話してくれました。

数少ない剣道の最高段位、八段を取得したその師範の戦いぶりは「力に頼らず、勝とうとしないで負けない」もので、とくに見事だといいます。

七十代になるというその師範も、若い頃には前へ前へと積極的に攻め入る戦い方をしていたそうですが、ある時から試合中、ぴたりと動かなくなったそうです。静かに空気が流れるなかで、相手が攻めてくると一瞬で勝負を決めてしまう。その優雅でしなやかな動きは、ほれぼれするほど美しいというのです。

師範はいつも弟子に「先に打つな、退《さ》がるな。相手がしかけてきた時に打て」と指導しているそうです。剣道をやったことのない私でも、それがどんなに難しいことかは想像ができます。「まさに陰の力ですね」と私も感服しました。

坤為地《こんいち》は「先頭に立たず、後《おく》れてついていきなさい」と教えています。前に進むことよりも、まず受け容れる、順《したが》う、耐える、待つという度量が陰の強さなのです。

陰と陽というと、どうしても陽は華々しくてすばらしい、陰は地味で控えめ、淡々として陽よりも劣ると思いがちですが、易経は、陰は陽に決して劣ることはない。むしろ人が生きていくうえでは陽よりも陰の力が大切だと教えています。たしかに「陰徳」とはよくいいますが、「陽徳」ということばはあまり使いませんね。

私たちは積極的に進んでなにかをすることがいいことだと思っています。ですから、ものごとがスムーズに進まない塞がっているときでも、とにかくなんとかしなければと早急に行動しようとします。ものごとが通らない時というのは、本来は止《とど》まるべき時なのですが、それに耐えきれなくてなにかをしてしまう。その結果、焦ってやらなくていいことをしてしまい失敗することが多々あります。止まるべきときに止まって、自制心をもって自分をコントロールすることは、積極的になにかをするよりもはるかに難しいのです。

陰の時代には、まず落ち着いて、現状維持につとめながら機をうかがうことが大切です。

君子《くんし》と小人《しょうじん》

易経には立場や地位、心根《こころね》の違いをあらわす意味で、「君子《くんし》」と「小人《しょうじん》」ということばが出てきます。ことばのイメージから君子は立派で徳があり、小人は小人物とわかりますね。乾為天《けんいてん》の龍は君子のたとえで、陰陽に分けると陽をあらわします。それに対して小人は陰になります。つまり陰の時代とは、小人の時代といえるのです。

「君子豹変《ひょうへん》す。小人は面《つら》を革《あらた》む」

これは易経六十四卦の一つ、沢火革《たくかかく》（第六章参照）に出てくることばです。沢火革《たくかかく》は革命、改革の時をあらわしている卦《か》です。「豹変」とは、豹の体毛が秋になって抜け変わり、一変して鮮明で美しい模様を見せることをいいます。**「君子豹変す」**は、いまでは「態度や考え方が急に一変する」と、あまりいい意味に使われていませんが、本来の意味は正反対で、「君子は過ちがあればすみやかに改め、見事に面目を一新する」という意味です。

君子は自分の過ちをみとめ、心を入れかえ姿勢も新たにして、内面も外面も改めるのに対して、「小人は面《つら》を革《あらた》む」は、小人は体面だけを改めて大勢にしたがうということです。根っこから変わったわけではないが、それでよろしいという意味です。

君子、小人ということばは易経のいたるところに出てきます。君子とは、一般的には身分の高い者やものごとがわかっている人のことです。小人とは、一般的には身分の低い者のことを指しますが、ものごとがわかっていない人や、一般人、大衆という意味があります。社会的地位でいうと、君子は人の上に立つ人、小人は君子にしたがう大衆です。精神や姿勢でいうと、君子は品位と徳のある人、小人は卑《いや》しく徳のない人。また行動でいうと、君子は自分で考えて正しく判断して行動します。小人は時流に流されやすく、迷って、過ちや悪さをします。

私は易経を読んできて、「君子とは、小人とは……」の解釈をずっと考えてきました。そこで私なりに、腑《ふ》に落ちたことがあります。ここからは私独自の解釈を説明します。

君子は自分のことは度外視しても、人のため、社会のため、国のため、世界のために考え、行動する人です。小人は自分さえよければいい、つまり私利私欲のために行動します。もし、自分が社長という立場で会社倒産の危機に直面した時、本音では自分と家族だけは守りたいわけです。「でも、それはできない」と思うのが君子の考え方です。

下で働く人にとっては、上に立つ人には自分のためでなく、会社のため、人のために行動してほしいと思うものです。しかし、君子と小人ではどちらが人間的かといえば、小人のほうです。そう考えれば人間は皆、小人です。人は本能的に自分を守ります。本音をいえば、社会よりもなによりも自分が大事なのです。つまり本質的なことをいえば、君子という人物は存在しないのです。

ちなみに、龍は君子のたとえですが、実際にはいない伝説の生きものです。一方、坤為地《こんいち》の卦《か》に登場するのは牝馬《ひんば》で、実際に存在します。

先ほど小人は自分のことだけ考えて生きるといいましたが、そもそも人間は一人では生きていけません。皆、社会と接してなんらかの責任を負っています。もともとの自分は小人であっても、生活のなかで親の立場、上司の立場に立った時は君子の位になるのです。アルバイトやパートの立場であっても、新人に仕事を教えてくださいと言われたら、その時はしっかりと教える姿勢をもたなければなりません。そういう意味での「君子としての行動」を易経は教えているのです。

まずは肩ひじをはらず、自分も含めて、「そもそも人間というものは小人だ」というところから出発して、易経を読みはじめてみてください。そうすれば、より現実的な対処法が得られると思います。

リーダー不在の陰の時代

陰の時代は小人の時代といいましたが、リーダー不在の時代ともいえます。

陽の時代は、社会的リーダーは強い先導力をもち、大衆を引っ張っていきます。しかし、陰の時代になると、陽の力が弱くなり、リーダーと大衆が同レベルになってきて、リーダーの地位にある人がその役割をまっとうできません。先導力を失って、利害を同じくするものが徒党を組むようになり、迷走して守るべきものを守れない。まさに政治不信がつのる時代でもあるわけです。

東日本大震災の時もコロナ禍においても国の対応の遅れは国内外から批判されましたが、いちばんの問題は意志決定の遅さだといわれています。上に立つ人が意志力、先導力を失うことが、易経が教えている陰の時代、つまり小人の時代の特徴でもあります。

一方、東日本大震災で大津波の被害にあった被災地では、地元消防団員の方々が多くの命を救いましたが、同時に多くの団員が犠牲になりました。また、コロナ禍では多くの医療従事者の方々がウイルスの脅威にさらされながら、私たちの命を守るために働いています。こうした民間の人たちの君子としての行動が、たいへんな苦難の最中《さなか》、人びとに大きな勇気と希望を与えたのです。

易経はつねにこう語りかけてきます。「こういう行動をとりなさい、こう対処しなさい、そうすればそのとき、そのものごとは通っていく。つまり、困難をも乗り越えることができる」と。

陰の時代は、小人の時代であり大衆の時代ともいえます。したがい、受け容れる側である私たち小人の力がものをいう時代です。つまり私たち一人ひとり、力のない小人が君子の志を抱き、君子の力を発揮して活躍するのです。閉塞を打ち破る力は、いつの時代もかならず社会の下層から出てくると易経は教えています。

陰陽の消長《しょうちょう》で大きく時代を展望する

ここまでは大きく陽の時代、陰の時代と分けて説明してきましたが、なぜ、陽の時代がいきなり陰の時代になるのかという疑問もあるのではないでしょうか。陽はいきなり陰になるわけではありません。季節が夏から冬へ、月が満月から新月へと変わっていくように、だんだんと変化していくものです。

陰が窮まれば陽になり、陽が窮まれば陰になり、転じて久しく通じていく。易経の卦《か》には、こういう時の変化の様相を陰陽の消長であらわしたものがあります。「十二消長卦《じゅうにしょうちょうか》（十二消息卦《じゅうにしょうそくか》ともいう）」と呼ばれるものです。

十二消長卦（陰陽の消長をあらわす十二の卦）

旧暦（新暦の現行太陽暦とは一～二カ月のずれがあります）			
四月	䷀	乾為天《けんいてん》	健やかな成長の時
五月	䷫	天風姤《てんぷうこう》（夏至）	思いがけなく（陰に）出遭《であ》う時
六月	䷠	天山遯《てんざんとん》	逃れる時
七月	䷋	天地否《てんちひ》	閉塞の時
八月	䷓	風地観《ふうちかん》	観る時
九月	䷖	山地剝《さんちはく》	剝《は》がされる時
十月	䷁	坤為地《こんいち》	したがう時
十一月	䷗	地雷復《ちらいふく》（冬至）	一陽来復（回復・復帰）の時
十二月	䷒	地沢臨《ちたくりん》	臨む（展望の）時
一月	䷊	地天泰《ちてんたい》	安泰の時
二月	䷡	雷天大壮《らいてんたいそう》	大いに勢い壮《さか》んな時
三月	䷪	沢天夬《たくてんかい》	決し去る時

陰陽のグラデーションのようになっているのが、おわかりいただけるでしょう。十二の卦《か》を

通して、どのように陰が伸び（長じて）、陽が消されていくのか、また陽はどのように伸びて（長じて）陰が消されていくのか、その時その時にどんな時代へと変わっていくのか、こうしたことを読み取って、大きく時代を俯瞰《ふかん》することができます。十二の卦は、「窮《きわ》まれば変ず」という易経の法則にしたがって、循環していきます。

それでは前半と後半に分けて、まず成長する陽の時代から陰の時代への移り変わりと、その時々の傾向を見ていきましょう。十二消長卦《じゅうにしょうちょうか》は、本来は「地雷復《ちらいふく》」の一陽来復《いちようらいふく》からはじまりますが、わかりやすく「乾為天《けんいてん》」から解説します。

陽の時代から陰の時代へ

乾為天《けんいてん》䷀

乾為天はお伝えした通り、すべての爻《こう》が陽でできた卦《か》です。成長し躍進して、ものごとの頂点に立つ、陽のピークの時代です。すべてが陽に見えますが、満月と同じように裏側には、必ず陰が隠れています。すべてが陽になると、裏に隠れていた陰がいちばん下から入りこんで天《てん》風姤《ぷうこう》という卦になります。

天風姤《てんぷうこう》 ䷫

「思いがけなく出遭《であ》う時」をあらわす天風姤《てんぷうこう》は、暦では夏至にあたり、この時を境に日が短くなり、陰が勢力を伸ばしていきます。

天風姤《てんぷうこう》はおもしろいたとえをしている卦《か》です。中国では美しい女性が一国を亡ぼす原因になった史実が多くありますが、「好事魔多し」というように魔がさして女難にあうことにたとえられているのです。

強い男性ばかりのなかに、不意をつくように美しい女性が風のように柔らかくスッと入ってきます。女性は当然、目立ちます。男性たちはただ、女性を警戒感もなく受け容れます。最初は軽い気持ちで受け容れるのですが、この微弱な陰がのちに強大な勢力にふくらんで時代を衰えさせるのです。陰は浸食するように力強い陽に取り入って、確実に伸びていくと教えています。陰は美しい女性のたとえですが、私利私欲にまみれた小人が言葉巧みに君子に取り入るという意味もあります。

天山遯《てんざんとん》 ䷠

次に天山遯《てんざんとん》という卦《か》になります。下の二本の爻《こう》が陰になり、これで全体の三分の一が陰になりました。まだわずか二本だけとはいえ、陰は着実に勢力を伸ばし、これから世の中は塞がっていくことをあらわしているのです。

天山遯《てんざんとん》は「逃れる時」をあらわしています。「遯《とん》」は豚が走って逃げだすくらいの勢いで逃げなさいという意味です。私は若い頃に天山遯《てんざんとん》の卦を読んだ時、世の中が危うくなっているのに、いち早く遁走《とんそう》する君子なんて卑怯だと思いました。

しかし易経は「負けるけんかは絶対にするな。逃げるべきときは逃げなさい」と教えています。逃げるのは卑怯者のやり方ではなく、むしろそこに止《とど》まったとしたら、逃げ遅れた者は自分の身を危うくするか、もしくは自分の道を曲げて小人と同じくするか、どちらかしかないわけです。やがて君子は地位も名誉も取って代わられてしまい、正しいことは通らなくなります。いち早く来るべき危機を察して、地位を捨ててでも、ひとまず安全なところへ身を隠し逃れるべき時だと教えています。

天地否《てんちひ》䷋

陰と陽の爻《こう》がついに半分ずつになりました。天地否《てんちひ》は「蓋をする、塞がる時」で、「否」という字には、天との交わりを断絶するという意味があります。天の気は上に行き、地の気は下へと向かうことから、天地の気がまったく交わらず、なにも新しいものごとが生まれません。暗黒のような時代なのです。

しかし、天との交わりを断つようなことは、自然になるわけはなく、「否はこれ人にあらず」とあって、人でなしのやることだ、つまり人災だとはっきりいっているのです。上の人、下の人がお互いを思いやらず、自分たちのことしか考えません。国家だとすれば、政治は国民不在のまま迷走状態になります。暗く閉塞感に満ちた時代になってきます。

また、「否」は口を塞ぐという意味があります。私利私欲の世の中ですから、「まともなことを言ってもらっちゃ困る」という空気に満ちあふれ、正論はいっさい通らない時です。天地否《てんちひ》のような時は私欲のある人しか出世しないのです。欲につられて地位や名誉を得《え》るようなことはしてはいけないと教えています。

風地観《ふうちかん》䷓

次は風地観《ふうちかん》になります。「見えないものを観る、洞察の時」です。陰の勢いはますます強くなり、時の衰えを身にしみて感じはじめます。この時になってはじめて、どうしてこんなことになったのかと内省します。そして、いままで見えなかったものごとの真相が見えてきます。

恋愛にたとえるとわかりやすいのですが、夢中になって冷静でなくなると、相手におかしいなと思うことがあっても、いや、そんなはずはない、裏切るはずはないと信じ込もうとします。しかし、おかしいなと思って見過ごしてきたことが、あることをきっかけにどうやら真実らしいと気がつくと、そういえば、あの時も、この時も、と点が線につながるようにして実相が浮かび上がってきます。

風地観《ふうちかん》は暦では旧暦八月にあたり、秋から冬への兆しを感じる時でもあります。「桐一葉、落ちて天下の秋を知る」ということばがありますが、落葉の早い桐の葉が一枚落ちるのを見て、存亡の兆しを知るという意味です。確実な衰えの兆しを察するのが風地観《ふうちかん》の時なのです。

山地剝《さんちはく》 ䷖

ついに陽の爻《こう》が一本になりました。ここまで来ると時代は日の暮れに向かい、陰の時代になることはすでに明らかになってきます。こういう時は、止まり、進んで事をなしてはいけないと教えています。山地剝《さんちはく》は、「剝《は》がされる時」をあらわしています。もっていたものをだんだん剝がされ、ついには追い剝ぎにあうように肌身におよんできます。

十二消長卦《じゅうにしょうちょうか》で時代を読むならば、いま現在は陽がほとんど消えた山地剝《さんちはく》の時代といえます。卦のかたちを見ると、わずか板一枚で持ちこたえている状況です。あるいは充実しているものは残りわずかで、ほとんどが空虚な不安要素ばかりとも読み取れます。

いちばん上の陽の爻《こう》の爻辞《こうじ》は、陽を果実にたとえ、最後の果実が落ちる時だと教えています。充実した内容がつまった果実が、一つだけ人に食われないで残っています。これが残ってさえいれば、どんなひどい世の中でも、その実が落ちて芽が生じ、また発展します。乱れたあとの世の中が泰平の時代になっていくための大きな原動力がここに残っているということです。

陰の時代からふたたび陽の時代へ

坤為地《こんいち》 ䷁

山地剝《さんちはく》で最後の陽が陰に代わり、これですべてが陰になり、「したがい、受け容れる時」、坤《こん》為地《いち》の卦《か》になりました。最後の実が落ちて、これから閉ざされた冬に向かっていきます。草木は枯れ、大地はじっくり栄養分を蓄え、新しい種が芽生えるための準備をします。

卦象《かしょう》は陰の爻《こう》ばかりです。これは組織の上も下もみんな小人であるということです。突出した先導力をもった指導者はなく、ただ厳しい冬の時代を受け容れて、ひたすらしたがうほかないのです。しかし、良いも悪いもすべてを受け容れていくのが陰の強さでした。厳しい現実を認めたくない、したがいたくないと嫌がっているときよりも、仕方ないといいながらも、受け止めて覚悟すると、そこから気持ちの切りかえができるものです。そして一歩一歩、地を踏みしめながら、歩みはじめます。

地雷復《ちらいふく》 ䷗

すべてが陰になると、裏に隠れていた陽の爻《こう》が一本復《かえ》ってきて、一番下に入り込み、冬至をあらわす地雷復《ちらいふく》の卦《か》になります。「復帰、回復の時」をあらわしています。第二章で紹介した「一陽来復《いちようらいふく》」は、この地雷復《ちらいふく》の卦象《かしょう》から生まれたことばです。

一陽来復で復帰、回復の時を迎えたといっても、まだ地中の奥深くで、かすかに陽気が芽生えた兆しの段階です。陽の力はまだ弱く、実際には回復したとは感じられません。それどころか、状況はかえってひどくなっていると感じます。冬至に春の兆しを感じることができないように、ふだんの生活のなかで一陽来復の兆しを感じることはほとんど不可能に近いのです。

しかし震災のあと、津波にすべてが押し流され、なにもなくなってしまった風景を目の当たりにしながらも、復興への願いとともに一陽来復の兆しは、たしかに生じていたのです。この一陽《いちよう》の時はゆっくりとではありますが、必ず伸びて、成長していきます。

地沢臨《ちたくりん》 ䷒

次は陽の爻《こう》が二本に増え、地沢臨《ちたくりん》の卦《か》になります。再出発、再成長していくにあたり、これからの展望を臨《のぞ》む時です。この卦は人間の成長でいうと、ちょうど青年期にあたるといわれます。初夏の新緑のように一気に伸びていく成長期です。

地沢臨《ちたくりん》には「八月に至りて凶あり」ということばが記されています。一〇六ページにあるように、八月というのは風地観《ふうちかん》の卦《か》のことです。衰えの兆しを感じる時でした。再出発にあたってなにを注意すべきかを教えているのです。これから確実に好調になり成長していくなかで、風地観《ふうちかん》の時にすべて観えたはずの栄枯盛衰の道のりが、また観えなくなっていきます。時代はいつかまた衰退する、多くを失うような時がまた来ることを肝に銘じて、そこまでも含めて展望しなさいといっているのです。

ちなみに勝海舟は、「咸臨丸《かんりんまる》」の名前をこの卦《か》の「咸臨《かんりん》す」ということばから取って名づけました。上の人も下の人も一致協力して臨んでいく、そして若い力がここにあるという意味です。

地天泰《ちてんたい》䷊

陽の爻《こう》が伸びて三本になりました。地天泰《ちてんたい》は、「天下泰平の時」をあらわします。天と地の気が相交わり、新しいものごとが勢いよく生まれていく時です。上の人は下の人をねぎらい、思いやり、下の人は上の人を尊敬してしたがいます。

地天泰《ちてんたい》は、暗黒の時代である天地否《てんちひ》と卦象《かしょう》が逆転しています。真逆の状況をあらわす卦《か》なのですが、この卦には「平《たいら》かなるものにして陂《かたむ》かざるはなし」という有名なことばが記されています。泰平の世はまた必ずかたむいて、天地否《てんちひ》のような閉塞した時代がやってくる。その時を怖れ怯《おび》えるのではなく、健全な危機意識をもちなさいと教えています。

雷天大壮《らいてんたいそう》䷡

陽の勢いは増して、次は雷天大壮《らいてんたいそう》の卦《か》になります。「大いに勢い壮《さか》んな時」です。時の勢いの後押しもあって、陽の進みゆく力はトップスピードになり大きく飛躍していきます。大きなことを遂げる前にはこうした時の勢いが大切です。

しかし、たいへん好調な時代のようですが、勢力もスピードもどんどん増大して、大型ダンプカーが暴走しているような勢いになります。

雷が天にとどろくような、まさに鳴り物入りの勢いですから、景気は良くなり、お金もどんどん儲《もう》かります。すると、たいていの場合、人は欲に走り、まともではいられなくなります。気持ちが大きくなって礼儀も美徳も、デリカシーもなくなり、そのまま大転倒する危険すらあるわけです。だからこそ「自分に克《か》つ」という自制心をもって、勢いは正しく用いなさいと強く戒めています。

沢天夬《たくてんかい》䷪

次は最後の陰を決《けつ》する（切り捨てる）時です。沢天夬《たくてんかい》の卦は「決し去る時」をあらわします。古きを決し、新しい時代を切り開く時です。一番上の陰の爻《こう》は、力をなくした君子です。また古い体質、体制ともとれます。それを下層から伸びてきた力が決するわけです。しかし、力はないといっても最後の陰には、まだ地位も権限もあって、やり方をまちがえると自分の身を危うくするのです。そこでまず、なぜ決することが必要なのかを、公の場であきらかにしなさい、ただし武力を用いてはならない、そうすれば、時は開かれると教えています。

この卦《か》の教えることがそのまま行われたのが明治維新です。徳川慶喜《よしのぶ》がいちばん上の陰の爻《こう》にあたります。そして下級の武士たちによって慶喜は押し決《き》られるわけです。幕末期は公武合体を唱える者、武力行使に訴える者、さまざまなやり方が交錯していました。しかし、一致して公に叫ばれていたのは、徳川慶喜を追い落とすことでした。結果的には江戸城の無血開城になり、武力を用いずに新しい時代が切り開かれたのです。そして、再び乾為天《けんいてん》の卦《か》に戻り、陰陽の消長は永遠に循環して続いていきます。

十二消長卦を使って時代が栄え、衰えていく過程を見てきました。一つひとつの卦《か》を詳しくは伝えられませんでしたが、大きく時代を見通して、変化の過程でその時々、どんなことが起こってくるかを知っていただけたら、その時代をどう受け止めていくべきかというヒントを得られるのではないかと思います。

諦観《ていかん》のすすめ

十二消長卦《じゅうにしょうちょうか》で時代の流れを追ってきましたが、そのなかで現代は「追い剝《は》ぎに遭《あ》う時」山地《さんち》剝《はく》の時代だと説明しました。乾為天《けんいてん》でいえば、亢龍《こうりゅう》が地に落ちようとしている陽の時代の終わりだといいました。どちらも衰退していくという状況は同じです。こういう時代では、状況を諦観《ていかん》することでなにをすべきかが見えてくるものです。

諦めの目で観ると書く「諦観」は、なんとなくわびしさを感じることばです。「人生を諦観する」というと、老いて至るあきらめの境地をいいますから、老人が人生の侘《わび》・寂《さび》を思い、ふうっとため息をついているようなイメージが思い浮かびます。若い二十代、三十代の人にとっては、「まだまだ、そんなことは考えられない」と、少々抵抗を感じることばではないでしょうか。

ところが、人生を諦観できるようになる年齢というのは、意外に早く、一般の平均として四十代半ばまでに訪れるようです。責任を感じたうえで、社会でいまからできることと、もうできないことが見えてくるのが、四十代前半といいます。

女性は四十代半ばを過ぎて容貌が変わり、女性としての老いを感じる頃から、諦観しはじめるそうです。

私も四十を過ぎた頃に、「人生を諦観する」ということがわかるようになりました。諦観することは、開きなおりではありません。できないことが見えてくると、そこから人生がおもしろくなってきます。できることとできないことの仕分けがはじまると、できないと思っていたら、こんなこともできる、あんなこともできると思うようになります。身をかがめて人生をながめてみてはじめて、いろいろなことに満足できるようになるものです。

若い頃はあんなこともしたい、こんなこともしたいと思います。そうやって過ごしてきて、四十代になってから、できないことがわかってくると、そこからは量から質への転換がはじまります。

孔子ファンには叱られますが、「四十にして惑わず」は孔子が自らに「惑うな」と言い聞かせたことばだと私は思っています。昔から四十代は惑う年代です。惑いがあるから諦観できるようになるのです。

諦観ということばには、いくつかの意味があって、ものごとを見通して本質をはっきりと見極めるという意味もあります。「時代を諦観する」ことに関しては、ジェネレーションギャップはないと思います。あきらめの目で観ることには変わりませんが、それは現実をはっきりと見据えることで、その結果、腹が据わり、覚悟ができるのです。

実際、日本中が焦土と化した第二次世界大戦後、日本人は世代にかかわらず戦争に負けたという現実を事実として受け容れざるをえませんでした。そこにはあきらめの境地があったはずです。そして、そこから出発して、「いまできること」をしながら希望をつないでいったのです。

東日本大震災からわずか十一日後、気仙沼市のある中学校で行われた卒業式で、卒業生代表が読んだ答辞がメディアに取り上げられました。

「苦境にあっても、天を恨まず、運命に耐え、助け合って生きていくことが、これからの私たちの使命です」

十代の若者のことばに私ははっとさせられ、多くのことを教えてもらいました。そして、これまで易経を学んできたけれども、本当に諦観するということができていただろうかと問い直しました。なにを言おうと、私にはこれほどの実体験はないのですから。

これからの時代、できないことが多くなってくるでしょう。そのなかで、より一層、時代を諦観しながら、自分ができることを見極めていくことが大切なのではないかと思います。そうすれば、自分らしく生きるヒントもみつけられるでしょう。

第四章

地に足をつけて生きる

——陰の時代を生きるための坤為地《こんいち》の智慧——

ものごとを冷静に受け止める陰の力

第三章では陽を象徴する乾為天《けんいてん》の龍の話を紹介しました。これから紹介する坤為地《こんいち》は陰を象徴する卦《か》です。易経は陰陽で成り立っていますから、純粋な陽と純粋な陰であるこの二つの卦は、易経六十四卦の中で最も基礎的で代表的なものです。そこで、この章では陰の時代をあらわす卦、坤為地《こんいち》の卦をじっくり読み、易経をもっと自分の身に引き寄せることで、生きるためのヒントを探っていきます。

日本人は智慧《ちえ》の民族といわれます。知識というと陽で、智慧は陰になります。海外の文化や技術をなんでも受け容れ、智慧を使ってアレンジして独自のものに育てていくのが上手です。また、日本の文化にはない海外の変わったもの、新しいものに対して、私たち日本人は興味と好奇心をもっています。いいものはすぐに取り入れ、それを日本風にアレンジして広めていきます。別のものに化けさせる能力、これは陰の重要な特質であると易経は教えています。

つまり日本人の長所は「陰の気質」といえるのではないでしょうか。そう考えると、これからはじまる陰の時代というのは、私たちの得意とするところなのかもしれません。

坤為地《こんいち》の卦《か》には、陰徳を積んでいれば、それはやがて人の目に見える美しい徳、美徳となってあらわれると書いてありますが、ただし、美徳は陽の徳ではなく、あくまでも陰徳が表ににじみ出た美しさだとも書かれています。

陰の時代はエネルギーが切れて、ものごとが滞る時代です。なにをやっても思い通りにいく陽の時に対して、思い通りにいかないのが陰の時です。つまり、前に進もうとしてもままならないことが起きるわけです。

自分の日常を考えても、予定に反したことがたびたび起きてくると、「ついてない、運が悪い」と気落ちしたり、「なんでだ！」とイライラして腹を立てたりします。しかし、予定通りにものごとが運ばないなど、なにか障害があるのは、「いまは、進めません」と赤信号が出ているということです。いろいろな齟齬《そご》が起きることで、いまはどんな時かを私たちに教えてくれているのです。

エネルギー切れでものごとが停滞する時に必要なことは、まず充電です。陰の時代は、大地の滋養の時でもあり、いわば土壌づくりの時です。土さえ良ければ種は大きく育ちます。陰の力を強めたならば、陽気は自然に育っていくと教えています。

そのためには冷静にものごとを受け止め、無理せず、焦らず、がんばりすぎず、ゆったり過ごすこと。健康と体力を維持しながら、時の流れにしたがって生きることが大切です。一見、消極的なようですが、そういう陰の力を積極的に使いなさいと易経は教えています。なぜなら、むやみに焦って体力も気力も消耗してしまうと、長い陰の時代のなかで新たな希望をもつことも、陰徳を重ねていくこともできないからです。次の陽の時代へ向かって遠い光をたよりに歩んでいくのが陰の時代です。着実に一歩一歩進んでいくためにも、力を温存していく必要があります。

坤為地《こんいち》の卦《か》が教えているのは、したがい、受け容れる時です。

したがう立場というのは、上に立つ人から言われたら、嫌なことでもしたがって受け容れていかなければならず、忍耐が必要で苦労も多い。そう考えると重々しく窮屈《きゅうくつ》な気分になりますが、考え方を変えれば、先頭に立つ必要のない気楽な立場ともいえるのです。

陰の道は、臣下の道といわれますが、では社長の立場にある人には関係ないことかというとそうではありません。ものごとにしたがい、受け容れるという姿勢がすべての人間の厚み、度量を育てていくのです。

もしあなたがそれを受け容れ、したがうという陰の力を積極的に用いることができたならば、その力は絶大なものになり、可能性はどこまでも大きく広がっていくと坤為地《こんいち》の卦は教えています。

坤為地（こんいち）䷁

逆境にさからわずむしろ徹底的に受け容れ、したがうことで、新たな道が開け、ものごとは通じていきます。

坤《こん》は、元《おお》いに亨《とお》る。牝馬《ひんば》の貞《てい》に利《よ》ろし。

君子往《ゆ》くところあるに、先んずれば迷い、後《おく》るれば主《しゅ》を得《う》。西南には朋《とも》を得《え》、東北には朋を喪《うしな》うに利《よ》ろし。貞《てい》に安《やす》んずれば吉《きつ》なり。

彖《たん》に曰く、至れるかな坤元《こんげん》、万物資《と》りて生ず。すなわち順《したが》いて天を承《う》く。坤は厚くして物を載せ、徳は无疆《むきょう》に合《がっ》し、含弘光大《がんこうこうだい》にして、品物《ひんぶつ》ことごとく亨《とお》る。牝馬は地の類《るい》、地を行くこと彊《かぎ》りなし、柔順利貞《じゅうじゅんりてい》は、君子の行うところなり。先んずれば迷いて道を失い、後《おく》るれば順《したが》いて常《つね》を得《う》。西南には朋《とも》を得《え》るとは、すなわち類と行《ゆ》けばなり。東北には朋《とも》を喪《うしな》うとは、すなわち終《つい》に慶《よろこ》びあるなり。貞《てい》に安《やす》んずるの吉は、地の彊《かぎ》りなきに応ずるなり。

象《しょう》に曰く、地勢《ちせい》は坤《こん》なり。君子もって徳を厚くして物を載《の》す。

大地の働きにならって、柔順に受け容れ、したがっていくならば、ものごとは正しく、健やかに大きく循環して通じていく。

陰の道は、臣下の道といわれる。従順な牝馬のように、自分のやるべきことを淡々と行い、どこまでも歩いていくならば、主《あるじ》を得《え》て、自分が進むべき道を見いだして、生きがいを得るだろう。

先頭に立とうとすれば道に迷って失敗する。進むべき道がわからないときは、遅れてついていくことで、道は開ける。したがう立場というのは苦しいこともある。行き詰まり、耐え難いとき、自分が自由でないと感じたときは、大地の働きに学ぶといい。大地の徳はすばらしいものだ。ここからすべてのものは生まれる。大地は天の気をなんの抵抗もなくゆったりと受け容れ、地上に万物を載せて、その重みに軽々と耐えている。地は限りなく広大で、どんなものでも受け容れて生かし、ありとあらゆる形あるものを生み育てていくパワーをもっている。徹底して受け容れ、したがうという陰の力を積極的に発揮したならば、人としての厚み、大きな度量が育っていく。

限りなく受容して、柔順にしたがう大地の徳

乾為天《けんいてん》の卦《か》は天の働きを説いていました。これに対して、坤為地《こんいち》の卦は、大地の働きを説いています。天は太陽をめぐらせ、日差しと雨を限りなく与え、大地はそれをなんでも御座《ござ》れと限りなく受け容れてしたがいます。

陽の爻《こう》（⚊）は、充実という意味があります。陰の爻《こう》（⚋）は中味がない、空っぽという意味があります。水を容器に入れたければ、空っぽでなかったら入りません。空っぽだから水が入るのです。

天のパワーを大地は虚心《きょしん》に、すべて懐《ふところ》深く受け容れて、そして新たなものを生じさせ、育んでいきます。つまり、陽というのは発するだけ。そのあとのすべてのことは陰が引き受けるわけです。これが陰の特質です。

はじめに、「坤《こん》は、元《おお》いに亨《とお》る。牝馬《ひんば》の貞《てい》に利《よ》ろし」と記されています。これが易経六十四卦《ろくじゅうよんか》の卦辞《かじ》にあたる一文で、最古に書かれたことばです。そのほかの文章は、のちに書き加えられた解説です。

第三章で紹介した乾為天《けんいてん》の卦辞《かじ》は、「乾《けん》は、元《おお》いに亨《とお》りて貞《ただ》しきに利《よ》ろし」でした。坤為地《こんいち》の卦辞《かじ》は、「牝馬《ひんば》」という部分を除いては、乾為天の卦辞《かじ》と同じことが書かれています。ここから読み取れるのは、天と地が交わってものごとを通じさせ、万物を成長させる、つまり天地は一体となって働くという意味です。

卦辞《かじ》には、その時がどうしたら通じていくか、どのような姿勢で取り組んだらいいのかというちばん重要な対処法が書かれています。これをその卦《か》の徳という意味で「卦徳《かとく》」といいますが、卦徳《かとく》を実現できたなら、どんな困難な状況でも中《ちゅう》して通じていくと教えています。

坤為地《こんいち》の卦徳《かとく》には、「牝馬のように柔順にしたがうならば、その時は大いに通っていく」と書かれています。牝馬のように柔順にしたがうならば、という条件がついているわけですが、牝馬とはなにをたとえているのでしょうか。

馬は利口で人に馴《な》れて言うことを聞いてよく働きます。丈夫でどこまで歩いていっても、へこたれません。昔は人が生活していくうえでの大切なパートナーでもありました。

牝馬《ひんば》は牡馬《ぼば》にくらべ、扱いにくいといわれます。繊細でわがままで、反抗心が強く、多少のことでは観念しません。しかし、一度人を信頼して馴れたら、百パーセントの能力を発揮して一生懸命働きます。こういうことから、天の働きを徹底して受け容れて、したがうという大地の働きにたとえて牝馬が登場するわけです。

遅れてついていけば道を見いだす

私たち一般人は、生活していくために、なにかに、誰かにしたがわなくてはいけない状況にある人がほとんどです。したがう立場はストレスを感じることも多く、無理難題をいいつけられたり、重い責任を負わされたりして不平不満も言いたくなります。苦労ばかりで一生を終わりたくないと、思ったりするものです。

坤為地《こんいち》の卦《か》は、したがう立場にある私たちが苦労だけで終わらないためにも、したがうという陰の力をもっと上手に、したたかに用いていくことを教えています。それでは、書かれている易経の智慧を順番に見ていきましょう。

閉塞した時に陥ると、ふつう人は逆境に立ち向かい、多少強引にでもなにかをしなくてはならない、この状況を乗り切るために必要なのは陽の力だと思いがちです。

ところが坤為地《こんいち》の卦《か》は、閉塞した時は無理になにかをしようとしても、天の時も地の利も整っていないので迷うだけだと教えています。むしろ、腹を決めて淡々と素直に、泰然自若《たいぜんじじゃく》として現実を受け容れて、逆境にさえしたがっていく。それを貫き通すことだと教えています。

「先《さき》んずれば迷い、後《おく》るれば主《しゅ》を得《う》」とは、たとえば私たちは知らない土地に行ったら、地図に頼るか、ガイドさんがいなければ道に迷います。自分の思いで先走れば迷うだけで、わざわざそんな苦労をすることはなく、ゆっくりとあとから遅れてついていくなら、思ったところへたどりつけると教えています。

現代をみると、日本は経済も科学技術も、あらゆる分野で他国に追い抜かされようとしています。しかし、坤為地《こんいち》の時には、いますぐ一位を奪還しようなどとは思ってはいけない。二位、三位ならば上々で、将来先頭に立つためにも、あとからついていきながら力を蓄えるということが大切なのです。

したがい難いものにこそ喜びがある

したがうという時、正しいものにしたがうのはもちろんのことですが、では、その「正しいもの」とはなにかということが問題になります。人は自分のしたがいやすいもの、受け容れやすいものには素直にしたがうことができるものですが、易経は次のことばでそれを教えています。

「西南には朋《とも》を得《え》、東北には朋を喪《うしな》うに利《よ》ろし」

ここでいう「西南」は、太陽が進行する方向です。つまり進みやすく、気楽で親しみやすいほうです。「東北」は太陽の進行と逆行する方向ですから、慣れない、親しめないほうで努力をしいられるという意味です。「朋」とは気楽な相手、親しい人、親族、身内のことです。

たとえば、昔は女性が嫁いで夫の家に入ると、夫がいて、舅《しゆうと》、姑《しゆうとめ》がいました。自分が慣れ親しんできた生活習慣とは違い、それこそ人間関係から料理の仕方から洗濯のこと、なにもかも嫁ぎ先の新しいやり方を学ばなくてはなりませんでした。実家に帰れば、親がいて、兄弟姉妹がいて、友人もいて慣れ親しんだ環境がありますからホッとします。だからといって、ひんぱんに実家に帰っていたら、結婚生活はうまくいきませんね。したがうべきは嫁ぎ先だと教えていたのです。

ほかにも仕事で転勤になった、出向したという場合、新しい環境になるわけです。一緒にやってきた仲間もいない、また一から仕事を覚え、人間関係を築いていかなくてはならない。とはいえ、こびへつらうだけでは良い関係は築けません。「朋」には、仲間、徒党という意味もあります。自分に都合のいいやり方にこだわり、新しい上司や同僚、部下に馴染《なじ》めないようでは、仕事はうまくいきません。つまり、郷《ごう》にいれば郷《ごう》にしたがえで、自分が親しんできた仲間、環境や習慣、価値観を引きずらず、旧来のものの考え方を忘れるくらいの気持ちが必要なのです。

「東北には朋《とも》を喪《うしな》うとは、すなわち終《つい》に慶《よろこ》びあるなり」というのは、したがうということがしっかりできたなら、立場に変わりはなくても、ついには「あなたがいなければ、やっていけない」と言われるほど、なくてはならない存在になるということです。

大地は雨がどれだけ降ろうが嵐がこようが、美しいもの、みにくいものを選ばず、嫌がらず、一切合切を受け容れます。器量と度量では、器量が陽で度量が陰です。器量はその地位に見合った才覚をいい、度量は自分のことを良く言う者だけでなく、悪く批判する者をも同じように受け容れる能力をいいます。

限りなく受け容れて、したがい、生み、育てることは、発するだけの陽にはできません。つまりそれが陰の強みであり、陰の立場にある者が得る喜びだといっています。

人の厚みというのは、受け容れ、したがうことで地層が積み重なるように、着実に増していきます。そうやって築いた土壌には栄養がたっぷりと蓄えられ、あらゆるものごとを生みだし、育て、形にしていくことができます。そこには不自由さも窮屈さもない、限りなく広大な可能性を秘めています。

そのためには、少し受け容れて、したがっているように装うというような中途半端に片足を突っ込むくらいでは、かえってただの徒労に終わってしまう。自ら時に臨んで、徹底的にしたがうことが大切なのだと教えています。

陰徳を貫く坤為地《こんいち》の道

続いて、坤為地《こんいち》の爻辞《こうじ》を読んでみましょう。

乾為天《けんいてん》には龍が登場しましたが、坤為地《こんいち》には牝馬《ひんば》が登場します。しかし、龍の話のように、牝馬が主人公になって物語が進行していくわけではありません。龍の成長の話であるわかりやすい乾為天《けんいてん》に対して、坤為地《こんいち》にははっきりしたストーリーはなく、曖昧模糊《あいまいもこ》としています。

というのは、陽が表舞台とすると陰は舞台裏にたとえられるためです。舞台では俳優が芝居を演じてストーリーが進行していきますが、舞台裏ではスタッフが舞台の進行に合わせて準備し、対処していきます。つまりサポート役である陰は陽によって動き方が決まるため、はっききりと決まったストーリーはつくれないのです。

六本の爻《こう》が教えているのは、その時々、なににしたがい、どのようにその事態を受け容れるかということです。陰はなんでも受け容れます。清濁《せいだく》あわせのむ度量があり、どんなことでも柔順にしたがって、万物を生み育てていきます。ということは、善だけでなく悪も育ててしまう。ですから、坤為地《こんいち》には、悪はどのように育っていくかということも書いてあります。

①霜《しも》を履《ふ》みて堅氷《けんぴょう》至る。
象に曰く、霜を履みて堅氷とは、陰のはじめて凝《こ》るなり。その道を馴致《じゅんち》すれば、堅氷に至るなり。

悪習に馴染《なじ》んでいけば、道は窮《きわ》まる。はじめに注意しなければならない。

②直方大《ちょくほうだい》なり。習《なら》わずして利《よ》ろしからざるなし。
象に曰く、六二《りくじ》の動《どう》は、直《ちょく》にして方《ほう》なり。習《なら》わずして利《よ》ろしからざるなしとは、地道《ちどう》光《おお》いなればなり。

真っ直ぐでぶれない正しい姿勢を身につけたなら、なにかに習わなくても道を違えない。

③章《あや》を含みて貞《てい》にすべし。あるいは王事《おうじ》に従うも、成すことなくして終ることあり。

象に曰く、章を含みて貞にすべしとは、時をもって発せよとなり。あるいは王事に従うとは知光大《ちこうだい》なればなり。

実力があっても、また手柄を立てても、ひけらかしてはならない。

④嚢《ふくろ》を括《くく》る。咎《とが》もなく誉《ほま》れもなし。

象に曰く、嚢《ふくろ》を括《くく》る、咎《とが》なしとは、慎《つつし》めば害あらざるなり。

よけいなことは言わず、賢明に口を慎む。そうすれば名誉はなくても害は及ばない。

⑤黄裳《こうしょう》、元吉《げんきつ》なり。

象に曰く、黄裳元吉《こうしょうげんきつ》なりとは、文中《あやうち》に在ればなり。

権威あれども驕《おご》らず、功あれども誇らない。それは美しい徳が内にあるからだ。

⑥龍野《りゅうや》に戦う。その血玄黄《げんこう》なり。

象に曰く、龍野《りゅうや》に戦うとは、その道窮《きわ》まればなり。

したがう者が自分が王だといって戦いを挑めば、その道は窮まる。

①から④までは、陰徳を養うための道のりです。ひたすら受け容れ、したがい、耐えていきます。そして陰徳を貫いた⑤は、それが美徳としてにじみ出てくると教えています。そして⑥では陰の立場をわきまえないとどうなるかを教えています。

それでは、各爻を詳しく見ていきましょう。

悪習に馴染《なじ》まない

①「霜《しも》を履《ふ》みて堅氷《けんぴょう》至る」とは、秋の深まった早朝、庭先に降りた薄い霜が、やがて厚く堅い氷に育っていくという意味です。悪が育っていく兆しをあらわした有名なことばです。霜は悪のはじまりの兆しです。うっすらとした霜のような、取るに足りないごまかしや嘘《うそ》ならば、たいしたことないと侮《あなど》ります。

「少しくらい大丈夫だろう」と悪習を積み重ねていけば、やがては身動きのとれない大きな災いに至るといっています。

「馴致《じゅんち》」とは馴れさせることで、競走馬を馴らしてある目標に至らしめる、乗り馴らすという意味でも使われます。しかし、悪習に慣れる意味での馴れというのは怖ろしいもので、はじめは悪い事だとわかっていても、長くその状態にあるとそれがあたりまえの癖《くせ》になってきます。そうしたちょっとした油断と見くびりが、知らず知らずのうちに層のように積み重なって育っていきます。「嘘つきは泥棒のはじまり」というように、大きな犯罪にまで至るもののほとんどが、小さな悪の積み重ねによるというのです。大切なのは、「これは悪い事だ」という認識ができるうちに、つまり、はじめの段階で正すことだと教えています。

易経の解説書の「文言伝《ぶんげんでん》」は、一番目の爻《こう》の解説として、その重要性を説いています。

積善《せきぜん》の家には必ず余慶《よけい》あり。積不善《せきふぜん》の家には必ず余殃《よおう》あり。臣《しん》にしてその君を弑《しい》し、子にしてその父を弑《しい》するは、一朝一夕《いっちょういっせき》の故《こと》にあらず。そのよりて来《きた》るところのもの漸《ぜん》なり。これを弁《わきま》えることの早く弁《わきま》えざるに由《よ》るなり。易《えき》に曰く、霜を履《ふ》みて堅氷《けんぴょう》至ると。蓋《けだ》し順《じゅん》なるを言えるなり。

このことばは、「善を積む家には子々孫々まで喜びがあり、不善を積む家には後世まで禍《わざわい》がある」という因果応報の意味で使われます。しかし本来は、日々小さな善を積めば必ず慶びに行きつき、日々不善を積めば必ず禍に行きつくという意味です。

臣下が君主を殺し、子どもが親を殺すようなことは、ある日突然に起こるのではなく、その要因は長い年月をかけてゆっくりと育ち、ある時、大きな災いになってあらわれます。なぜこのようなことが起きるのか、その理由は「早い兆しのうちに正さなかったからである」と易経はいいます。

「弁《わきま》える」とは、善悪を明らかにして解決するという意味です。悪事をまだ早い段階で厳しく戒《いまし》められたなら、さらなる悪には増幅しない。ところが、悪事がさほど戒められずうまく運んでしまうと、こんなものかと侮《あなど》って、ますます悪に染まっていきます。

これは子どもの躾《しつけ》、教育でもいえる大切なことです。子どもは素直ですから悪いことでも受け容れて、馴《な》れてしまうのです。最初はほんのわずかぶれただけであっても、時を重ねると大きく道を外してしまいます。

だからといって、子どもに厳しい躾《しつけ》や教育をしすぎても、同じように悪さを覚えることになります。こんな話があります。甘いお菓子は子どもによくないと、ほとんど与えない母親がいました。すると子どもは甘いもの欲しさに母親の財布からこっそりお金を盗んで、お菓子を買っていたのです。子どもの食育のためと思ってしたことですが、かえって苦しみを与え、結果、子どもは盗みを覚えてしまったのです。大切なのは道を外さないための手綱さばきです。

手綱をゆるめにもって方向転換する

重要なことは、陰は陽に（たとえば子どもは親に）正されないと方向転換ができないということです。

ですから、問題は大人《おとな》の私たちです。陰はどんなものでも受け容れるといいましたが、なんでも「はい、はい」と受け容れてしたがえばいいといっているわけではありません。

第三章で君子と小人《しょうじん》の話をしました。君子は社会的責任を担《にな》う立場で行動し、小人は私利私欲に走って悪さをします。誰でも君子の面、小人の面の両面をもち合わせているといいましたが、ものごとが滞ってくると、人は自分さえよければいいと考えるようになるものです。

乾為天《けんいてん》の飛龍《ひりゅう》が亢龍《こうりゅう》になる理由は、陽は放っておけば、進み続けるからです。一方、陰は放っておけばどんどん受け容れて、馴《な》れて、受け容れただけの養分を蓄えた厚い層に育っていきます。

それはつまり、もし陰が悪習に馴《な》れ育ってしまえば手がつけられなくなるということです。悪事も善だというほどになり、堅い氷に行き着くまで後悔できません。そうならないためには、君子としてのものの考え方、姿勢をもって自分で手綱をコントロールして、惑わされやすい小人の自分を乗り馴らしていかなくてはならないのです。

牝馬《ひんば》は、わがままで反抗心が強く、扱いにくいといいました。これを自分自身に当てはめて考えてみると、いろいろ思い当たることがあるのではないでしょうか。ですから、きちんと正しい方向へ馴致《じゅんち》する必要があるのです。

堅い氷に行き着く道は、悪事、犯罪だけではありません。不摂生や無理を重ねたら、体を壊して身動きがとれなくなります。否定的、悲観的な考え方もストレスを増幅して心を病んでしまいます。とはいえ、不平不満や愚痴を言ってはいけない、たまに羽目を外すのもだめだということではありません。自制の手綱はきつく締めすぎるのもよくないのです。

不満をはき出して楽になったなら、「こんなことをしていてもしかたないな」と気づいて方向転換する。その手綱さばきが大切です。「ま、いいか……」と、自分のことも、不満の原因である相手のことも、許容することで方向転換できるものです。また誰かに諭《さと》されたときには素直にしたがって、否定的な方向にはまってしまわない、悪い習慣を身につけないことです。

陰の時代は、正しいものにしたがうこと、自分のことだけ考えて私利私欲に走らないこと、そして、なにより丈夫でへこたれない健康な心身を保つことが大切です。

②は坤為地《こんいち》の卦徳《かとく》である、徹底的に受け容れ、したがい、正しいものに馴《な》れていくことをあらわしています。**「直方大《ちょくほうだい》なり」**とは、正しいものに正しくしたがい、盛大に伸び育っていくことです。「直」は素直、真っ直ぐに進む。「方」は四角、正しいものにしたがうという意味で、しっかりとして動かない、ぶれない。そこから、義理堅く筋を通す、礼儀正しいという意味があります。「大」は大きい、広く盛大に力を発揮するという意味です。

「習わずして利《よ》ろしからざるなし」とは、よく「習うよりも慣れなさい」といいますが、自分から進んで方向転換することを習慣にできたなら、あえて習わなくても、あとは自分の糧になることを吸収していくだけで、自然に育っていくものだというのです。

欲に負けて邪心が芽生える、否定的、悲観的思考にかたむく、そういうことにはなるべく早く気づいて、堅い氷に行き着く道を選ばないようにしなければいけません。したがう道で大切なことは、素直に真っ直ぐな道を行くことですが、そうはいっても、人間にはいろいろと葛藤もあります。肝心なのは、たとえ紆余曲折があったとしても、真っ直ぐに、正しい姿勢にまた戻せるよう癖づけるということです。

陰の性質はどんなものでも受け容れ、着々と徳の層を重ねていくことです。小さな積み重ねがやがて厚い層になります。ですからなにを受け容れ、なににしたがうべきか、はじめが肝心なのです。

実力を蓄える時

③の「章《あや》を含みて貞《てい》にすべし」の章《あや》とは文章の章のことで、才覚、能力、きらめきという意味があります。「文」もあやといいますが、こちらは表から見てわかる才覚や能力をいい、「章」はまわりから見えない内に秘めた才能、能力のことをいいます。

重要な仕事をまかされるほどの、秘めたる才覚、能力があるにもかかわらず、成果は上がらない。たとえ自分が大きな仕事を成したとしても、手柄は人にもっていかれる。それでも自分がやったと言わずにいなさいという意味です。

苦労して努力しても褒められず、やって当然と思われるだけなので、鬱々《うつうつ》として不満ももちやすいのですが、それでも腐ってしまってはいけない。いずれ良い土壌に育っていくと教えています。

「章《あや》を含みて貞《てい》にすべし」ということができる人は、つまり実績主義に走らない、実力主義の人です。たとえるならば、名脇役の個性派俳優といったところです。瓢々《ひょうひょう》としながら徹底して脇役を演じ、きらり、きらりとした魅力が見え隠れする。見る人が見れば、主役よりも実力があるとわかります。

④の立場は国家でいうと王の補佐役ですから、ある程度の地位もあります。立場で考えると、乾為天《けいいてん》の躍龍《やくりゅう》と同じ立場です。志を達成する直前、龍であれば、飛躍するタイミングを見ている段階です。

ところが、いまは陰の時です。塞がっている時ですから先が見えません。鳴かず飛ばずの立場に立たされるわけです。傍《はた》からはぼんくらに見えます。「なぜ、なんとかしないのか」と非難も浴びせられます。けれども、へたに能力や智慧《ちえ》を発揮しようとすれば、失敗して疎《うと》まれ叩かれます。

「嚢《ふくろ》を括《くく》る」とは、軽率によけいなことを言わない、とにかく寡黙《かもく》に、ひたすらに慎むという意味です。先へ進む手がかりをつかめない限り、無理はしないで待とうと、どっしりとかまえて腹を括《くく》るわけです。灯りのない暗い夜道を歩くときは、慎重になるものです。賢明な人は無理して行かないで、目が慣れてくるまで待ちますね。そのうち小さな灯りでも見えてくれば、それを頼りに歩いていけます。賢ければ賢い人ほど、そういう時は慎重になります。

また、財布の紐《ひも》を締めなさいという意味もあります。まわりからけちだといわれようが倹約して現状維持に努め、黙って耐えることだと教えています。「咎《とが》もなく誉《ほま》れもなし」。褒められたものではないが、害も及ばない。けれど陰の時はそれでいいといっています。

したがう立場を貫き通す

⑤の「黄裳《こうしょう》、元吉《げんきつ》なり」の黄裳《こうしょう》とは、黄色の袴《はかま》、ズボンのことです。黄色は古代中国では王位をあらわす色でした。黄色い裳《はかま》は、身分の高い人が黒い礼服を着た時に下に穿《は》いたもので、その上に帯《おび》を締めました。「文中《あやうち》に在ればなり」とは謙譲の徳のことで、文《あや》は目に見える才能、才覚を意味します。また美しい色という意味もあります。たとえ高い地位や才能、功績を認められていても、権威あれども驕《おご》らず、功あれども誇らない。徹底的に陰徳を貫いていれば、徳の光が目に見えない美しい色を放っているというのです。

易経の解説書である「文言伝」は、⑤についてこういっています。

「美その中《うち》に在りて、四支《しし》に暢《の》び、事業に発す。美の至りなり」

美とは謙虚、柔和、柔順、受容の陰の徳です。その精神が体の内の隅々にまで行き渡るようであれば、おのずとその人の行いや事業にあらわれてくる。内に秘めた光が漏れ出すように外にあらわれてくる。それこそが美の至り、美徳であるといいます。ちなみに「事業」ということばは易経が出典になっています。

一方、したがう者の道をわきまえられなかったのが、次の⑥です。

⑥**「龍野《りゅうや》に戦う」**。龍ということばが出てきました。したがう立場にある者が自分は龍だと勘違いするのです。

「その血玄黄《げんこう》なり」の玄黄《げんこう》とは、玄が天の色で黒、黄《こう》は大地の色で黄色をあらわしています。つまり、陰と陽、天と地の血みどろの戦いになり、互いに傷つくことになるというのです。

したがう者が自らの立場を忘れ、勢力をふるったなら道は窮《きわ》まります。陰の牝馬《ひんば》がたかぶって、陽の龍に戦いを挑むのです。柔順にしたがう陰の道から野外へ飛び出して、いってみれば場外乱闘になることを意味しています。それではせっかくの陰徳の蓄積が水の泡になると教えています。さらに「文言伝」はこう解説しています。

「陰の陽に疑わしきときは必ず戦う。その陽に嫌《うたが》わしきがためなるが故に龍と称す。なおい

まだその類《るい》を離れず、故に血と称す。それ玄黄《げんこう》とは、天地の雑《まじわり》なり。天は玄《げん》にして地は黄《こう》なり」

したがう立場の者、臣下が強大な勢力をもち、あたかもリーダーのような振る舞いをすれば、かならず戦いが起きます。下の者が上から物をいえば、上の者の逆鱗《げきりん》にふれます。したがう立場、たとえば経営力のない一従業員が勢いを得ると、自分が会社を動かしていると勘違いしてしまうのです。交わりに雑という字を使っているのは、陰の黄色と陽の黒の、色の配合が粗雑で、くすんだ灰色になっているからです。正当な陰陽の交わりではなく、無駄な争いだといっているわけです。坤為地《こんいち》の時には、たとえ地位が高くても、先頭に立とうとしたら時を貫き通せません。絶対にしてはならないことだと戒めています。

つまり、陰陽はその役割が違うだけで、お互いの存在があってものごとが成り立ちます。それぞれが立場を守るということが大切なのです。

積極的に陰の力を使う

坤為地《こんいち》の卦《か》を紹介してきました。あまり知られていませんが、陰の徳について説いたこの卦については、日本でも古くから学ばれていました。ちなみに化粧品会社の資生堂は、坤為地《こんいち》の「至れるかな坤元《こんげん》、万物資《と》りて生ず」（大地の徳はすばらしいものだ。ここからすべてのものは生まれる）ということばから社名をつけていますが、陰は女性の美徳を象徴するものでもあります。また、順天堂大学の名称も、「天に順《したが》う」ということばに由来しています。

人間は大地に足をつけて自然にしたがって生きています。いわば、生まれた時から死ぬまでが坤為地《こんいち》の時といえます。乾為天《けんいてん》の華々しい成長論に対して、坤為地《こんいち》は「世の中はままならない」と、厳しい現実を突きつけていますが、そうしたなかにあっても生き抜くための処世の智《ち》慧《え》を教えています。

坤為地《こんいち》の卦には、乾為天《けいいてん》と同じく、最後に陰の用い方が書いてあります。

永《なが》く貞《ただ》しきに利《よ》ろし。

象に曰く用六《ようりく》の永貞《えいてい》は、大をもって終わるなり。

「用六《ようりく》」の「六《りく》」は易経では陰をあらわす数字です。ちなみに「九」は陽をあらわします。「永く」とは、陰徳というのは生きている限り、永遠に用いていくと良いといっています。つまり、陰徳はどんな時も身を助けて、結果的に大きな働きをして終わることができると教えています。

第三章で十二消長卦《じゅうにしょうちょうか》を使って陰陽の変化を見てきましたが、陽の時代は蓄えられた陰の力を消化していきます。さらに乾為天《けんいてん》の陽の用い方には、陰が不可欠だとありました。満ち足りた状況にある飛龍は、陰の力をほとんど消化し尽くしています。そこで「大人《たいじん》を見るに利《よ》ろし」といって、「自ら陰を生み出しなさい。さもないと亢龍《こうりゅう》になる」と教えているのです。驕《おご》らず、人の意見に耳を傾け、功績を誇らない、むやみに頭角をあらわさないことだと教えています。乾為天《けんいてん》を学ぶと、「陽が強すぎる時は陰の力が必要なのだな」とわかります。それだけに、「では陰が強い時は陽の力が必要だ」と勘違いして、停滞して塞がった時に、積極的にものごとを推進してバランスをとらなければと思いがちです。

しかし、坤為地《こんいち》の卦を読んでみると、陰の時代は陰の力をさらに強めなさい。したがいなさい、受け容れなさい、耐えて度量を育てなさい、と教えていました。

ものごとが通じない時に打破しようとアクションを起こす、つまり陽を用いて単にバランスをとるのは、決して適切な対処ではないということです。なにか行動を起こすことで、多少気は休まるかもしれませんが、それでは根本の解決にはならず、無駄なエネルギーを消耗するだけです。

では、どうすればいいか。

易経には「中《ちゅう》する」ということばがあります。その時にぴったりの、という時中《じちゅう》と意味は同じですが、陰の時は、したがい、受け容れるという陰の力を発揮することで、新たな陽の力を引き込み、ものごとを推進することができるのです。それが坤為地《こんいち》の時における中するということです。

厳しい冬を越えた野菜は、美味《おい》しくて栄養価も高くなるといわれています。たしかに、霜にあたった大根や雪の下で越冬させた人参は、なんともいえない甘みや旨みが出て美味《おい》しいものですが、これは陰の霜や雪に鍛えられて陽のパワー（甘みや旨み）が引き出され、中することによってより旨みが出てくるからです。

なにか問題が起きたとします。起きた問題は陰で、これは陰が少し多くなった状態です。するとその問題を解決するために懸命に工夫しようとする陽の力が引き出されます。それによって問題が起きる前よりも、一段高い段階で解決策を得られます。

たとえば、コロナ禍で外出自粛を強いられ、閉塞の時を受け容れたことでテレワーク、リモート会議など様々な試みがなされています。いま私たちは、さらなる革新的なシステムを生み出し、問題を中《ちゅう》しようとしているのです。

めざましく成長していく陽の時代がなぜやってくるのかというと、陰の時代を経ることで、膨大な陰の力が蓄えられ、その結果、陽を生じさせるからだと易経は教えています。

陰が窮まれば陽に転じます。陰の時代から陽の時代へのいちばんの近道は、積極的に陰の力を用いて、陽を引き出していくことなのです。

目に見えない陰の力を育てる

陰は、いわば目に見えない隠された世界、陽は、目に見えてわかりやすい世界です。私たちはどうしてもわかりやすさを求めます。ですから、目に見えるものを大切にして、目に見えないものを意識せずに過ごしていることが多いのではないでしょうか。易経はこの目には見えない陰の力がいかに重要かを、くりかえし説いています。

たとえば大地にも、地上の目に見える陽の世界と土壌のなかに隠された陰の世界がありま
す。

土壌のなかの微生物と体内にある微生物の働きを対比して、解き明かした『土と内臓』という本がありますが、まさにこの目に見えない陰の世界で活躍している多様な微生物を、大自然の重要な部分として紹介しています。

微小な土壌生物が有機物をかみ砕いて、植物を成長させるためのさまざまな栄養へと変えていた。

数え切れないほど多種多様な目に見えない生物—細菌、原生生物、古細菌、菌類が人間の表面と体内で繁栄している。

（ともに『土と内臓　微生物がつくる世界』／デイビット・モンゴメリー＋アン・ビクレー〈築地書館〉２０１６年より引用）

土壌の陰の世界では、肉眼では見えない微生物が働いていて、その生態系と自然の循環によって栄養価の高い健康な植物が育ちます。そして、大地に生きる地の類である人間の皮膚、内臓、とくに大腸では、土壌と同じように微生物、細菌の働きが免疫力を高め、私たちの健康を守っていることがわかってきました。こうしたことからも目に見える陽の世界は、目に見えない陰の世界の上に築かれ、守り支えられているということがわかります。けれども、陰の力というのは目に見えないためにないがしろにされてしまいがちです。

実際、この微生物の働きについても、長い間注目されず、高度な研究の扉が開かれたのは二〇世紀も終わるころからだそうです。また、研究が飛躍的に発展したきっかけも、じつは抗生物質の発見というから皮肉なものです。

自然環境の破壊は、かならず人災を招くと天雷无妄《てんらいむぼう》の卦《か》（第五章参照）も教えていますが、人間は、大地には農薬や化学肥料を使い、肉体には抗生物質など薬を多用して、微生物の陰の力を殺して生態系を破壊し、人間の免疫力を弱めてきました。

研究が進み、目に見えない微生物が人間の健康の基礎になっていることが科学的にも、よりあきらかになってきて、土壌改良の方法や、医療にも有益な微生物の陰の力を用いた革命が起こりはじめています。これからの長い陰の時代は、あらゆる分野でこうした見えない世界の陰の力を知り、生かして育てる時ではないかと思っています。

五十年、百年先を見据える

陰の力を蓄えて、陽の力を引き出すには長い時間を要します。男性と女性が交わって赤ちゃんが生まれますが、すぐに生まれるわけではありません。お母さんの胎内で十月十日《とつきとおか》という時間をかけて、ゆっくり生命が育まれます。これが時代になると、新たな陽の時代がやってくるまでに十年、二十年、三十年も、ひょっとすると五十年もかかるかもしれません。場合によっては、いまから築いたものが、孫の代になってようやく花開くこともありえます。

そう考えると気が遠くなりますが、陰であり、小人《しょうじん》である私たち大衆は、あまり欲張らず、ものごとを受け容れながら、世の中にしたがって生きていけば、どんなときでもなんとかやっていけると易経は教えています。国力が弱かろうが、時代が衰退しようが、多少のことではへこたれず、「それがどうしたの？　こっちは毎日やることをやっていくだけよ」というのが私たち小人です。陰は柔軟で、しなやかで、そしてしぶとく強いのです。

どんな時も、生き抜く力というのは「慣れ」と「化《か》す」という陰の特質によるものだと坤為《こんい》地の卦は教えています。ただし、「なれる」には、「馴れる」「慣れる」「狎れる」と三種類の漢字があります。狎れるは良い意味ではありません。なれなれしくなって、打ち解けすぎる、礼儀をわきまえなくなるという意味で、これをすると「堅氷に至る」、つまり悪習が身についてしまいます。馴れるは、馴染みになる、わけへだてなく親しくする、警戒心をもたなくなる。慣れるは経験してつねのことになる、熟達するという意味で、坤為地の教えるのはこの「慣れ」です。

また、解説書の「文言伝」には、化《か》すことについてこう書いてあります。

「万物を含みて、化光《かおお》いなり」。陰は万物を生み出す力と、育てて化す、「化《ば》けさせる」という偉大な力をもっているということです。なんでも受け容れ、智慧を使い、工夫して、あらゆるものを形づくり、そして新たなものに化《ば》けさせるのが陰の働きです。生み出し、化《か》すという能力がある陰は、陽の力が弱くとも永遠に生き抜くことができると教えています。

陰の時代は土壌づくりの時代です。私たちが積み重ね形づくったものは、子々孫々《ししそんそん》まで確実に受け継がれていきます。五十年、百年先を考えて、どんな土壌をつくっておくべきかを計画することは、成長する陽の時代にはできません。陰の時代だからできることです。

第五章

自分らしく生きるためのヒント
――日常に易経の教えを用いる――

さまざまな変化に応じるために

第三章で陽の時代を説く乾為天《けんいてん》を、第四章では陰の時代を説く坤為地《こんいち》を紹介しました。易経を学ぶには、基本軸となるこの二つの卦《か》を理解できれば、ほかの卦は理解が早いといわれています。なぜなら六十四卦の構成で、乾為天《けんいてん》と坤為地《こんいち》を木の幹と考えるならば、そのほかの六十二の卦はより具体的な時をあらわした、いわば枝葉と考えられるからです。

そこで本章では、その枝葉のなかから、とくに陰の時代を生き抜くために役立つと思われる八つの卦をピックアップしました。最初にまず、八つの卦について簡単にお話ししましょう。

一つ目は第一章で紹介した天雷无妄《てんらいむぼう》です。この卦は自然が活動する時をあらわしています。現代は陰の時代であり、かつ、天雷无妄《てんらいむぼう》の時代ともいえます。

近年、世界中で自然災害が多発し、さらに異常気象の発生が災害の規模を大きくしています。このような現象が起きるのは、人間が自然破壊をくりかえし、水や空気を汚染してきた人災が加わった結果といえます。「自然との共生」が叫ばれますが、易経が教えているのは、自然に順《したが》って生きることとの大切さです。そこで天雷无妄《てんらいむぼう》をさらに詳しく紹介し、自然に則した生き方を模索していきたいと思います。

次に紹介するのは、十二消長卦《じゅうにしょうちょうか》でも紹介した、泰平の時を説く地天泰《ちてんたい》と、閉塞した暗闇の時を説く天地否《てんちひ》です。現代はさまざまな不安要素が社会に満ちあふれています。「窮《きわ》まれば変ず」

ということば通り、泰平の世の中はかたむこうとしています。しかし易経は、世の中を泰平に導くのも、閉塞の時へと陥ってしまうのも、人の力によるものが大きいと教えています。そして、どんな時代であっても正しい危機管理意識と人の和があれば、思い煩うことなく生きていけるといいます。この二つの卦は、合わせて読むことで、あらためて栄枯盛衰の道理を学ぶことができます。

四つ目に紹介するのは、人の和が大きな力を発揮するとき、不可能をも可能にすると教えている**天火同人**《てんかどうじん》の卦《か》です。

「同人《どうじん》」とは、「人が志を同じくする」という意味です。あらゆる共同体に共通する目標達成への道のりが書いてあり、大げさかもしれませんが、私はこの卦を「奇跡の起こし方」と紹介しています。

陰の時代は、したがい、受け容れながら生き抜いていく時代だと述べてきました。しかし、こうした時代は、大きな苦しみを抱え、出口の見えない迷路に陥ってしまうこともあります。もし自分ではどうすることもできない苦しみに出合ったなら、生き抜くことさえ考えられなくなるでしょう。

易経には**四大難卦**《よんだいなんか》といって、苦しみや困難の時をあらわす卦が四つありますが、五つ目に紹介するのが、そのなかの一つ、**坎為水**《かんいすい》です。この卦には苦しみの時を切り抜けていくための術が書かれ、苦難に襲われた時には、たいへん助けになる心のもち方を学ぶことができます。

人間関係のトラブルも大きな悩み、苦しみになります。とくに、忌み嫌い合って、陰湿な関係になってしまったものは、なかなか解決ができません。身近にいる人との絆が大切になってくる時代ですから、なるべくトラブルを避け、交わりを深めていきたいものです。その方法を教えているのが六つ目の卦、火沢睽《かたくけい》です。わずかな誤解から発展したトラブルを解消する智慧《ちえ》を紹介します。

さて、第四章で陰の時代というのは柔軟で軽やか、そしてしぶとく強く生きていくことだとお話ししました。日々生きていくなかで、多少の塞《ふさ》がり、つまり節目があっても、上手にクリアして成長していくことを教えている卦があります。水沢節《すいたくせつ》です。この卦では竹の成長にたとえて「節する時」の生き方を説きます。竹は大きな嵐が来てもしなう強さをもっています。それは程よく節《ふし》があるからです。この節を上手に利用して力を使い切らず、控えめに、省エネルギーでも確実に成長していく生き方を教えています。こうした程よい生き方を持続していくことで、大きな力が蓄えられていきます。コツコツと積み重ねたものは成長するだけでなく、大きな器になっていきます。

最後に、力を大きく蓄えていく時を教えている山天大畜《さんてんたいちく》の卦を紹介します。大器晩成を説くこの卦は、次世代へと受け継がれる力を蓄える、陰の時代にふさわしい歩み方であると思います。

天雷无妄（てんらいむぼう）䷘

富もう、豊かになろうとする欲や期待をなるべく省いて、
自然に順《したが》って生きることがものごとを大きく通じさせます。

天雷无妄《てんらいむぼう》の卦《か》は、無私、無作為に、ありのままの自然体で生きる時を教えています。すべてを自然にまかせて、自然に順《したが》って生きるならば、この時は通じていく。しかし人間の意志、期待、希望を優先していくならば、塞がるといいます。とはいえ、人間は無作為の自然体にはなれるものではありません。私たちが良くなろう、豊かになろうとしてやっていることは、もしかすると余計なことなのかもしれません。そのほとんどを省いた時に本当に必要なことだけが残ると教えています。

无妄《むぼう》は元《おお》いに亨《とお》る。貞《ただ》しきに利《よ》ろし。それ正《せい》にあらざるときは眚《わざわい》あり。往《ゆ》くところあるに利《よ》ろしからず。

彖《たん》に曰く、无妄《むぼう》は剛《ごう》外より来《きた》りて内に主となる。動きて健なり。剛《ごう》中にして応《おう》ず。大いに亨《とお》りてもって正しきは、天の命なればなり。それ正《せい》にあらざるときは眚《わざわい》あり、往《ゆ》くところあるに利《よ》ろしからずとは、无妄《むぼう》の往《ゆ》くは、いずくにか之《ゆ》かん。天命祐《たす》けず、行《ゆ》かんや。

象に曰く、天の下に雷《らい》行き、物ごとに无妄《むぼう》を与う。先王《せんのう》もって茂《さか》んに時に対し万物を育《やしな》う。

欲もなく作為もない自然の働きは、大きく通じていく。人間が自然に則さず欲のままに生きていれば、自然が大きく変化して災いが及ぶ。

天雷无妄《てんらいむぼう》の時は、天地が代謝して活発に活動する時である。人間が自分の思いのままに生きるときは人災がある。自然の変化、活動はときに天災をもたらすことがある。それは免れようとしても免れない。人間は自然に順《したが》って生きるものであって、自分の思いだけで進もうとしても天は助けない。それでも突き進んでいくというのか。

余計なものを省いて生きる

天雷无妄《てんらいむぼう》の卦《か》には、人に欲や期待がある時は眚《わざわ》いがあると書いてあります。「眚」という字は人災を意味します。

第一章でもお話ししましたが、自然から見れば、私たち人間は「妄《みだ》り」に、欲望のままに、自分勝手な欲や期待を満たそうとしているだけだというのです。とはいえ、人間はありのままの自然体にはなれませんから、私欲や期待を少しでも省いて、自然に逆らわずに生きることの大切さを天雷无妄《てんらいむぼう》の卦は教えているのです。

第二章で天地人三才《てんちじんさんさい》について触れました。人間には天地の変化に手を入れる才がありますが、ここで問題になるのは手を入れすぎることです。欲望のままにでたらめに自然に対して手を入れていると、それがひずみとなってあらわれます。良かれと思ってやっていることが、本来の自然な時の変化を妨げるのです。

身近なことでも思い当たることがあります。たとえば、手をかけすぎる子育てや、厳重すぎる健康管理は、かえって自然の代謝や成長を妨げます。

ときにはなにもしない、手を入れないほうがいいこともある。人間は自然の一部である、それに気づきなさいと教えています。

人災を防ぐには

天雷无妄《てんらいむぼう》は、自然が活発に動く時をあらわします。ひとたび自然が大きく動いたら、人間は為す術もなく、ただただ、それにしたがうほかないということを、私たちは東日本大震災であらためて思い知らされました。

そして、震災にともなって起きた福島第一原発事故という人災を、私は苦渋の思いでかみしめました。原発事故がなければ、復興はもっと早く進むはずでした。原発に関しては難しい問題ですが、大地と海を放射能で汚染し、私たちの健康までも脅す事態は、まさに天雷无妄《てんらいむぼう》の眚《わざわ》い、人災なのです。また、天災に対しての備えがないこと、そして、自然環境を恣《ほ》しいままに破壊していくことも、防災意識の低さから生じる人災といえます。

「繫辞伝《けいじでん》」には、**「君子は幾《き》を見て作《た》つ」**ということばがあります。私欲や期待をぬぐい去って、事実を受け止めた時に、本当に必要なことが見えてくる。それがわかったら、すばやく判断し、行動しなさいと教えています。時の的を射るという意味の「時中《じちゅう》」、「中《ちゅう》する」ということは、自然の変化にしたがって核心をついた行動をするということなのです。

「天命祐《たす》けず、行かんや」とは、人間はすでに無為の自然に養われているから、その流れを外れて人欲に突き進んでも天は助けない。一体どこへ行こうというのか、ということです。

自然に則して生きるとは、自分の願望を追うことではない。人間はなにかしなければ生きていけないと思っていますが、むしろ、ほとんどの望みや欲を省くことで、最も大切なことを得《え》るといいます。

自然の力にまかせてみる

自然に順《したが》って生きるとはどういうことか、爻辞《こうじ》が教えています。私たちがありのまま、自然体で生きることは、難しい努力を要します。なぜなら、「できるかぎりなにもしない」という努力が必要だからです。爻辞《こうじ》を読んでいきましょう。

①无妄《むぼう》にして往《ゆ》けば吉《きつ》なり。

象に曰く、无妄《むぼう》にして往《ゆ》くは、志を得《え》るなり。

②耕穫《こうかく》せず、菑畬《しよ》せざれば、往《ゆ》くところあるに利《よ》ろし。

象に曰く、耕穫《こうかく》せずとは、いまだ富まんとせざるなり。

③无妄《むぼう》の災《わざわい》あり。あるひとこれが牛を繫《つな》ぐ。行人《こうじん》の得《え》るは、邑人《ゆうじん》の災なり。

象に曰く、行人《こうじん》の牛を得るは、邑人《ゆうじん》の災なるなり。

④貞《てい》にすべし。咎《とが》なし。

象に曰く、貞《てい》にすべし、咎《とが》なしとは、固くこれを有《たも》つなり。

⑤无妄《むぼう》の疾《やまい》あり。薬《くすり》することなくして喜びあり。

象に曰く、无妄《むぼう》の薬《くすり》は試《もち》うべからざるなり。

⑥无妄《むぼう》なり。行けば眚《わざわい》あり。利《よ》ろしきところなし。

象に曰く、无妄《むぼう》の行くは、窮《きわ》まるの災あるなり。

①は欲もなく作為もせず、無心でものごとに取り組み進めば、大きく通じていくという意味です。人が自然にしたがって無心でいられたなら、その取り組みは自分でも想像できないよう

な働きになって復《かえ》ってくるといいます。自然と人間では自然の力のほうが絶対的に大きいのです。自然を畏《おそ》れ、敬って進むことは、多くの恵みをもたらすと教えます。

この爻《こう》は、なにかを行う時、それが自然の成り行きと合致しているならば、ものごとは通るだろうと教えています。しかし、そうでないならば通らない。「人事を尽くして天命を待つ」の逆転の発想をした明治の仏教家、清澤満之《きよざわまんし》が言った「天命に安んじて人事を尽くす」は、この心意気でしょう。

②は田畑を耕さなくても収穫があり、開墾しなくても土が肥えるという意味です。自然の力にまかせていれば、必要なだけの収穫があって事足りるということで、富もうとして穫りすぎない、開墾しすぎないことだと教えています。たとえば海の魚を捕りすぎないことでもあり、森の木を切りすぎない、山を削りすぎないということをいっているわけです。

この爻辞《こうじ》を読むと思い出す人物が二人います。一人は「自然農法」を提唱した福岡正信《ふくおかまさのぶ》さんです。やらなくてもいいことはなにかを探って、耕さない、無農薬、無肥料、無除草の農法にたどりつきました。

もう一人は、世界ではじめて無農薬、無肥料のリンゴ栽培に成功した木村秋則《きむらあきのり》さんです。お二人とも、より自然に近く、よけいな手入れを省いた農法を実践しましたが、そこに行き着くまでには、大変な苦労を強いられました。

木村さんは無農薬のリンゴ栽培をはじめてから十年近くの間、なにも収穫できず、極貧生活を送ったといいます。しかし自然がつくる土により近い土づくりをすることで、生命力の強いリンゴが育つようになったといいます。

③は「无妄の災い」とあり、天災と人災の違いが書いてあります。天災というのは、自然災害のほかに突然降りかかってくる災難も含みます。この爻《こう》の話は次のようなことです。

ある村で、ある男がちょっと牛を繫《つな》いでそこを離れたところ、その牛を通りすがりの人に盗まれてしまった。これは人間がやったことが原因で、それが災難になってわが身に降りかかってくる、いわば自業自得の人災です。一方、そこに住む村人は男が牛を繫いだことも、その牛が盗まれたことも知らないのですが、その男に罪を着せられます。つまり、自分にはまったく関係ない問題や事件が突然身に降りかかって、ひどい目にあうのです。ですから、これは人災が引き起こした理不尽な天災だといっているのです。

この爻は理不尽について教えています。ただし、これを理不尽と考えるのは人間の思いで、自然はなにも作為しないし、こういうこともあると教えているだけなのです。ですから易経ではもらい火事も天災です。人生とはこういう理不尽なことで成り立っていると教えているのです。

④の状況は、自然は人間を生かすという理屈はわかっていても、人間はすべてを成り行きに

まかせて生きることが不安なのです。たとえば思春期に子どもが反抗するのは成長の通り道ですから、放っておく親も多いです。しかし、心配であれこれ気をもむと子どもはよけいにひどく反抗します。自然にまかせることは、なにもしないで見守ることですから、リスクがともないます。また、この爻《こう》は腹がすわらず葛藤している状況です。そこで自然の変化にまかせて、自由になりなさいといっているのです。

⑤の**「无妄の疾《やまい》」**とは、たとえば風邪を引くことも、体にとっては自然の代謝であって、熱が出るのは体が風邪ウイルスをなくそうとして働いている結果です。風邪であれば水分をとって寝ていたら、あれこれ薬を飲まなくても快復します。そして免疫力が強くなって健康になります。それがわかっていれば、自然に起こったものごとの滞《とどこお》りを、なにもしないで見守ることができるのです。現代はすぐ薬に頼りますが、薬漬けはよくありません。**「薬《くすり》することなくして」**とは、無農薬にも通じます。人間も、大地も、大自然も、元来、良くなろうとする回復力、免疫力をもっているのです。

⑥は**「行けば眚《わざわい》あり」**とあります。天雷无妄《てんらいむぼう》の卦《か》では、「往《ゆ》く」と「行く」を使い分けています。「往く」は自然の循環で進むという意味で、往来の「往」です。ですから還元されて、また戻ってくる、つまり陰陽の変化です。「行く」は人間の意志、ここでは欲と期待で進むということです。これはもう行ったきり戻ってきません。妄《みだ》りなものや欲望は、果てしなく行って窮ま

ると教えています。

「窮《きわ》まるの災あるなり」とありますが、地球温暖化によって起こる自然災害なども、人間がやりすぎたことで窮まって起こる人災ともいえるような天災です。元に戻せないようなことをするのは、はなはだしく不自然なことであり、よろしくないといっています。

卦辞《かじ》の解説「彖伝《たんでん》」に「天命祐《たす》けず、行かんや」とあります。「そんなことをしても天は助けない。それなのに、どうして自分の欲だけで行こうと思うのかね?」と天雷无妄《てんらいむぼう》の卦は問いかけます。

じつは、六十四卦の中でこの天雷无妄《てんらいむぼう》が昔から私のいちばん好きな卦《か》です。人間が勝手気ままにやっていると災いが及ぶ、という恐ろしいことが書いてありますが、逆にいえば、あれこれ思いわずらい、悩み、苦労しなくても、自然は人が望もうが、望まなかろうが、絶えまなく循環して万物を生かすと教えているのです。

震災以降、私は畏《おそ》れ震えるようにしてこの卦を読み返してきました。そして読むたびに、できるかぎり、ありのままに自然体で生きていこうという勇気が湧いてくるのを感じます。易経の発祥は五千年前ともいわれますが、大昔にすでにこうした内容が書かれていたということに驚き、大きな意義を感じるのです。

地天泰（ちてんたい）䷊　天地否（てんちひ）䷋

平和な時を保つには、いたずらに怖れることなく
健全な危機管理意識をもつことが大切です。

幸せで平らかな時もいつかはかたむいていきます。これが自然の変化の法則です。幸せが失われると思うと怖ろしく、あまり考えたくはありませんが、安泰な時ほど危機管理意識が必要だと教えています。

平和な時を保つのも、かたむかせるのも、また閉塞を打開するのも、人の力によると教えているのが、地天泰《ちてんたい》と天地否《てんちひ》の卦《か》です。この二つの卦を合わせて読むことで、人の手による運命の打開策を学ぶことができます。

●地天泰《ちてんたい》

泰《たい》は、小往《しょうゆ》き大来《だいきた》る。吉《きっ》にして亨《とお》る。

象《たん》に曰く、泰は小往《しょうゆ》き大来《だいきた》る。吉《きっ》にして亨《とお》るとは、すなわちこれ天地交わりて万物通ずるなり。上下交わりてその志同じきなり。内《うち》陽にして外《そと》陰なり、内健《うちけん》にして外順《そとじゅん》なり、内《うち》君子に

して外《そと》小人なり。君子は道長《みちちょう》じ、小人は道消《みちき》ゆるなり。
象に曰く、天地交わるは泰《たい》なり。后《きみ》もって天地の道を財成《さいせい》し、天地の宜《ぎ》を輔相《ほしょう》し、もって民を左《たす》け右《たす》く。

安泰とは、陰（小人）が消えて往《ゆ》き、陽（君子）が復《かえ》ってくる。吉はいうまでもなく、ものごとは通っていく。下にある天の気は上に向かい、上にある地の気は下にいく。そして天地が交わって、万物は通じていく。上に立つ者、下でしたがう者の心が交わり、志を同じくする。外柔内剛《がいじゅうないごう》の君子が多くなり、小人は去っていく。

君主（王）は民に天地の道をわかりやすく説き、天地の変化にしたがいながら、泰平を保ち、民を助ける。

●天地否《てんちひ》

否《ひ》はこれ人にあらず。君子の貞《てい》に利《よ》ろしからず。大往《だいゆ》き小来《しょうきた》る。
象《たん》に曰く、否《ひ》はこれ人にあらず、君子の貞《てい》に利《よ》ろしからず、大往《だいゆ》き小来《しょうきた》るとは、すなわちこれ天地交わらずして万物通ぜざるなり。上下《じょうげ》交わらずして天下に邦《くに》なきなり。内《うち》陰にして外《そと》陽なり、内《うち》柔にして外《そと》剛なり、内《うち》小人にして外《そと》君子なり。小人は道長《みちちょう》じ、君子は道消《みちき》ゆるなり。

象に曰く、天地交わらざるは否《ひ》なり。君子もって徳を倹《つつましやか》にし難《なん》を辟《さ》く。栄《えい》するに禄《ろく》をもってすべからず。

泰平がかたむき、塞がれた暗黒の時が来るのは人でなしの仕業である。君子の正論は通らない。小人がはびこり、君子は追いやられてしまう。

天地の交わりが断たれ、なにも生まれない。上に立つ者、下でしたがう者がまったく相容れず、天下には国さえない状況になる。内柔外剛《ないじゅうがいごう》の小人がはびこり、君子は去っていく。

君子は徳を慎ましく隠して黙って災難を避ける。このような時代に出世、名誉を得《え》ようとしてはならない。

かたむかない安泰はなく、打開できない閉塞はない

最初に二つの卦の卦象《かしょう》を見てみましょう。

地天泰《ちてんたい》 ䷊

天地否《てんちひ》 ䷋

地天泰《ちてんたい》を逆転したのが天地否《てんちひ》です。卦辞《かじ》を読むとまったく逆のことが書いてあります。この二卦は対《つい》になっていて、二つで一つの栄枯盛衰の道理をあらわしています。泰平の時がかたむいて、「否」という蓋をしたような暗黒の時になり、また暗黒の時を打開することで泰平の時

へと向かいます。

「大《だい》」とは大人《たいじん》つまり君子のこと、「小《しょう》」とは私利私欲の小人《しょうじん》ともとれます。

泰平の時をなるべく長く保つために、また、閉塞した暗闇の時を打開するために、私たちはなにをしたらいいのかということを教えています。地天泰《ちてんたい》は、「安泰の時ほど危険だ」と説いています。なぜなら平らかな時代が続くと、人は油断して安泰にあぐらをかくようになります。驕《おご》りや怠け心が高じると、あるとき急激に悪い方向へ転換して、手のほどこしようもなくなってしまうからです。

栄えたものが衰えるのはごく自然のことですが、本来はゆっくりと時間をかけて、夏から秋へ、そして冬へと季節がめぐるように衰退していきます。それまでの泰平が急激にかたむくようなことは不自然であって、その原因のほとんどは、人為的な力によるものだというのです。

地天泰《ちてんたい》が急にかたむくと、一気に閉塞した暗黒のような天地否《てんちひ》に変わります。天地否《てんちひ》は、**「否《ひ》はこれ人にあらず」**と、人が起こす災いのことだとはっきり書いてあります。

天地否《てんちひ》の時代は、私利私欲にまみれた小人がはびこり、まともなことは一切通りません。節操もなくなり、悪いことでも、みんながやっているからあたりまえだという風潮になります。君子の正論は通らず、まともなことを言えば排除されてしまいます。

しかし、そんな状況が長く続くと、さすがに悪事を重ねてきた小人さえも、「このままではたまらない」と嫌気がさしてきます。そして、なんとかしなければ、という気運が高まって閉塞を打開していくわけです。つまり、状況は人の努力と行動で良くもなり悪くもなることだと教えています。一連の流れを時代にたとえましたが、これは個人の健康管理や家庭生活の保ち方、また夫婦関係、人間関係にもあてはめることができます。

地天泰の安泰を保つには

「平和でおだやか、幸せに満ちた時はかたむく」。幸せが失われる、そんな不吉で不安なことは誰もが想像したくありません。考えただけでストレスを感じる人も多いでしょう。しかし危機管理というのは本来、安泰の時にしっかりすべきことだとこの卦《か》は教えています。危機を意識することは、心配して怖れ怯《おび》えることではありません。安定した平和な時に、これでいい、大丈夫だと思って、油断してしまうことのほうが、よほど恐ろしいのです。

人はなにか問題が起きたり困ったことがあったりすると、その時だけは反省して努力しますが、すぐに忘れてしまいます。問題から学ぼうとせず、またなにか起こったら対処すればいいと考えます。そして今回の問題は正しく解決した、きちんと対処したと勘違いします。

しかし、これは目先の対処にすぎません。第三章で吉《きつ》・凶《きょう》・悔《かい》・吝《りん》の話をしましたが、ここまでお話ししたことはすべて吝《りん》、つまりけちる、惜しむことです。ですから、目先の対処では解決できない問題が起こった時にはじめて、「もっと、こうしておけばよかった」と気づいて後悔します。少々、耳の痛い話ですね。

「火のないところに煙は立たない」といいますが、そういう兆しがあらわれた時に、「あれ？」と気づいて万が一に備えることが危機意識です。盤石《ばんじゃく》の安泰や平和、幸せ、絶対の安全などないと易経はつねに教えていますが、その意識があれば、危機管理意識は自然に芽生えてくるものです。

それでは地天泰の爻辞《こうじ》を読んでみましょう。地天泰《ちてんたい》の時の経過は、前半の①から③の爻《こう》までは「泰中《たいちゅう》の泰」といって、とても安定した平和な時をあらわしています。後半、④から⑥は、「泰中《たいちゅう》の否」といい、かたむき出し乱れてきて、やがては天地否《てんちひ》へと向かいます。

①茅《ちがや》を抜くに茹《じょ》たり。その彙《たぐい》と以《とも》にす。征《ゆ》くも吉《きつ》なり。

象に曰く、茅《ちがや》を抜く、征《ゆ》くも吉《きつ》なりとは、志外《こころざしそと》に在ればなり。

②荒《こう》を包《か》ね、河を馮《かちわた》るを用《もち》い、遐《とお》きを遺《わす》れず、朋亡《ともほろ》ぶれば、中行《ちゅうこう》に尚《かな》うを得《え》ん。

象《しょう》に曰《いわ》く、荒《こう》を包《か》ね、中行《ちゅうこう》に尚《かな》うを得んとは、光大《こうだい》なるをもってなり。

③平《たいら》かなるものにして陂《かたむ》かざるはなく、往《ゆ》くものにして復《かえ》らざるはなし。艱《くる》しみて貞《てい》にすれ

ば咎《とが》なし。その孚《まこと》を恤《うれ》うるなかれ。食《しょく》において福《さいわい》あらん。
象に曰く、往《ゆ》くものにして復《かえ》らざるはなしとは、天地の際《あいだ》なればなり。
④翩翩《へんぺん》として富《と》めりとせず、その隣《となり》を以《ひき》いる。戒《いまし》めずしてもって孚《まこと》あり。
象に曰く、翩翩《へんぺん》として富《と》めりとせずとは、みな実《じつ》を失えばなり。戒めずしてもって孚《まこと》あるは、中心《ちゅうしん》より願えばなり。
⑤帝乙妹《ていいつまい》を帰《とつ》がしむ。もって祉《さいわい》ありて元吉《げんきつ》なり。
象に曰く、もって祉《さいわい》ありて元吉《げんきつ》なりとは、中《ちゅう》もって願いを行なうなり。
⑥城隍《しろからぼり》に復《かえ》る。師《いくさ》を用うるなかれ。邑《ゆう》より命《めい》を告げんのみ。貞《てい》なれども吝《りん》なり。
象に曰く、城隍《しろからぼり》に復《かえ》るは、その命《めい》乱るるなり。

①「茅《ちがや》」とは芋の蔓《つる》で、一本抜くとごろごろと連なって出てきます。易経は徒党を組むことを非常に嫌いますが、ここでの「彙《たぐい》」(類)は、志を合わせた同志のこと。その志は外にあって、自分たちのためではなく世の中の安泰を願う志です。そうであれば進んで事を成していいといっています。

②は安泰を保つための要件が書いてあります。荒れ果てた汚いものを包み込む包容力、危険な川を渡るほどの勇気と決断力、そして遠い先までを見通す先見の明。つまり、安泰はかたむ

くということを見通していれば、つい目をそらしたくなることまでを包容し、勇気をもって過ちをすばやく正していけると教えています。加えて「朋亡《ともほう》ぶれば」とは、自分の仲間と徒党を組まない、そういった公明正大さがあれば安泰を保てるといいます。

③はたいへん有名なことばです。平らかなものでかたむかないものはなく、つねに時は変化していきます。平和な時ほど苦労を惜しまず、誠心誠意を尽くして危機管理に努めたならば、突発的な災害に対していたずらに怖れる必要はありません。「食」とは日食、月食のことで古代は突発的な凶事を意味しました。

④は泰平が少しかたむいて、上の地位の人が下の人へ「もしもの時のために力を貸してくれ」と助力を求めるのです。しかし、まだ切迫した危機感はありません。

⑤は安泰にかげりがさしてきた時です。皇帝が力のある諸侯に身内を嫁がせて安定を保つことにたとえられています。国から民へ、社長から社員へ、夫から妻へ、親から子どもへ、いまどんな状況にあるのか、上に立つ人は下の人を頼り、事実を伝えて、一緒に国、会社、家族などを守ろうと自らの地位を下《お》りて力を合わせます。危急状況を察して泰平を保とうとするのです。

⑥危機管理ができていないために状況をきちんと把握できず、安泰の象徴である城が崩落して空堀《からぼり》だけになるといっています。もうこの時点で守るために行動しても遅いのです。気をつ

けろと言うだけしかできません。上の人と下の人が志を同じくしないから心が交わらない。陰と陽が交わらないということは、生み出すものがなくなって空になってしまいます。

天地否の閉塞を打ち破るために

一方の天地否《てんちひ》の「否」の字は、「不」と「口」から成っていますが、「口」は天に捧げる祝詞を入れる入れ物であり、「否」はそれに蓋をしてしまうことを意味します。つまり天との交わりを人が断絶してしまうということです。夫婦関係でいえば、家庭内別居、親子は断絶、勘当状態になります。なにも良いことが生まれない暗い時代です。人びとは自分さえ良ければいいとそれぞれが勝手なことをし出すのです。また、「否」という字は口に蓋をするという意味もあります。信頼がまったく得られない人間関係になりますから、正しいことをわかってもらおうとしても、ことばで言おうが態度で示そうが、誤解は解けないのです。ですから言い訳など、よけいなことは一切言わないで黙して時を待ちなさいという意味があります。

こういう時は、まともな人は出世できません。正義感があだになるのです。真正直《ましょうじき》に意見すると、「みんながこれでいいといっているのに、なぜいけないのか」と詰め寄られ、害されます。反抗するということは、冬の海に裸で飛び込むようなものですから、絶対に口を閉じなさい、それができないなら、地位を捨てて、身を隠してでも自分の正しさ、信じるところを守りなさいと教えています。天地否《てんちひ》の爻辞《こうじ》には、こうした閉塞を打開して安泰へと導く過程が書いてあります。①から③までの前半では「否中《ひちゅう》の否」、私欲にまみれたひどい状況になります。後半、④から⑥では、「否中《ひちゅう》の泰」となり好転していきます。

①茅《ちがや》を抜くに茹《じょ》たり。その彙《となり》と以《とも》にす。貞《てい》なれば吉にして亨《とお》る。
象に曰く、茅《ちがや》を抜く、貞《てい》なれば吉なりとは、志《こころざし》君《きみ》に在ればなり。
②包承《ほうしょう》す。小人は吉なり。大人《たいじん》は否《ひ》にして亨《とお》る。
象に曰く、大人《たいじん》は否《ひ》にして亨《とお》るとは、群《むれ》に乱れざるなり。
③羞《はじ》を包《つつ》む。
象に曰く、羞《はじ》を包むとは位当《くらいあ》たらざればなり。
④命《めい》あれば咎《とが》なし。疇祉《ともさいわい》に離《つ》かん。
象に曰く、命《めい》あれば咎《とが》なしとは、志《こころざし》行わるるなり。
⑤否《ひ》を休《や》む。大人《たいじん》は吉なり。それ亡《ほろ》びなんそれ亡《ほろ》びなんとて、苞桑《ほうそう》に繋《かか》る。
象に曰く、大人《たいじん》の吉なるは、位《くらい》正しく当たればなり。
⑥否《ひ》を傾《かたむ》く。先には否《ふさ》がり後《のち》には喜ぶ。
象に曰く、否《ひ》終われば傾《かたむ》く、なんぞ長《なが》かるべけんや。

①は地天泰の①と同じく、芋の蔓《つる》のたとえで書いてあります。暗黒の時の到来はあきらかになり、「このままではたまらない」という思いが強い絆を結び、やがて閉塞を打ち破る原動力になります。荒れた時代ですから、悪い道に流されず、貞《ただ》しくいることが大切です。

②は承《うけたまわ》って包み隠すという意味です。天地否《てんちひ》の時は、権力者が下の人に悪いことをするように命令してきます。下の者はしたがうほかないので「はい、はい」と承っておくのです。一方で、君子ならば無能を装ってなにもしないでおきなさいと教えています。

③は暗黒時代の極みです。一番ひどく乱れる時です。不正が横行して、犯罪やスキャンダル、不祥事といった恥がばれないよう死にものぐるいで隠蔽《いんぺい》し、恥の上塗りになってきます。ここまでくると、さすがに悪事を重ねてきた小人《しょうじん》たちも嫌気がさしてきます。こうなってはじめてまともな意見が少しずつ表に出てきます。

④ようやく天のめぐりが明るくなって、暗闇に光が差し込んできます。「疇《とも》」は仲間。仲間とともに力を合わせて、志を少しずつかなえていけるようになります。

⑤の「否《ひ》を休《や》む」とは、開いた蓋が再び閉じてしまわないように、人の力で押さえて天地否《てんちひ》を休止させるというイメージです。否の時は人の手、人の力がなければ打開できません。まだ安心はできないので、亡びるぞ、亡びるぞと警戒を発しているのです。気を緩めれば、また私

利私欲の小人が増殖をはじめます。「苞《ほう》桑《そう》に繋《かか》る」とは、か細く弱い桑の木を束《たば》にして繋《つな》ぐという意味です。一人ひとりの力は弱くても、手を取り合って希望を繋ぎ、「まだ危機は去っていない。油断するな」と励まし合っていく。安泰へと転換するための踏ん張りどころです。しっかりと泰平の世に向かうようにしなければならないといっているのです。
⑥泰平の時に向かい、喜び合います。どんなに苦しい時も窮《きわ》まれば変ず、ずっと長く続くものではないと説いています。

地《ち》天《てん》泰《たい》と天《てん》地《ち》否《ひ》を紹介してきましたが、この二つの卦《か》をまとめたことばが「繋《けい》辞《じ》伝《でん》」に書かれています。

子曰く、危うきものは、その位に安《やす》んずる者なり。亡《ほろ》ぶるものは、その存《そん》を保つ者なり。乱るるものは、その治《ち》を有《たも》つ者なり。是《これ》の故《ゆえ》に君子は安《やす》くして危うきを忘れず。存《そん》して亡《ほろぶる》を忘れず。治にして乱を忘れず。是《ここ》を以て身《み》安《やす》くして国家保つべきなり。易《えき》に曰く、それ亡《ほろ》びなんそれ亡びなんといいいて、包《ほう》桑《そう》に繋《つな》ぐ、と。

地位が危うくなるのは、その地位に安心しきっているからです。いつまでも良い時が続くと思っていると亡びて失ってしまう。平和だからと油断していると、戦いや突発的な災禍が起きる。安泰の時が危うさをもち合わせていることを忘れずに、たとえ安泰が長く続いても、いつかはかたむくということをつねに心に留めておくことだと教えます。

そして、「天地否《てんちひ》にそれ亡びるぞ、それ亡びるぞと戒《いまし》めよと書かれているではないか。その危機意識は安泰になってからも継続しなければならないのだ」とありますが、うまくいっている、順調な時にこそ乱れが出てくるものです。その兆候を見逃さずにいなさいと書かれています。

ただし、このことばをマイナス発想だと思わないでください。正しく怖れるということが大切なのです。「明日を思い煩《わずら》うな」といいますが、なぜ、そうできるのか。それは危機や危険に対して、基本的な対処の仕方を押さえておけば、日々思い煩わされずに済むと教えているからです。これが健全な危機管理意識といえます。

天火同人（てんかどうじん）䷌

人と協力して大きな計画を成し遂げるには私的な立場を忘れて取り組むことが大切です。

天火同人《てんかどうじん》は、人の和をもって世の中の閉塞を切り開いていきます。人が志を同じくして協力したならば、世の中に役に立つ大きな計画を成し遂げることができると教えています。

しかし、人と協力してなにかを成そうとしても、失敗することがあります。意見が合わない、人間関係がうまくいかないと力が結集しません。それは、心がけ、進め方が間違っているからだと教えています。

人の和の力を最大限に出していくには、一人ひとりが自分の利益を考えず、オープンで公正な立場に立たなければならない。それが実現できたなら、奇跡すら起きると天火同人《てんかどうじん》の卦《か》はいっています。

同人野《どうじんや》においてす。亨《とお》る。大川《たいせん》を渉《わた》るに利《よ》ろし。君子の貞《てい》に利ろし。

彖《たん》に曰く、同人《どうじん》は、柔《じゅう》、位《くらい》を得《え》、中《ちゅう》を得《え》て、乾《けん》に応ずるを同人と曰《い》う。同人に曰《いわ》く、同人野《どうじんや》においてす、亨《とお》る、大川《たいせん》を渉《わた》るに利《よ》ろしとは、乾《けん》の行《おこない》なり。文明《ぶんめい》にしてもって健《けん》、中正《ちゅうせい》にして応《おう》ず、君子の正なり。ただ君子のみ能《よ》く天下の志を通ずることを為《な》す。象に曰く、天と火とは同人なり。君子もって族《ぞく》を類《るい》し物を弁《べん》ず。

人と同じ志をもっていく時とは、自分の日常を離れ、公でオープンな立場に立つこと。そうであれば、不可能を可能にして大きな志が成し遂げられる。自分のプライドや私的な立場にこだわってはならない。

天下同人《てんかどうじん》は、社会の下層の、力の弱い大衆から発した力が結集して上を動かし、大きく世の中を動かす。柔軟で和《なご》やか、賢く聡明なところに強い力は集まる。人と協力してなにかを進めるときは、公私混同はいけない。公平無私を心がけて進めば、その志は成し遂げられる。協力すべきときはその志を見分け、それぞれの役割分担をはっきりさせることも大切である。

仲良し同士では志は遂げられない

天火同人《てんかどうじん》は、人が一致協力して一つのものごとを成し遂げる時をあらわしています。「同人」とは「同人誌」の語源です。人と心を同じくするという意味です。

天地人三才《てんちじんさんさい》の「天の時、地の利、人の和」のいちばん大切な「人の和」について教えています。天が上にあって、火が下にあるという卦象《かしょう》ですが、どんな状況をあらわしているかというと、下から発する炎なのです。立場の弱い下層から発した力で、天の時と志を同じくすることをあらわしています。つまり、その志というのは誰かの損得にかかわるものではなく、いま世の中が望んでいること、社会の役に立つことです。とても難しいと思われる計画でも勇気をもって実行していけば、不可能をも可能にすると教えています。

そして、この時を通すための卦徳《かとく》は、**「同人野《どうじんや》においてす」**ということです。これができたときだけ実現する。しかし、これができなければことごとく通らないといっています。これはどういう意味でしょうか。

「野《や》」というのは、平野、野原、荒野の野です。なにもないところ、視野が広く開けたオープンな場所、世界の果てという意味があります。また、「野《や》に下《くだ》る」というと、官庁から民間に下ることをいいます。

「野《や》においてす」とは、もし人がなにももたずに荒野に放り出されたら、地位も名誉も家柄も関係ないですね。もちろん家族も友だちも近くにいません。そういうイメージです。人と協同していくには、自分の日常から出て、私利私欲、自分の社会的地位、プライドをなくして、隠し事のない公平無私の場に立たなければならない。誰かの名誉や損得にかかわるようなやり方ではだめだと教えています。いわば、全員が無名の人、その他大勢として行動するのです。

その際、お金持ちだとか、生まれ育ちの善し悪しとか、能力があるかないかとか、美しいか醜《みにく》いかとか、男性か女性かということは一切関係ない。あくまで一人の人間として行動する。そこでは性格や考え方に差があっていいのです。同じ志をもって一致協力する人はすべて「同《どう》人《じん》」なのです。

「野《や》」は、うちうちのことではなく、好《よしみ》を通じることでもありません。家族、身内、友だち同士、同僚、グループといった私的な関係や私情から切り離した人間関係です。なにかをしようという時、つい気心の知れた人と手を組みたいと思うものですが、甘え、馴《な》れ合いがあれば、公平ではなくなります。つまり、仲良し同士ではなし得ないということです。まず友だちや知り合いに声をかけ、家族や親戚のコネを使って……という発想ではかならず失敗します。

広い視野で判断する

「野《や》」とは広大なところです。偏《かたよ》らない、目先のことに左右されない、地位や名誉も関係ないところをあらわしています。そして十年先、二十年先を踏まえた志をもちなさいとも教えています。

私が「これは天《てん》火《か》同《どう》人《じん》だ」と思った話をしましょう。

みなさん、銀行のキャッシュカードをもっていると思います。いまはどこでも共通に使えるようになっていますが、これには開発秘話があります。その当事者であった私の友人から直接聞いた話です。

ある六つの都市銀行の技術開発者が集まって、どの銀行でも共通に使えるカードの開発を検討していました。しかし当時、各銀行のトップは、どの銀行でも使えるカードをつくったら、他行に顧客が流れてしまうと考え、共通カードにはしないことに決まったのです。

しかし、技術者たちはどう考えても、将来、社会はどこの銀行でも使えるカードを求めるだろう。それももう間もなくのことだと、先を読んでいました。そういう時代が来て、つくり直すことになれば、また莫大な予算や手間がかかります。しかし、いまはトップが共通カードにすることを了解しません。

そこで、技術開発者たちはそこに集まった者だけの申し合わせにして、共通に使えるカードのシステムをつくり、当面は各銀行の本、支店だけで使えるように、しっかりとロックをかけることにしたのです。

それから何年か後、やはりどこでも使えるカードが必要だとつくり直すことになったのですが、その時はシステムのロックをはずしただけで、時間も予算もかからず、ニーズに素早く対応できました。技術者たちは、皆で喜び合ったそうです。

これは一つの奇跡といえます。まず、技術者たちはそれぞれの立場があったにもかかわらず、「私はできない」とは誰も言わなかった。人びとが望むこと、役に立つことを広い視野で考えた賢い判断をし、そして結果的に組織の一員としてトップの意向にも応じたわけです。これが「同人野《どうじんや》においてす」ということです。つまり、その協力した人びとだけでなく、社会の人たちすべてが賛同するということに意義があるのです。

私欲やプライドを克服する

なぜ「野《や》」という公平無私の場に立たねばならないかというと、天火同人䷌は一陰五陽の卦《か》といって、能力のある人（陽の爻）が多く集まっているからです。陽同士では競い合い、ねたみや足の引っぱり合いが起きてきます。さらに、人が集まるとさまざまな意見が対立するものです。また人間模様も複雑になってきます。どのようなことが起こってくるのか。爻辞《こうじ》は、問題を克服し、一致協力して志を成すまでの過程を説いています。爻辞《こうじ》を読んでみましょう。

①人に同じうするに門《もん》においてす。咎《とが》なし。
象に曰く、門《もん》を出《い》でて人に同じうす、また誰か咎《とが》めん。

②同人宗《どうじんそう》においてす。吝《りん》なり。
象に曰く、同人宗《どうじんそう》においてするは、吝道《りんどう》なり。

③戎《つわもの》を莽《くさむら》に伏せ、その高陵《こうりょう》に升《のぼ》る。三歳まで興《おこ》らず。
象に曰く、戎《つわもの》を莽《くさむら》に伏すとは、敵剛《ごう》なればなり。三歳まで興《おこ》らず、いずくんぞ行《ゆ》かん。
④その墉《かき》に乗るも、攻《せ》むるに克《あた》わず。吉《きつ》なり。
象に曰く、その墉《かき》に乗るも、義として克《あた》わざるなり。その吉《きつ》なるは、困《くる》しみて則《のり》に反《かえ》ればなり。
⑤同人《どうじん》、先《さき》には号《な》き咷《さけ》び後には笑う。大師《たいし》克《か》ちて相い遇《あ》う。
象に曰く、同人《どうじん》の先《さき》とは、中直《ちゅうちょく》なるをもってなり。大師《たいし》相い遇《あ》うとは、相い克《か》つを言うなり。
⑥人に同じうするに郊《こう》においてす。悔《くい》なし。
象に曰く、人に同じうするに郊《こう》においてすとは、志《こころざし》いまだ得《え》ざるなり。

①天火同人《てんかどうじん》は「野においてす」と教えていますが、「門」とは家族、身内だけという意味です。ここでは「門を出でて」とありますから、門の外で人と交わっていきます。まだ広い交際ではありませんが始めとしては良いでしょうということです。
②は天火同人《てんかどうじん》の卦象《かしょう》では、ただ一つの陰になっています。じつは同人が行おうとするプロジェクトが成功するかどうかは、この②に書かれた人物に左右されます。この人物は会社組織

でいえば課長クラスに位置し、頭が良く、謙虚で物腰もやわらかい。皆の意見を公平に聞いてまとめる役目を担い、同人の志を波及させていくことができる唯一の人です。

ところが、「宗においてす」とは私的に親密にするということですから、この人物は一番強い人（⑤）だけを見て行動しやすい。それは傍《はた》から見てへつらいに映ります。肝心要の人物がそんなことをしたら、事は成し遂げられないと警告を発しているのです。

③と④は志が違うのです。③は②の人に意見を受け容れてもらえません。そこで強引に事を進めようとするのですが、人びとの結束がかたく輪に入っていけません。「三歳まで興《おこ》らず」とはそんなことをしていたら、何年経ってもかなわない。そんなことでどうするのだと戒《いまし》めているのです。

④も同じく、人の和になかなか入れません。自分の意見を誇示しようとするのですが、太刀打ちできないことを知って、ほかの人たちと志を合わせるのです。

⑤はいちばん実行力をもっています。③と④にいろいろと邪魔をされ、泣かされますが、最後にはその強い志がかなって皆で喜び笑うのです。

「大師《たいし》克《か》ちて相い遇《あ》う」の「大師」は大軍です。協力し合う人びとが、それぞれ自分の私的な考えを克服して、その心を同じくするという意味です。

⑥「郊《こう》」は、都の外、郊外ですが「野《や》」とは違います。人里離れたところで隠者のようにし

ていれば、人間関係のわずらわしさもなく、後悔もありませんが「それはどうなのか？」と問いかけも含んで、同人の志は得られないだろうといっています。

天火同人《てんかどうじん》が教えているのは、強い絆で結ばれた人の和です。閉塞した時代、状況を切り開いていくための結束力、実行力は、必ず社会の下層から出てくると、易経は何度も教えています。大切なのは、高い志をもつことです。たとえば、その計画で自分の住んでいる地域だけ、自分たちが置かれている状況だけが改善されればいいと考えるのではなく、もっと広く多くの人びとに役立つにはどうしたらいいのかという発想の転換が求められます。広い視野をもって、ものごとを見渡していくことで、多くの人から賛同が得られるのです。

この卦《か》の解説として、「繋辞伝《けいじでん》」にこのようなことばが書かれています。

「二人《ににん》心を同じくすれば、その利《する》きこと金を断《た》つ。同心の言は、その臭《かお》り蘭のごとし」

高い志をもつ人が心を同じくすれば、まるで金属を断つような、不可能を可能にするほどの働きをする。また、お互いが真心から交わすことばは、蘭の花の香りのように深く香《かぐわ》しい、という意味です。

「断金《だんきん》の交わり」「金蘭《きんらん》の交わり」といいますが、その語源になっています。私縁ではない同志の結束がかたいことをいいます。

坎為水（かんいすい）習坎（しゅうかん）䷜
苦しみに陥ったなら、水のように流れる心をもって毎日を過ごし、少しでも前に進んでいくことです。

もし、一生に一度あるかないかというたいへんな苦しみに陥ったなら、生きる気力をなくしてしまいます。大切な人を失う、重い病をわずらう、災害に見舞われる。こうした、できれば遭遇したくないほどの苦しみの時を説いているのが、坎為水《かんいすい》の卦《か》です。

苦しみの時は、とにかく生き抜くこと、生き続けることが重要だと教えています。どうすることもできないならば、できることだけをして、時の流れに添って過ごしていくことです。そうするうちに時が過ぎていき、やがては苦しみを克服する時が来ます。

習坎《しゅうかん》は、孚《まこと》あり。これ心亨《とお》る。行《ゆ》けば尚《たっと》ばるることあり。

象《たん》に曰く、習坎《しゅうかん》は、重険《ちょうけん》なり。水は流れて盈《み》たず、険《けん》を行きてその信《まこと》を失わざるなり。これ心亨《とお》るとは、すなわち剛中《ごうちゅう》なるをもってなり。行《ゆ》けば尚《たっと》ばるることありとは、往《ゆ》きて功あるなり。

天険《てんけん》は升《のぼ》るべからざるなり。地険《ちけん》は山川丘陵《さんせんきゅうりょう》なり。王公《おうこう》は険《けん》を設《もう》けて、もってその国を守る。険の時用《じよう》大いなるかな。

象に曰く、水洊《しき》りに至るは習坎《しゅうかん》なり。君子もって徳行《とくこう》を常にし、教事《きょうじ》を習う。

「習坎」とは度重なる苦しみに習うこと。苦しみの時にあらわれる誠心誠意の真心がその時を通じさせていく。苦しみを乗り越えたなら、その経験が人の役に立つだろう。

たび重なる苦しみに陥るが、水は流れて止まることがないように、険難《けんなん》は必ず乗り越えられると、信じる心を失わないことだ。心は自分が思っている以上に強い。

天は高く昇ることができない険しさをもっている。地には険しい山と川がある。王は険しい城壁、堀を築いて国を守る。人もこの険難の時を乗り越えられたならば、その経験は後の人生を守り支えるものとなるだろう。君子は次々と押し寄せる苦しみに教えを乞うほどに習い、人生の教示を学ぶ。

苦しみに陥っていく理由

六十四卦の中でも大きな苦難をあらわす坎為水《かんいすい》は、昔から多くの賢人に愛読されてきました。坎為水《かんいすい》という卦名《かめい》の下に「習坎《しゅうかん》」と入っていますが、これは「苦しみに習う」という意味で、敬意と親しみをこめた愛称のようなものです。この卦《か》だけ特別に「習坎《しゅうかん》」と呼ばれています。

坎為水《かんいすい》の水は苦しみをあらわし、坎《かん》は土が欠けると書いて穴を意味します。八卦《はっか》の水が二つ重なって、水が次々に押し寄せてくる、つまり苦しみに次ぐ苦しみ、穴また穴に陥ってしまうどん底の苦しみを経験する時をあらわしています。

家族を失った悲しみから病に倒れてしまう、仕事を失って生活苦になる。本当の苦しみというのは二重構造になっていて、一つの苦難を怖れ、もがき苦しむことで、もう一つの苦難に陥ってしまいます。では、生きる気力さえ失ってしまうほどの苦しみを、どう乗り越えたらいいのでしょうか。

卦辞《かじ》には**「習坎《しゅうかん》は、孚《まこと》あり。これ心亨《とお》る」**とあります。八卦の坎（水）☵の象《しょう》をみると、陽の爻《こう》が陰の爻《こう》にはさまれています。これは虚しさのなかを強い心が貫いていくことをあらわしています。苦しみの時は、まわりを見ればすべて虚しく暗いのですが、心をしっかりもってその時を通っていくのだよ、と教えています。自分の真心が自分を支え、苦しみの時を耐えて進んでいくことができるといいます。

苦しみの時を通っていくには、水の性質に習うことだと教えています。水は柔らかい性質をもち、丸い容器に入れたら丸くなり、流れるところがあれば、障害物にぶつかっても、とめどなく流れていきます。水に溺れた時、もがけばもがくほど深い穴に陥るように沈んでしまいます。しかし、ジタバタともがかずに体の力を抜くと、ふっと体が水に浮きます。ですから、苦しみの渦中にあっては、水の性質に習って、柔軟に流れるような心をもって進んでいくことです。それは起きたら食べて、排泄して、疲れたら眠る、そんな生活でもいいのです。生きる気力さえないとき、どんなに食べたくなくても、ほんの一口でもいいから、菓子でもいいからなにかを口にする。食べることは明日を生きる力になります。苦しい時は生きるために必要な最低限のことをやればいいのです。

ほんの少しずつでも進み、立ち止まってしまわないこと、もがかないことが大切です。

そうして生き抜いていけば、苦しい時もきっと乗り越えられる時が来ると、信じられるようになってきます。

苦しみを受け容れる

苦しみの時を脱したA氏の話をします。A氏は知人の保証人になったがために、多額の借金を背負ってしまいました。それが原因で家族とも別れ、いつ終わるとも知れない借金返済に追われ職を転々としているうちに、病に倒れてしまったのです。頼りの身体が動かなくなり、孤独感にさいなまれ、それはもう筆舌に尽くしがたいほどの苦しみで、何度も自殺を考えたといいます。

「どうして乗り越えられたのですか」と尋ねると、病気が治りかけた頃から苦しみを苦しみとして向き合えるようになった、そして自分の境遇を冗談を交えて人に話して笑えるようになり、苦しみを楽しむほどの心の余裕ができたからだと話してくれました。程なく、以前の仕事仲間から手を貸してほしいと声をかけられました。現在は借金の返済もすべて終わり、新たに会社を経営しています。

苦しみの渦中にある時は、苦しみを楽しむことなどとてもできませんが、坎為水《かんいすい》の卦《か》は、そうであっても苦難を脱するためには絶対に苦しみから逃げてはいけないと教えています。

「習坎《しゅうかん》は、孚《まこと》あり」の「孚」という字は多くの卦《か》に出てきますが、六十四卦のなかに風沢中孚《ふうたくちゅうふ》という卦《か》があり、真心について説いています。「孚」は「爪」に「子」と書いて、親鳥が卵をつかむ様子をあらわします。親が子を思う、誠心誠意の真心を「孚《まこと》」といいます。鳥の爪は鋭く、親鳥は卵をあたためる時に、爪で殻を破らないように細心の注意をはらってひっくり返します。これは本能的にそうするのです。

また、鳥の卵は種によって孵《かえ》る期日が決まっていて、親鳥があたためた卵は、期日を違えずに孵化《ふか》します。そこから「孚」の字には信念、約束事、信じる心という意味もあります。坎為水《かんいすい》の苦しみはこの信じる心、「孚」があるから脱することができると教えています。かならず苦しみから脱することができると信じて疑わない。逃げずに向き合うことで、真心と信念が、虚しく苦しい時を貫いていくのです。これが**「心亨《とお》る」**ということです。そして卵が雛《ひな》に孵《かえ》るように虚が実に変わり、やがては苦しみを乗り越えて笑顔を取り戻せるようになります。心は自分が思っているよりも強いのです。

先人は坎為水《かんいすい》の卦《か》を「習坎《しゅうかん》」と呼んで、大切な教えとしてきました。「習」の字は鳥の羽を何度もくりかえしこすり合わせて祈願した様子をかたどっています。そこから「くりかえす」の意味があります。この卦は苦しみが度重なるごとに、くりかえしその時に習うことだと教えています。つまり古代の人びとも私たちと変わらず、苦しみに学びながらそれを乗り越え、人生の糧としてきたということです。

「時用」とは、できれば経験したくない時をあえて用いて向き合うことです。この効用は大きく、大変な苦難を乗り越えた経験は、その後の人生をより充実させると易経は教えています。しばらくしてその時を振り返ったなら、あの苦しみの時がいまの自分を支えていると、かならず思えるようになると、励まします。

苦しみから逃げてはいけない

爻辞《こうじ》には苦しみを乗り越える術が記されています。たいへんなことばかり書いてありますが、学ぶことが多いのです。

①習坎《しゅうかん》、坎窞《かんたん》に入《い》る。凶なり。
象に曰く、習坎《しゅうかん》、坎《かん》に入《い》るとは、道を失《うしな》いて凶なるなり。
②坎《かん》にして険《けん》あり。求めて小《すこ》しく得《う》。
象に曰く、求めて小《すこ》しく得《う》とは、いまだ中《ちゅう》を出《いで》ざればなり。
③来《きた》るも之《ゆ》くも坎坎《かんかん》たり。険《けん》にして且《か》つ沈《ちん》す。坎窞《かんたん》に入《い》る。用うるなかれ。
象に曰く、来《きた》るも之《ゆ》くも坎坎《かんかん》たりとは、終《つい》に功なきなり。
④樽酒簋弐《そんしゅきじ》、缶《ほとぎ》を用う。約《やく》を納《い》るるに牖《まど》よりす。終《つい》に咎《とが》なし。
象に曰く、樽酒簋弐《そんしゅきじ》とは、剛柔《ごうじゅう》の際《あいだ》なればなり。
⑤坎盈《かんみ》たず。既に平《たい》らかなるに祗《いた》らば、咎《とが》なからん。
象に曰く、坎盈《かんみ》たずとは、中《ちゅう》いまだ大ならざればなり。
⑥係《つな》ぐに徽纆《きぼく》を用い、叢棘《そうきょく》に寘《お》く。三歳まで得ず。凶なり。
象に曰く、上六《じょうりく》の道を失うは、凶なること三歳なるなり。

①の「習坎《しゅうかん》」とは、苦しみ、困難が重なるという意味のほかに、たとえば、犯罪をくりかえし重ねるという意味もあり、自ら困難にどんどん陥っていきます。しかしまた、苦しみというのは苦しみを重ねることによって多くを学ぶものです。ですから、怖れず困難と向き合い、勇

気をもって前に進んでいかなければなりません。

②は苦しみの渦中にあって、またこの先に険難があります。たとえるなら、どしゃ降りの雨のように次々に苦しみが押し寄せてきます。しかし、②は、現況をしっかりと見つめ、前進する力があるため、ごくわずかながら、歩みを進めることができます。

③は来《きた》るも行くも険難です。苦しみの渦中から深い穴また穴に陥っていきます。誰でも苦しみに対して恐怖心をもちますが、もがいてジタバタすると余計におかしくなります。とはいえ、引きこもって心を閉ざしてしまい、また苦しみや危機から目をそらして、なにも考えずにそこにそのまま止まっていてはいけないともいっています。

④は粗末な器に樽酒を入れ、慎ましいお供えをして「どうか助けてください」と密やかに神に祈りを捧げるのです。険難の中にあってもやけにならず、誠心誠意の真心を持って過ごすならば、やがて苦しみを乗り越えられるだろうと教えています。

⑤は苦しみからなんとか脱することができると書いてあります。「坎盈《かんみ》たず」、満ちあふれず、平らかということは少しずつ水が流れていっているのです。坎為水《かんいすい》の時は苦しいから、悲しいからといってなにもしないのではなく、流れゆく水に習って、とにかく前へ進むことです。苦しみや悲しみに満たされないように日々過ごしていきながら、日常の生活をしていくことが大切です。時が経てば、かならず癒《いや》されるといいます。

また、苦しみを早く消し去りたいと、潔癖になるのもよくありません。焦ってやりすぎてはいけないのです。全部をきちんとやろうとしないほうがいいということもいっています。なんでも七、八割にしておいて、後の二、三割で心に余裕をもたせることも必要なのです。

⑥は勇気をもてず逃げてしまいます。「徽纆《きぼく》」は縛りつけるための綱、「叢棘《そうきょく》」はいばらの棘《とげ》で、これは刑罰を受けるのです。三歳というのは、三年という意味と三年以上という意味があります。

この爻《こう》は、くりかえし苦労しても、ものごとの道理がわからず逃げ惑う、あるいはパニックに陥って自分を縛りつけてしまうという二つの解釈ができます。なにか事が起こった時、逃げたりパニックに陥ったりしたら、絶対にものごとは解決しない。かえって深い穴に陥ってしまうと教えています。

⑤には孚《まこと》があるので、いつ苦しみから抜け出るか、その兆しがわかるわけです。それはものごとがわかってくる、世間がわかってくる、人情の機微《きび》がわかってくるということです。

苦しみの時は、自分から逃げられません。だから、勇気をもって自ら苦しみのなかに飛び込むくらいの覚悟が必要です。別なことばでいえば、「身を捨てて浮かぶ瀬もあれ」です。

坎為水《かんいすい》の苦しみは、尋常なつらさではありません。しかし、それをどのように乗り切っていくか、乗り越えていくかです。苦しいから、逃げたい。これは心情です。人のせいにしたり、世間のせいにしたりしても解決しません。運が悪いと運のせいにするのは、最も愚かです。

つまり逃げ出すことはあきらめなくてはなりません。あきらめることによって、ものごとが見えたり、事実が客観的に見えてきます。見えてきた時にはじめて、その問題に対処するアプローチ方法や、その時その時のそれなりの手段が冷静に見えてきます。

勇気をもって苦しみの時を進めば、いずれ大きな実りを得《え》ると教えています。

火沢睽（かたくけい）䷥

こじれた人間関係を修復するには、小さな交流を積み重ねていくことです。

人間関係のトラブルは精神的に大きなダメージを受けます。とくに毎日のように顔を合わせる人、親しい間柄の関係がうまくいかなくなると、そのことが原因で鬱《うつ》状態になってしまうこともあります。嫁姑のトラブルなどはよく耳にしますが、夫婦関係や兄弟姉妹、会社の同僚との間でも、こうしたトラブルは起こりうることです。人が一度背き合うと、なかなか信頼関係を取り戻すことはできません。

親しかった人同士が、背き合い、陰湿な冷戦状態に陥る原因は、ほとんどが小さな誤解から端を発しているものです。信頼関係をふたたび取り戻すためには、どうしたらいいのでしょうか。

睽《けい》は、小事に吉《きつ》なり。

彖《たん》に曰く、睽《けい》は、火動きて上り、沢動きて下る。二女《にじょ》同居して、その志《こころざし》は行を同じくせず。

説《よろこ》びて明《めい》に麗《つ》き、柔《じゅう》進みて上行《じょうこう》し、中を得て剛《ごう》に応ず。ここをもって小事に吉《きっ》なるなり。天地は睽《そむ》けどもその事同じきなり。男女は睽《そむ》けどもその志《こころざし》通ずるなり。万物は睽《そむ》けどもその事類《るい》するなり。睽《けい》の時用、大いなる哉。

象に曰く、上《かみ》に火あり下《しも》に沢あるは睽《けい》なり。君子もって同じくして異なる。

背き合う関係を修復するには、小さなことをていねいにコツコツとやっていくと良い。背き合うのは考え方、行動がお互いに合わないからだ。近くにいるにもかかわらず共に行動できない者同士は、柔軟な姿勢をもって小さな交流を重ねていけば、応じ合える。

考え方や意見が違うのは、お互いに守るべきものを守るという姿勢があるからだ。考え方が違うというのは決して悪いことではない。男女は互いにその性質が違うけれども、交わって相通じて子を成すように、対立し合う陰陽が交わって、万物は生まれる。お互いの考えを認め合い、この時を用いて交わることができたなら、学ぶことも多いだろう。

陰湿なトラブルを解消する

火沢睽《かたくけい》は「背き合う時」をあらわしています。八卦《はっか》の火は燃え上がり上へと向かいますが、沢には水があるから下っていきます。いつまでたっても方向性が違うために気持ちが合わず、考えていることも行動も違うということになります。

「暌《けい》」は反目し合うという意味があり、暌《そむ》くと読ませます。「二女同居して」とありますが、これは近しい関係の人が背き合う状況をあらわします。女性同士の問題かというと、これは一つのたとえであって、つまり陰同士の背き合いです。大声で言い争って、取っ組み合いをするようなことはなく、口もきかない、陰湿な小競り合いです。たとえ口をきいたとしてもよそよそしく、顔では笑っていても、相手が嫌っていることがお互いにわかります。

そのうち、顔を見るのも嫌だ、同じ空気も吸いたくないというほどになります。こういう場合、自分は正しく、相手が悪いとお互いに思っていますから、ひどくなると相手が自分に毒を盛るのではないか、というほどの被害妄想に発展していきます。そこまでの状況になるのは、たいていの場合、小さなことをきっかけに、誤解が誤解を生んで不安や不満が積み重なった結果といえます。

こじれた関係を解きほぐすにはどうしたらいいのか。その解決方法が、卦辞《かじ》にある「暌《けい》は、小事に吉《きつ》なり」です。急に話し合いをもっても、解決しません。少し近づいて、やわらかく一言、二言、声をかけ、また離れる。小さな誤解に端を発したものは、小さくていねいに修復していくことだと教えています。

それを重ねていけば、相手も「あ、誤解だったのかな」と自分の考えを見直すようになります。もともとは、仲良くやりたいと思っている者同士ですから、相手が声をかけてくることで、気持ちがほぐれてくるものです。

疑心暗鬼の構造

人間関係というのは疑いが生じやすいものです。一度、疑いが起きたら、疑いが疑いを呼び、相手がまるで鬼に見え、蛇にも見えてくるものです。疑心暗鬼とは、「疑心暗鬼を生ず」といって、疑心が生ずるとありもしない鬼の姿をつくりあげるように、なんでもないことまで疑い、怖ろしく感じることをいいます。

恋愛関係でたとえてみればよくわかるでしょう。恋人である女性が、ほかの男性とお茶を飲んでいたのをたまたま見かけてしまった男性。女性にしてみれば、ただ友人に用事があって会っていただけだとしても、そのことを話さなかったために男性は疑惑を抱きます。女性はそんな男性の態度がよそよそしいと、こちらも誤解します。話せばわかるものを話さないままにしばらく時間が経過すると、あれもこれもと誤解が誤解を生んで、あらぬ方向へ妄想がどんどん膨らんでしまうことがあります。

疑心暗鬼に陥ると、妄想したものを「自分にはすべて見えている、わかっている」と思い込んでいきます。つまり、自分はすべてを洞察できていて、それが真実だと決めつけるわけです。第六章で紹介する風地観《ふうちかん》の卦《か》にもあるように、本来の洞察は、自分が正しいのか相手が悪いのか、好きか嫌いかという観点でものごとを観てはいません。自分の立場がどうなろうが、客観的にはっきりと真実を知ることですから、そのときの心の状況はとても静かです。ですから、疑心暗鬼に陥った心では決して洞察はできません。

人に疑いをもってしまったら、まずは冷静になって心を落ち着かせることが大切です。自分が見ているものが真実なのかどうか、誤解ではないだろうかと自分を疑い、相手を偏《かたよ》らない心で理解するように努力しなくては、一度背き合った者同士、信頼を回復することはできないのです。それには怖れず、嫌《きら》わず、相手に少しずつ接していくことだといっています。

考え方が違うということは相手から学ぶことも多く、実りも大きいと火沢睽《かたくけい》の卦《か》は説いています。陰陽の教えから見れば、対立して背き合うということは、交わって、成長し合える関係でもあるのです。

誤解させた側から近づいていく

誤解を受けるというのは、あまり気持ちのいいものではありません。あらぬ嫌疑をかけられ、腹も立ちますが、相手が疑心暗鬼になっていると、なかなか自分のほうには近づいてきません。解消するためには、こちらから折れることが大切だと、爻辞《こうじ》は教えています。

①悔亡《くいほろ》ぶ。馬を喪《うしな》うも逐《お》うことなかれ。おのずから復《かえ》る。悪人を見るも咎《とが》なし。

象に曰く、悪人を見るは、もって咎《とが》を辟《さ》くるなり。

②主《しゅ》に巷《ちまた》に遇う。咎《とが》なし。

象に曰く、主《しゅ》に巷《ちまた》に遇うとは、いまだ道を失わざればなり。

③輿《くるま》の曳《ひ》かるるを見る。その牛掣《うしひきとど》めらる。その人天《かみき》られ且つ劓《はなき》らる。初めなくして終わりあり。

象に曰く、輿《くるま》の曳《ひ》かるるを見るとは、位《くらい》当たらざればなり。初めなくして終わりありとは、剛《ごう》に遇えばなり。

④睽《そむ》きて孤《ひとり》なり。元夫《げんぷ》に遇《あ》い、こもごも孚《まこと》あり。厲《あやう》けれども咎《とが》なし。

象に曰く、こもごも孚《まこと》あり、咎《とが》なしとは、志行なわるるなり。

⑤悔亡《くいほろ》ぶ。厥《そ》の宗膚《ともがらはだえ》を噬《か》む。往《ゆ》くも何の咎《とが》かあらん。

象に曰く、厥《そ》の宗膚《ともがらはだえ》を噬《か》むとは、往《ゆ》きて慶《けい》あるなり。

⑥睽《そむ》きて孤《ひとり》なり。豕《いのこ》の塗《どろ》を負《お》い、鬼《き》を一車に載《の》るを見る。先にはこれが弧《ゆみ》を張り、後にはこれが弧を説く。冦《あだ》するにあらず婚媾《こんこう》せんとす。往《ゆ》きて雨に遇えば吉《きつ》なり。

象に曰く、雨に遇うの吉《きつ》とは、群疑《ぐんぎ》亡ぶればなり。

火沢睽《かたくけい》の爻辞《こうじ》は①と④、②と⑤、③と⑥が対になって背き合う関係にあります。

①は④が背いて、失うことになっても追ってはいけない、相手はいずれ自分から復《かえ》ってくるといっています。嫌な相手だと思っていても、復ってきたら受け入れることでトラブルがおさまります。

②の「遇う」とは、トラブルを起こしている相手と会って話すという意味ですが、あらたまって席をもうけるということではありません。立ち話程度に話しかける、あるいは人を通してそっと、さりげなく自分の思いを伝えてもらうのです。

その時、いくら相手に腹が立っていても、自分の行動がなにか誤解を招いたのであれば「ごめんなさい」と、まずは頭を下げて疑わせてしまったことを謝ります。そこから関係の修復がはじまると教えています。

③は車に引かれるとありますが、これは車に乗ってあっちに引かれ、こっちに引かれとしている様子です。まったく悪気はなく、ただ優柔不断に呼ばれるままに人と交流しているのですが、疑っている相手からみると不穏な動きに見え、疑心暗鬼の最たるものになってしまいます。

髪（天）を切られ、鼻を切られるとは、相手の妄想からまるで刑罰を与えられているように憎まれ、疎《うと》まれます。相手がなにを疑っているかも、自分はわからないままですが、やはり「誤解させてごめんなさい」と近づいていって頭を下げることで嫌疑が晴れます。

④「元夫」とは①のたとえで、良い夫、良い人という意味です。背いて逃げだして孤独になり、結果的に①に会いに行き、元に戻るのです。会って話すことで親交を深め、背き合っていたものが通じ合えるようになります。

⑤は、②よりも上の立場ですが、トラブルを起こしていた②に会いに自ら出かけて行きます。お互いに考えも行動もバラバラであっても、身内のように親しく交わることで、背き合っていた者同士、ゆっくりと関係が築けるようになります。

⑥は疑心暗鬼に陥った最たるものとして書かれています。人を疑い、口もきかなくなって孤立し、ますます妄想の世界にはまっていきます。相手への愛情が深ければ深いほど陥りやすいといいます。

ここでは愛していた妻が、自分を裏切ろうとしていると疑い、まるで汚物にまみれた豚のように見えてくるのです。近寄るのも怖いので逃げ腰で離れて遠くから様子をうかがいます。するともっと妄想が膨らんで、ついには化け物や妖怪が車に山積みになって襲いかかってくるように見えてくるのです。もうパニック状態に近いわけです。

化け物をやっつけなくてはと弓を引き、いままさに射ようとして、よく近づいて見ると、愛する妻に変わりなく、自分と夫婦関係でいたい、仲良くしたいと思っていることにハッと気づく。そこでようやくわれにかえり弓をおろすわけです。「幽霊の正体見たり枯れ尾花」、これが疑心暗鬼や被害妄想の構造です。

「雨に遇えば」とは、疑心という陰が窮《きわ》まって陽になり、陰陽相交わり雨が降ってすべての疑いを流すという意味です。

⑥の爻《こう》を読むと、疑いが疑いを呼ぶと、関係はここまでひどくなるということがわかります。私たちもこれを読みながら、自分が過去に疑ったり、疑われたりしたときを思い出してみてください。人というのは、疑いだしたらなんの証拠もないのに疑いますから、キリがなくなります。そして、妄想があたかも真実のように見えてきます。百パーセント間違いないどころか、百二十パーセント間違いないと断定するくらい確信をもって、相手が鬼や化け物の親分くらいに見えてくるのです。

ですから、自分が、また相手が、そうなってしまう前に正しく相手を見て、怖れずに近づいて声をかけ、話をしなさい、それが仲違いを解消するいちばんの方法だと教えています。

水沢節（すいたくせつ）

無理やりものごとを押し進めるとかえってうまくいかない時もある。
立ち止まって、チャンスをうかがうことも、人生には必要です。

「節《せつ》」とは竹の節《ふし》のこと。竹には節があり、節ごとに成長することで、強く真っ直ぐ上へと伸びていきます。

人生にも道が塞がるような節目があります。もしあなたが節目にぶつかった時、そのまま進むべきか、それともいったん止まって、もう一度自分を見つめ直すべきか、大いに悩むことでしょう。

この卦《か》は、適度に、程よく、控えめにをモットーに生きれば、竹のようにしなやかに、そして強く生きていけるのだ、ということを教えているのです。

節《せつ》は、亨《とお》る。苦節《くせつ》は貞《てい》にすべからず。

彖《たん》に曰く、節《せつ》は、亨《とお》る。剛柔《ごうじゅう》分かれて剛中《ごうちゅう》を得《え》ればなり。苦節《くせつ》は貞《てい》にすべからずとは、その道窮《みちきわ》まればなり。説《よろこ》びてもって険《けん》を行き、位《くらい》に当《あた》りてもって節《せつ》あり、中正《ちゅうせい》にしてもって通《つう》ず。天地は節ありて四時《しいじ》成る。節してもって度を制すれば、財を傷《やぶ》らず民を害せず。
象《しょう》に曰く、沢上《たくじょう》に水《すい》あるは節なり。君子もって数度《すうど》を制し徳行《とくこう》を議《ぎ》す。

人生には良い時も、悪い時もある、竹が程よく節をきざむように、節度、節制を心がけ、なにごとも控えめに過ごしていけば、かえってものごとはスムーズに進んでいく。とはいえ、かたくなに節度、節制をしてはならない。

程よく節することで人は成長して強くなる。しかし、追いつめるほどに節しすぎては体を壊したり、心が折れたりして道が窮《きわ》まってしまう。いま節制して控えるのは、次に伸びるためである。その時にあたって節することができたなら、次には通じて成長していけるのである。

春夏秋冬、季節はめぐる。三寒四温という節を経て冬から春へ変わり、夏から秋へは台風到来という「節」をくりかえす。「節」をもちながら、四季は移り変わるのだ。

程よく、塩梅《あんばい》よく、控えめに、という気持ちをつねにもって、ものごとの行きすぎにブレーキをかけることができれば、経済が破綻することも、国民を苦しめることもない。

君子たるもの、なにごとにつけても「行きすぎ」「しすぎ」をしないように心がけ、つねに徳のある行いをしなければならない。

次に伸びるために、いまは控えるとき

卦辞《かじ》に、「苦節は貞にすべからず」、かたくなに苦節をしてはならないと書いてあります。人生の節目、節目を上手に過ごしていくためには、苦しんではならないということが、卦徳《かとく》とされているのです。「苦節十年」ともいうように、「苦節」とは苦しいほどに耐えて、信じるところを守り通すことです。日本人にとって、苦節は美徳とされていますが、ここにはまるで反対のことが書かれています。そこで水沢節《すいたくせつ》の卦を読むにあたり、「苦節は美徳」という考えを頭の中からはずしてください。

「節」は、節制、節度、節約、節食、礼節の節ですが、節には、程よくすること、控えめにすること、という意味があります。こうした言葉があることからもわかるように、私たちは普段から意識して「節する」生活を心がけていると思います。なぜならば節すること、つまり、程よく、適度に、控えめに、を実践することが、人生や生活をスムーズに先に進めるために大切なことだと、知らず知らずわかっているからではないでしょうか。

ところが、なにか目標があったり、信念があったり、守らなければならない立場があったりすると、それにこだわるあまり、節度ある行いを忘れてしまうことがあります。

節食ではなく絶食に近い無理なダイエットでかえって体調を崩したり、暴飲暴食が過ぎて病気になったり、日課だからと熱があるのにジョギングをして入院することになったり。

あまりにもきちんと節度をもちすぎると、それは苦節になってしまいます。また節することができなくても、節しすぎても、「時に中《あた》る」＝目的を果たすことはできないのです。ほどほどに、控えめにすることが、目的に達するための近道ともいえます。

程よいリズム感をもって生きる

竹の空洞の中には固い節目があって塞がっています。節目から次の節目までは空洞になってすっと伸び、一区切りをつけ、また伸びていきます。節目から次の節目で止まるまでが一つの節《ふし》です。竹というのは大木にはなりませんが、細くとも、真っ直ぐに伸びていきます。それは、この節があることでどんな強風にも折れることなく、強く、しなやかに成長していけるからです。

人も同じです。節《ふし》がなければ強くはなれません。日頃から「ここまでにしておこう」と控えることもなく、いつも順風満帆で、苦労なく成長してしまうと、なにか大きな問題や災難、耐え難い苦労などがあった場合、心がポキッと折れてしまいます。

水沢節《すいたくせつ》は、人生も竹のように程よいリズムをもって小さな陰（塞《ふさ》がる）と小さな陽（通じる）をくりかえすことで、大きな苦しみを抱え込まず気ままに、ただし、だらしなくなりすぎないように、強くしなやかに成長していけると教えています。

竹に節目があるように、人生にもなにをやってもうまくいかない、願いがかなわないといった試練や葛藤の時がありますが、そうした試練は、蓄えの時期でもあるのです。試練は誰にとっても苦しいものです。しかし、苦労があるから学びがあり、成長できるわけです。葛藤があるから、新たな発見やアイディアが生まれます。

つまり水沢節は、「ものごとがスムーズに先に進むときもあれば、どうしてもうまくいかない時もある。人生はそのくりかえしであり、通塞《つうそく》をわきまえて、つねに心配りをしておけば、たとえ大きな困難に見舞われて、くじけそうになっても、次の機会を待つ強さをそなえることができる」と教えているのです。

努力を重ねても成果が上がらない時は、節目にあたっていないか、コンコンと叩いて確かめてみることです。塞がっていたら、いったん止《とど》まり、控えて様子を見る決断も必要です。

ものごとの節目において、きちんと止《とど》まれるということは、節《せつ》を知っているということです。止《とど》まるべきときをわきまえていれば、進めるようになった時には、すーっとものごとが前に進みます。これが易経のいう「ものごとが通る」という時です。

適度に、控えめに、そして、し過ぎないことの大切さを知っていれば、願いも、思いも、目標も、すべて通ることができます。

いつ進む、いつ止《とど》まるの見極め方

水沢節の爻辞《こうじ》には、節をわきまえている例、わきまえていない例が書かれています。では、爻辞を読んでいきましょう。

①戸庭《こてい》を出《い》でず。咎《とが》なし。

象《しょう》に曰く、戸庭を出でずとは、通塞《つうそく》を知ればなり。

②門庭《もんてい》を出《い》でず。凶なり。

象に曰く、門庭を出でず、凶なりとは、時を失いて極《きわ》まるなり。

③節若《せつじゃく》たらざれば嗟若《さじゃく》たり。咎《とが》なし。

象に曰く、節せざるの嗟《なげ》きとは、また誰かをか咎《とが》めん。

④節《せつ》に安《やす》んず。亨《とお》る。

象に曰く、節《せつ》に安《やす》んず。亨《とお》るは、上の道を承《う》くればなり。

⑤節《せつ》に甘《あま》んず。吉《きつ》なり。往《ゆ》けば尚《たっと》ばるることあり。

象に曰く、節に甘んずるの吉《きつ》とは、位《くらい》に居《お》りて中《ちゅう》なればなり。

⑥苦節は貞《てい》なれば凶なり。悔亡《くいほろ》ぶ。

象に曰く、苦節は貞なれば凶なりとは、その道窮《みちきわ》まればなり。

①の「戸庭」とは家の庭のことですが、ここでは自分の「分《ぶん》」つまり、地位や能力、自分の身の丈をあらわしています。本当は外に出て、もっと力を試したい、成長したくて仕方がないのですが、いまは外につながる道が塞がっている。そこで、いまは外に出る時ではない、つまり、自分の実力では先に進む時ではないと判断し、あせらずに準備をしながら、時を待とうとあきらめます。

②の「門庭」は、外の門に近い庭のことです。「門庭を出でず」とは、門は開き、いつでも外に出られる状態であるにもかかわらず、勇気がなくて外に出られず、「まだまだ」といって引きこもります。外に出る自信もなく不安なのですが、プライドが高く、自分から頭を下げて出るのは嫌なのです。

「いま行かなかったら、いつ行くのか！」という時にもかかわらず、跡付《あとつげ》（太鼓もち）がいなかったら嫌だ、先方から招かれなければ行かない、などと理由をつけて、一歩を踏み出そうとしない。行くべき時に行かなければ、二度とチャンスは来ないとたしなめています。

③は節度をわきまえられないのです。節度をもつべき時、たとえばコロナ禍で自粛すべき時にまったく節操なく放縦にふるまい、そのために手痛い思いをして嘆き悲しむというのです。それは誰のせいでもなく自業自得です。節度なんて関係ないとせずに、ほどほどの節度はわき

まえるべきだとたしなめています。

④**「上の道を承《う》くればなり」**とは、上にいる⑤が節をわきまえたすばらしいリーダーなのです。そのやり方をそのまま受けて程よく節することを学んでいったなら、真っ直ぐに成長していけるといっています。

⑤の**「節に甘んず」**は「甘節《かんせつ》」といって「苦節」の反対語です。卦辞《かじ》に**「説《よろこ》びてもって険《けん》を行き」**とありますが、これが「甘節」を意味しています。**「節に甘んず」**とは、節制や節倹しなければならない状況は厳しいものですが、なにかを実現したり、また問題を解決したりすることを、悦びと希望をもって行うということです。そうすれば〝節にありては止《とど》まりて、それを悠然と楽しむ〟と受け容れることができます。また⑤は君主の位ですが、民に節倹を命じても厳しくし過ぎるのではなく、工夫しながら節して、それを楽しめるようにすれば民はしたがい、かならずいい結果を生み出すことができると教えています。

⑥では、苦節をしすぎては、かえって進むべき道が塞がってしまう、と教えています。たとえばコロナ禍で厳しく自粛しすぎて、ストレスで病気になってしまうのも苦節です。いくら節を重んじることがいいことでも、それにこだわりすぎて、つらいばかりになってしまっては、味わい深い人生を送ることはできないと、水沢節は教えています。

水沢節《すいたくせつ》の卦《か》は、「苦節」はよろしくない、⑤の「甘節」でなくてはならないと教えています。「甘」には「中《ちゅう》」そして和《なご》む、「和」という意味があります。この「甘節」ということばで思い浮かべるのが、多大な借金を抱えて深刻な財政難にあえぐ米沢藩を立て直した藩主、上杉鷹山《うえすぎようざん》です。藩を改革するにあたり、鷹山はまず、藩主も含む全員に、食事は一汁一菜、衣服は絹ではなく綿服、贈答品を禁止する等々の大倹約令を発令し、改革の目標に弱者である領民を富ますこと、「民富《みんぷ》」を掲げました。

そして自らも質素倹約を実践して財の無駄を省き、お金をかけずに自分たちでできることは自分たちで行うという考えから、民だけでなく藩士にも半農半士を促《うなが》し、新田開発、自給自足をさせたのです。藩士のなかには改革に強く反発する者もありましたが、しだいに藩士も民も鷹山の意向に賛同していきます。これは「和して中《ちゅう》する（解決する）」、水沢節《すいたくせつ》の「甘節《かんせつ》」を実現したといえるのではないでしょうか。

しなやかに、のびやかに、生きるために

水沢節を読むとき、いつも私は「分相応」ということばを思い浮かべます。生きていれば、なにをやってもうまくいかない時はあるものです。そんな時、ちょっと立ち止まって、自分を客観的に顧みることができれば、必ず「分不相応」なことをやっている自分

に気づくはずです。

人生で出合うものごとの節目を、うまく通過することができれば、それに越したことはありません。ところが、節をスムーズに通り抜けられないというのは、自分の実力がともなっていなかったり、欲が邪魔をしたり、無理やり自分のやり方を押し通そうとしていたり、といった通過できない理由がかならずあるはずです。なかなか進めないことで「いまは進む時ではない」ということを教えているのだと思います。

しかし、「苦節十年」などといって、苦しみに耐えてがんばりすぎると、かえって道を塞いでしまうことになります。

人生には、立ち止まって、これまでの自分を顧みて、そして目標に向かって成長するための充電期間＝節目がときには必要です。そこで蓄えた智慧《ちえ》や分をわきまえる、身の丈を知るという心持ちは、かならず生きていくうえでの助けとなります。

竹は、どんなに強風が吹こうが、しなやかにしなって簡単に折れることはありません。私たちも竹のような程よい節を設けて、しなやかな心をもつことができれば、どんなにつらいことがあっても心を折ることなく生きていけると、易経は教えているのです。

山天大畜（さんてんたいちく）䷙

進もうという思いを止《とど》められることは、決してマイナスではありません。大きな力を蓄積するための途中経過なのです。

「大蓄《たいちく》」とは大きな力を蓄えるという意味です。才能や能力は、止《とど》められることで大きく育つとこの卦《か》は教えています。

なかなか自分の思ったようにいかなかったり、人に認められない時期が長かったりすると、がまんができなくなるものですが、「継続は力なり」といいます。将来の大きな展望をもちながら、コツコツと地道に持続、継続していくことです。先に進もうという力を止《とど》めて、蓄えて持続していく。一見、下を向いて歩んでいくようですが、大器はこのようにして育っていくものです。

大畜《たいちく》は、貞《ただ》しきに利《よ》ろし。家食《かしょく》せずして吉《きつ》なり。大川《たいせん》を渉《わた》るに利《よ》ろし。

象《たん》に曰く、大畜《たいちく》は剛健篤実《ごうけんとくじつ》にして輝光《きこう》あり、日《ひび》にその徳を新たにす。剛上《ごうのぼ》りて賢《けん》を尚《たっと》ぶ。よく健《けん》を止《と》むるは、大正《たいせい》なり。家食《かしょく》せずして吉《きつ》なりとは、賢《けん》を養《やしな》えばなり。大川《たいせん》を渉るに利《よ》ろしとは、天に応ずればなり。

象に曰く、天の山中《さんちゅう》に在るは大畜《たいちく》なり。君子もって多く前言往行《ぜんげんおうこう》を識《しる》し、もってその徳を畜《やしな》う。


大畜《たいちく》は大きな力を蓄え、養うということ。蓄えの時というのは正しいものを育てていくときだ。それは自分だけのためでなく、将来、大きく社会の役に立つための力をいう。

進み行く力と度量を兼ねそなえていれば、着実に先に進んでいける。やがて大器の光が輝きとなって世間に漏れ出していくものだ。

止《とど》まるべき時に止まることで正しく力が蓄えられる。人のため、社会のために力を養うことで、賢さも身についていく。そうあってはじめて、人のためにすべきことができる人間になれる。

大きな山の内部のエネルギーは、膨大なものだ。君子は先人の行いに学び、歴史に学び、見聞を広めて、智慧と徳を養う。

大器は晩成す

山天大畜《さんてんたいちく》の卦《か》は、八卦《はっか》の山☶と天☰でできています。先に進もうという力の上に山があって、「まだ、まだ」と止《とど》めていることをあらわしています。進もうとしてもなかなか進めないわけですが、止められることで大きな力が蓄えられる時を得られると教えています。

なにか行動しようとやる気になっているのに、それをバシッと否定され、ストップをかけられたらくやしいものです。けれど止められることでもっと勉強しよう、智慧《ちえ》や実力をつけようと思うことができればいいのです。止められていると先に進めませんが、その時間を使って多くのことを学ぶことができます。そこから力の蓄積がはじまると教えています。つまり自分は認められないと嘆いている間は力がつかないわけです。

山天大畜《さんてんたいちく》の卦徳《かとく》は、**「大畜《たいちく》は、貞《ただ》しきに利《よ》ろし。家食《かしょく》せずして吉《きつ》なり」**ですが、**「家食《かしょく》せず」**は多くの意味を含んでいます。自分のためだけではなく、もちろん自分の家族を養うためだけでもなく、社会に役立つために働くということです。また、「他人の釜の飯を食う」という意味もあり、多くの経験を積むことで力を蓄えられると教えています。会社組織であれば、自分の会社の利益だけを考えるのではなく、大きく社会を循環させるために貢献していくことです。

人は自分のためだけに働くのなら、それほど力は蓄えられません。多くの人の役に立とうと思ったときに大きな力を蓄え、発揮できるものです。「家食《かしょく》せず」を実践することで学習意欲や好奇心も湧き、見聞を広めることで、毎日、新しい発見があります。進む、成長するということは、ただ単に上を目指すことではないのです。

第三章で紹介した乾為天《けいいてん》の龍はすばらしく華々しい成長を遂げ、活躍します。志を抱き、真っ直ぐに上を向いて進んでいきます。大きな志をもつという点では、この山天大畜《さんてんたいちく》も同じです。ところが、龍の成長に比べると地道な歩み方で、進もうという力をぎゅっと押しつぶされるように何度も止《とど》められることで、大きな器と度量が育つのです。長い時間がかかりますが、「大器は晩成す」といって、大きな器は止《とど》められることがないと育たないと教えています。

人の役に立つ力を発揮するために

私が山天大畜《さんてんたいちく》を読む時に思い浮かべるのが、日本の代表的な実業家であった渋沢栄一です。渋沢は幼い頃から好奇心が強く、六歳の頃から『四書五経《ししょごきょう》』に学んでいたといいます。江戸末期の青年時代は尊皇攘夷《そんのうじょうい》の思想に影響され、長州藩と手を組んで幕府を倒そうと計画しますが、親族に止められて中止。そのことが原因で故郷を離れ、京都に移ります。そこでなんと一橋慶喜《ひとつばしよしのぶ》に仕えることになります。のちに慶喜は将軍になり、渋沢は徳川幕府の幕臣になりました。そして慶喜の弟の徳川昭武《あきたけ》のパリ留学に随行してヨーロッパに渡るのです。ヨーロッパで見聞を広めた渋沢は、明治維新となって帰国、新しい時代を迎えます。

志を新たにした渋沢はフランスで学んだことを生かし、現在の商社と銀行をあわせた新事業をはじめますが、新政府から横やりが入り、事業の継続を断念。その後、大隈重信に強く説得されて、不本意ながら当時の大蔵省に入り、新政府の一員として働きます。

その後、大蔵省を辞してからは民間の経済人として、銀行の頭取となり、のちにはガス、製紙業、鉄道、造船、保険、証券取引所など約五百社、それまでの日本に存在しなかった業種や社会的基盤を支えた多種多様の企業の設立にかかわり、活躍したことは、ご存じの通りです。渋沢の歩みからは、強い推進力をもちながらも止《とど》められたことで、そこから見聞を広げていった様子が見て取れます。切磋琢磨して経験を積み、実力を蓄えていったのです。多くの事業を行いましたが、財閥をつくらず、「私利を追わず公益を図る」ことを生涯通しました。

渋沢は、のちに明治維新当時を振り返りこう言ったと伝えられます。「これからは金をもっているだけではなんにもならない。少なくとも民業を進めるということは、一人が金持ちになるということではないと考えた」。このことばは「家食《かしょく》せず」の精神の一端をあらわしていますね。

たいへん大きな器の例として渋沢栄一を取り上げましたが、つまり止《とど》められることは、決して悪いこと、マイナスなことではないのです。私たちもなにか人の役に立とうと目標をもつことで、実力が蓄えられていきます。好奇心をもってコツコツと毎日努力を積み重ねていくことで、それがやがて光となって漏れ出し、社会の役に立つ力になっていきます。「出世」ということばは、いまでは会社組織で役職を上がっていく、自分の名誉、地位を得るという意味で使われていますが、本来の意味でいえば、志をもって大きく蓄えられた力が光となって世間に漏れ出し、その輝きが多くの人を照らすという、大きな度量をあらわすことばなのです。

力を止《とど》めて大きく養う

爻辞《こうじ》は進み行こうとする力を止めて蓄えていく道のりを教えています。止められる、自ら止める、そして、他人を止める方法をも教えています。

①厲《あやう》きことあり。已《や》むに利《よ》ろし。

象に曰く、厲《あやう》きことあり、已《や》むに利《よ》ろしとは、災いを犯さざるなり。

②輿《くるま》、輹《とこしばり》を説《と》く。

象に曰く、輿《くるま》、輹《とこしばり》を説《と》くとは、中《ちゅう》にして尤《とが》なきなり。

③良馬《りょうば》を逐《お》う。艱《くる》しみて貞《てい》なるに利《よ》ろし。日《ひび》に輿衛《よえい》を閑《なら》えば、往《ゆ》くところあるに利《よ》ろし。

象に曰く、往《ゆ》くところあるに利《よ》ろしとは、上《かみ》志を合わすればなり。

④童牛《どうぎゅう》の牿《こく》なり。元吉《げんきつ》なり。

象に曰く、六四《りくし》の元吉《げんきつ》なるは、喜びあるなり。

⑤豶豕《ふんし》の牙《きば》なり。吉《きつ》なり。

象に曰く、六五《りくご》の吉《きつ》なるは、慶《よろこ》びあるなり。

⑥天の衢《ちまた》を何《にな》う。亨《とお》る。

象に曰く、天の衢《ちまた》を何《にな》うとは、道大いに行わるるなり。

①は、進む力、行動力があり、前に前に進もうとしますが、まだ実力も経験もまったく蓄えられていません。角が生えてきたばかりの、暴れる子牛のようなものです。そこで、危ないから止《や》めなさいと押さえられます。いま行動しても自ら災いを招くだけです。これは渋沢が青年時代、幕府を倒そうと計画して、親族に止《とど》められた状況に似ています。

②は、本当は自分の力を試したい、行動したいと思っているのですが、いまは焦らず学ぶときだと、自分から止《とど》まるのです。時が来るまでゆったりとした心持ちで、力を蓄えることに専念するわけです。

この爻《こう》は、渋沢が倒そうと思っていた徳川幕府の、のちの将軍となる慶喜に気に入られ、幕臣に身を置いたことに当てはめられます。そしてフランス行きを命じられ、将来、大きな働きをする力を蓄えることになります。

③は、良い馬、優秀でとても早い駿馬が力を養って育っています。いよいよ社会に役立てるぐらいにまで育ちつつあります。もうすぐというところです。

「艱《くる》しみて貞《てい》なるに利《よ》ろし」は、そうはいってもまだ止《とど》められ、くやしい思いをして葛藤することをあらわしていますが、この葛藤が大器を熟成させるのです。

「輿《よ》」は騎馬のことで身の処し方を、「衛《えい》」は身の守り方をあらわしています。つまり攻撃と防御ですから、文武両道をじっくりと時間をかけて身につけるということです。

明治維新のあと、渋沢は事業を立ち上げたものの、また止《とど》められます。その時がこの爻《こう》に当てはまります。最初は渋々新政府の求めに応じて大蔵省に入省しますが、官僚となってさらに力を磨き上げていきます。

④は下の若い力を生かすために止《とど》める役目になります。「童牛」は①の暴れる子牛のことです。「牿《こく》」は小さな牛の角が傷つかないよう、また人を傷つけないように付ける横木です。止《とど》め蓄えることを知り、若い力を指導して大きく育てるのはすばらしい喜びだといいます。

渋沢氏は大蔵省に入省後、まだ混乱して右往左往していた新政府を治めるために、優秀な人材を集め、適材適所に配しました。そして租税改正、貨幣改鋳《かいちゅう》などを手がけ、政府の機能を整えていきました。新政府を若い童牛ととらえられます。

⑤の「豶豕《ふんし》」とは、去勢されたイノシシのことです。推進力があり、その力の出し方、身の処し方を心得ています。また、下から進んでくる力を止《とど》める役目も担います。後進の志を見極めて、いまはまだ蓄える時だと、愛情をもって「生意気くらいがちょうどいい」と言いながら、向かってきた若い力を大きな度量で受け止めるのです。自分と同じ道を歩んできている後進を

柔らかく受け止める、人材を育てる立場でもあります。この爻《こう》は、まさに銀行の頭取となった渋沢に当てはまります。

⑥の「衢《ちまた》」とは、十字路のことです。交差点だとしたら、信号は全部青信号です。もう止《と》めるものはありません。蓄えられた力を用いて、自由自在にどこへでも行けます。天上の十字路ですから、どこへ行っても、なにをやっても力を発揮して広く大きく社会の役目を担うことができます。渋沢栄一が到達したのは、まさにこの六番目（⑥）の爻《こう》といえます。

易経は、「運は決して人を助けない。しっかりと力を養い、充分に力を蓄えられたならば、自然に時はやってくる」と教えています。

六十四卦の爻《こう》のほとんどは、五番目の爻《こう》でその時が成就しますが、山天大畜《さんてんたいちく》は六番目の爻《こう》で志を達成します。これはなにを意味しているかというと、本当に大きく蓄えられた力は、その時だけで消えない。長く後世に受け継がれていくということです。

本当の実力は、一人の人間の名誉、権力には一切関係なく、ただ世の中に役立つ力として、壮大な働きを残し受け継がれていくと教えているのです。まさに渋沢の行いは山天大畜《さんてんたいちく》そのものといえます。

第六章　時中を知る——時・処・位を意識して実践する——

第五章ではさまざまな変化に対応するために役立つ八つの卦《か》を取りあげました。本章ではさらに八つの卦を紹介します。

易経が説いている「時中《じちゅう》」とは時の的を射ること。その時にぴったりの、という意味で、その時に最も適した行動であり、問題の解決策を示しています。本章では八つの卦を通して、その時々の「時中」とはなにか、ということの理解をより深めていただければと思います。

取りあげた卦を短く紹介します。(順不同)

まず、火天大有《かてんたいゆう》・火風鼎《かふうてい》・水風井《すいふうせい》、この三つの卦はそれぞれ、組織の在り方、保ち方を教えています。卦辞《かじ》、爻辞《こうじ》の言葉だけではなく、卦象《かしょう》からも組織の構図、構造や人間関係をイメージできる卦といえます。読みながら、ある企業を例に思い浮かべてもいいですし、自分が所属する組織や団体に摺《す》り合わせてみてもいいでしょう。そうすることで自分の立ち位置、身の処し方や問題の解決策のヒントが見えてきます。

風地観《ふうちかん》と艮為山《ごんいさん》は、心の目で観ること、止《とど》まる時の心の在り方を教えている卦です。

風地観《ふうちかん》は目に見えないものを心の目で観ることを説いています。この風地観が教える「観る」が時の変化を示す兆しを観る目です。言いかえれば、洞察力、先見の明というものです。

止《とど》まる時を教える艮為山《ごんいさん》は、やりたいことがあっても進む道が阻まれて、止《とど》まらざるを得なくなった時、動きたい、進みたいという気持ちをどう抑えたらいいのか、その心の在り方を教えている卦です。

沢火革《たくかかく》は革命、変革、改革の時を教えています。平時と有事という観点から見れば、私はこれを有事の大変革と捉えて解釈をしています。これまでのシステムを覆すような革命的変化を成すまでの経緯が書かれています。

そして、未完成の時と完成の時をあらわす火水未済《かすいびせい》と水火既済《すいかきさい》を紹介します。第五章で地天泰《ちてんたい》と天地否《てんちひ》の卦を紹介しましたが、この二つの卦も同じく対になる卦です。別名は創業と守成の卦ともいわれています。

では火天大有から読んでいきましょう。

火天大有（かてんたいゆう）䷍
陰の道を極めたリーダーは人の能力の火付け役になり、組織を大いに保ち、繁栄し続けます。

最初に紹介するのは「大いに有《たも》つ」、大いなる所有という意味の火天大有《かてんたいゆう》の卦《か》です。盛んに繁栄してそれを長く保ち続けている組織とは、どのようなリーダーが率いているのでしょうか。それは陰のリーダーであり、つまり自らの能力を発揮しない、陰《かげ》に隠れて目立たないリーダーです。

第四章で能力を発揮する器量は陽、自分の批判であっても受け容れる度量は陰と述べましたが、火天大有《かてんたいゆう》が示す君主はまさに度量型です。卦辞《かじ》を読んでみましょう。

大有《たいゆう》は、元《おお》いに亨《とお》る。
彖《たん》に曰く、大有《たいゆう》は柔尊位《じゅうそんい》を得、大中《だいちゅう》にして上下《しょうか》これに応ずるを、大有と曰う。その徳剛健《ごうけん》にして文明、天に応じて時に行なう。ここをもって元《おお》いに亨《とお》るなり。
象に曰く、火の天上に在るは大有《たいゆう》なり。君子もって悪を遏《とど》め善を揚《あ》げて、天の休《おお》いなる命《めい》に順《したが》う。

天上に太陽（火）が燦々《さんさん》と輝き、あまねく四方を照らす。大なる力を所有し、保ち、その道大いに通る。

柔軟な君子が尊位を得て、上位も下位もこの君主に皆よく応ずるので、人を、組織を大いに保つ。その徳は剛健で知性にあふれ、ものごとに明るい。天の運行に応じるように時を見定めて行動する。そうであるから道は大いに通る。

大有《たいゆう》は、天上に火が輝くように大きな力を保ち、世の中を明るく照らす。君主は盛大な力を持ちながらも驕《おご》りを退け、善を行う。慎んで天命に順《したが》い、世の中に貢献する。

陰のリーダー像を具現する「大有《たいゆう》」

「大有《たいゆう》は、元《おお》いに亨《とお》る」は、君主であるリーダーへの褒め言葉です。なぜ能力を発揮しない君主がこのように賞賛されるのでしょうか。

卦辞《かじ》を解説していくにあたり、まず、卦《か》の象《かたち》䷍を見てください。

火天大有《かてんたいゆう》は一陰五陽《いちいんごよう》の卦といって下から五番目の爻《こう》だけが陰⚋であとの五本は陽⚊の爻です。陰陽は強弱とすると陽が強い、陰は弱い。優劣は陽が優、陰は劣。剛柔とすると剛が陽で柔が陰、主従は陽が主人で陰は従者に配当されます。

「柔尊位《じゅうそんい》を得」とは、尊位とは五番目の爻《こう》のことでリーダーシップをとるべき君主、会社ならば社長の位ですが、柔弱《じゅうじゃく》で才能のない陰がその座に在るということです。君主を中心にそのまわりを才能と活気に満ちた人たちが取り囲んでいる象《かたち》になっています。

卦象《かしょう》を一見するとまわりの陽の勢力が強く、頼りない陰の君主を凌《しの》いでいるように見えませんか？　しかし、じつは易経では陰と陽は数が少ない爻が力を持つという決まりごとがあります。「柔能《よ》く剛を制する」といいますが、柔弱な一陰が剛健な五陽を束ね、すべてのバランスをとっているのです。そして陰と陽は相補の関係にありますから、よく交わり応じ合い新しいものごとを生み出します。

「大中《だいちゅう》」とは大いなる中庸《ちゅうよう》の徳です。火天大有《かてんたいゆう》の君主は柔の道を極め、中庸の徳を備えて、皆がこれに応ずると絶賛しています。

「その徳剛健《ごうけん》にして文明」とあります。剛健は八卦《はっか》の乾《けん》（天）☰の性質で決断力、威厳があり、文明は離《り》（火）☲の性質で知恵、知性、明らかさです。この君主は才能をあえてひけらかさなくても、剛健と文明を内面の徳として備え、天の時を見極めて、その時々にぴったりの的を射た行いができるといっています。

「君子もって悪を遏《とど》め善を揚《あ》げて」は、これを勧善懲悪《かんぜんちょうあく》の思想的に解説している学者の方が多いのですが、少数の方は勧善懲悪説をとっていません。私は後者の少数派の解説に倣《なら》っており、その考えで読み解きます。

火天大有《かてんたいゆう》は太陽が真上から燦々《さんさん》と照るように輝き、盛大で勢いがありあまるほどです。企業でいえば、業績は常にトップクラス、誰もがそこで働きたいと憧れるような企業です。こういう時の悪の芽はほとんどが驕《おご》りたかぶりです。しかし、火天大有《かてんたいゆう》のリーダーはまず自ら驕りを控え、その姿勢で組織全体の悪の芽を制して、部下の善き精神や才能を伸ばしていきます。

「天の休《おお》いなる命《めい》に順《しが》う」の「休」という字は大いなる、そして美しいという意味がありま す。驕りを制して、その時々にすべきことを行い、スラスラと滞りなくものごとが運んでいくのです。

ろうそくの芯のように自分を虚しく暗くする

五番目の君主はいちばん能力がないのですが、多くの優秀な人材を育てるのです。では、なぜ力のない君主がまわりの能力を発揮させ、育成することができるのかといえば、他と力を競うのではなく、自分は控えめにして、まわりの人の能力を最大限に生かすことができるからです。

それが度量型である火天大有《かてんたいゆう》の君主の優れた能力なのです。部下にとっては、信頼されて仕事を任され、自分の能力を開花させてもらえることほど幸せなことはありません。どんどんやる気が起きて、大いに発展していくわけです。

君主は多くの才能の影に隠れて存在が表に出てきません。たとえば、社長が長期出張などで会社を留守にしても、かえって業績が伸びるような組織図になっています。

火天大有《かてんたいゆう》の卦象《かしょう》をもう一度見てみましょう。䷍　上の離《り》（火）☲の象は、火が燃えているかたちになっていて、太陽が中天に昇り明るく照っている時をあらわしています。

これは、君主を中心に明るく燃えあがっている、という象になっています。たとえば、ろうそくの火を思い浮かべてみてください。真ん中の芯の部分は暗くなっていて、そのまわりが明るく燃えていますね。芯そのものは光を発しませんが、火が付けば明るく燃え上がります。

つまり、この暗い芯の部分にあたるのが陰である君主、リーダーであり、組織を最も長く保つのはろうそくの芯タイプのリーダーであると教えています。自分の力を主張せず、人の能力の火付け役となり、組織の指針、方針という道筋を決め、管理役となり業務は人にまかせます。

人の能力を最大限に生かせる人は、まず環境づくりがうまいです。そして仕事を与えるのではなく場を与えます。自由闊達な環境のなか、仕事を通して人が育っていくのです。

八卦の「離」（火）は「離れる」ですが、同時に「離《つ》く」という意味があります。火は付いたり離れたりする性質がありますが、芯に付いていないと燃えません。君主は場を与え、責任をもたせてあとは放っておくのではなく、最終責任はとるという中心の役目を務めます。

そしてまた、火天大有《かてんたいゆう》の君主は聞き上手でもあります。地位や立場にかかわりなく、人の意見を柔軟に受け容れ、その能力を最大限に引き出します。まわりにざっくばらんに意見をいわせるので、一人ひとりの個性や能力も把握できます。

君主自身が誇らず、部下と競わず、暗い芯に徹しているからこそ、人の能力の明るさがよく観えてくるし、組織内外の状況も明々白々となって、正しい采配ができるようになるのです。

能力のある人を下からすくい上げる

火天大有《かてんたいゆう》の臣下は皆、心は一点の曇りもなく、国のために自分の能力を発揮していきます。その功績は太陽のように輝き、世間から見ても明らかです。

しかし、それだけに君主以外の臣下はちやほやされて驕りやすく、贅沢に溺《おぼ》れて賄賂《わいろ》など不正の誘惑につい手を出すことも多いのです。ですから盛大に発展し続ける「吉」の時なのですが、爻辞《こうじ》には「咎《とが》なし」（咎めを受けるような危うい時ではあるが咎めはない）という戒めの辞が多く書かれています。

そこで君主は「**悪を遏《とど》め善を揚《あ》げて**」、驕りから発生する悪の芽は早期に摘み、すべての人の善き才能を引き出します。そして、能力のある下位の人を取り立てることで大事業を展開していくと書かれています。では現代の会社組織に当てはめながら、爻辞を読んでみましょう。

①害に交《まじ》わることなし。咎《とが》にあらず。艱《なや》むときは咎《とが》なし。
象に曰く、大有《たいゆう》の初九《しょきゅう》は害に交《まじ》わることなきなり。

②大車《だいしゃ》もって載《の》す。往《ゆ》くところあるも咎《とが》なし。
象に曰く、大車《だいしゃ》もって載《の》すとは、中《うち》に積《つ》みて敗《やぶ》れざるなり。

③公《こう》もって天子《てんし》に亨《きょう》せらる。小人《しょうじん》は克《あた》わず。
象に曰く、公《こう》もって天子《てんし》に亨《きょう》せらる。小人《しょうじん》は害《がい》あるなり。

④その彭《さかん》なるにあらず。咎なし。
象に曰く、その彭《さかん》なるにあらず、咎《とが》なしとは、明弁《めいべん》にして晰《あきら》かなればなり。

⑤その孚《まこと》、交如《こうじょ》たり。威如《いじょ》たれば、吉《きつ》なり。
象に曰く、その孚《まこと》、交如《こうじょ》たりとは、信《しん》もって志を発するなり。威如《いじょ》の吉なるは、易《あなど》りて備《そな》うるなければなり。

⑥天よりこれを祐《たす》く。吉《きつ》にして利《よ》ろしからざるなし。
象に曰く、大有《たいゆう》の上の吉《きつ》なるは、天より祐《たす》くるなり。

①は社会的にはデビューしたばかりで、まだ誰にも認められません。ですから害に交わることもないのです。しかし、ここでの一番の「害」とは、贅沢に目がいくということです。①か

ら上の、陽の爻《こう》にあたる人たちは皆、羽振りよくいい家に住み、いい車を持ち、と悠々とやっています。自分も早くその仲間に加わって同じように贅沢がしたくて仕方ないのですが、才力が及ばず、悩みます。悩むことで才を身につけようと努力するので咎《とが》なしと書かれています。

②「**大車**」は重荷を載せられる大きな車という意味です。②はまだ大舞台で注目されていない下位にいますが、⑤のリーダーに抜擢され大事業を背負って立つ人です。社会の下層で身を屈して鍛えた実力が認められます。火天大有《かてんたいゆう》のメンバーには能力のある人がぞろぞろいますが、リーダーはどんなに反対があっても、この②を引きあげて用いるのです。このことが火天《かてん》大有《たいゆう》の繁栄の要になります。

③「**公《こう》もって天子《てんし》に亨《きょう》せらる**」の「公」とは④のことです。③はリーダーの側近の立場にある④に引き立てられて用いられます。組織のために力を尽くそうという純粋な気持ちはありますが、やりすぎて調子に乗りやすく、一歩間違えば、賄賂や経費の乱用、横領に手を染めやすい立場にいます。③は小人になりやすいため、自分に克《か》つことができず、為すべきことが為せないと戒めています。

④君主の側近、会社組織でいえば取締役の立場です。部下としては最高権力をもつ側近の立場にあって、⑤のリーダーとの息もぴったりと合い、優れた能力でものごとを適確に処理します。ところが社会的には⑤を凌《しの》ぐ勢いで目立つ存在ですから、おだてられ調子にのってやります

ぎる危うい状況になりやすいのです。時には賄賂を受けとっているなどと疑われることもありますが、頭脳明晰でものごとをわきまえているので、立ち返って自制することができます。また⑤は④よりも下位の②を重用します。普通なら一悶着起きるところですが、その明晰さをもって悶着も起きないのです。

⑤ろうそくの芯にあたる君主、リーダー、会社の代表取締役の位です。「孚《まこと》」は私心のない誠心誠意、「交如《こうじょ》」とは柔らかい交わり、「威如《いじょ》」は威厳です。⑤は柔軟に人の意見に耳を傾けるので親しみやすく、部下に忌憚《きたん》のない意見を言わせ、かつ厳しさを持って秩序を保ちます。その威厳は、鎧兜《よろいかぶと》で身を固め、言葉や態度で他人を威嚇するのではなく、まわりに警戒心を持たせない姿勢から自然に滲《にじ》みだします。別の言葉でいうと「和光同塵《わこうどうじん》」（光を和らげ塵《ちり》と同じくする）です。リーダーがそのようであれば大いに組織を保ち続けるだろうといいます。

⑥会社組織の位とすれば、会長、相談役の立場にあります。上位にいながら、リーダーによく服して助け、最大限の働きをします。⑥についてはもう一つ解釈があって、⑤が人の能力を伸ばし、組織を保ちながら、時間的な経過で一線を引いたあと、⑥に進んだという説です。どちらにしても、勢力が満ち満ちていても驕《おご》らず、陰の道を極めたならば、天もそれを助けるというのです。

火天大有《かてんたいゆう》の陰の君主は理想的なリーダー像といえます。わかってはいても、度量型の陰のリーダーにはなかなかなれないもので、どうしても器量型が多いのが実際のところでしょう。まわりに能力がある人材が集まっているにもかかわらず、リーダーとしての威厳と器量の違いがわからず、下と能力を競ってまかせられないことが多いものです。

易経は陽の力が強い時は自ら陰を生み出す努力をせよと説いています。組織の力をいかに維持するべきかと考えた時、ろうそくの芯に徹することができたならば、組織の在り方が変わってくるはずです。

風地観（ふうちかん）

目に見える表面的な飾りを取り払ったとき、目に見えないものごとの実相と時の方向性が観えてきます。

「観」とは、目には見えないものを観るという意味です。表面に見えていることや、形や物にとらわれずにものごとの本質を観る洞察力を意味します。

易経は自分の身の処し方を知るうえでも洞察力を養いなさいとつねに説いています。

第二章で時と兆しについて触れましたが、いま、自分が置かれている時と将来の兆しを「観る目」について書かれているのがこの風地観《ふうちかん》の卦《か》です。

卦辞《かじ》には洞察力とは何か、そして爻辞《こうじ》には洞察力の成長過程が書かれています。

観《かん》は盥《てあら》いて薦《すす》めず。孚《まこと》ありて顒若《ぎょうじゃく》たり。

彖《たん》に曰く、大観《たいかん》上《かみ》に在り、順《じゅん》にして巽《そん》、中正《ちゅうせい》もって天下に観《しめ》すなり。観《かん》は盥《てあら》いて薦《すす》めず、孚《まこと》ありて顒若《ぎょうじゃく》たりとは、下《しも》観《み》て化するなり。天の神道《しんどう》を観《み》るに四時《しいじ》忒《たが》わず。聖人神道《しんどう》をもって教《おしえ》を設《もう》けて、天下服《ふく》す。

象に曰く、風の地上を行くは観《かん》なり。先王《せんのう》もって方《ほう》を省《かえり》み、民を観《み》て教えを設《もう》く。

君主は儀式の前に手を洗い清め、ただ供え物をするのではなく、神への真心からの感謝と祈りを厳粛な姿勢で奉ずる。その姿勢は民に観《しめ》され、民は天に従順な心を表す君主の姿勢を観て感化される。

天の道は春夏秋冬が違わずやってくる。聖人はそれを観て、天下のものごとを洞察して自然に則ったわかりやすい教えを設け、天下はそれに服す。

風は目に見えないが地上に吹くと媒体を通してその動きや勢い、方向が観える。古代の王は国の四方八方を巡行して、民の表情や生活ぶりのわずかな機微から荒廃や乱れの兆しがないかと洞察し、規律や慣習を定めて民を教え導いた。

観《しめ》されたものを観る

風地観の「観」という字は古くは鳥の声を意味しました。そこから、目に見えない、言葉にならない鳥の声を聞いて、推し測るという意味もありました。それは「心眼」というもので、心の眼で見る、つまり洞察力です。

また「観」という字は、「観る」と「観《しめ》す」（示す）という相対する意味を同時にもち合わせています。易経にはこのような読み方をする漢字がいくつかあり、たとえば、先の火天大有《かてんたいゆう》の卦《か》で紹介した「離《り》」は「離れる」そして「離《つ》く」（付く）とも読みます。

では「観」には、なぜ「観る」だけでなく「観《しめ》す」という意味があるのでしょうか。卦辞《かじ》を解説していきましょう。

「**観《かん》は盥《てあら》いて薦《すす》めず。孚《まこと》ありて顒若《ぎょうじゃく》たり**」、この辞は祭祀の儀式の場面を表しています。

先の第三章で風地観《ふうちかん》の卦は十二消長卦《じゅうにしょうちょうか》の一つであると紹介しました。卦象䷓を見ると陰の勢いが伸びてきて、人やものごと、時代の衰えを目に見えて感じる時です。

そこで君主は儀式にあたり、ただ供え物を奉じるだけの行事で済ませるのではなく、国と民を守れるようにと、心を露《あら》わにして天に祈りと感謝を奉じます。

「**大観《たいかん》上《かみ》に在り、順《じゅん》にして巽《そん》、中正《ちゅうせい》もって天下に観《しめ》すなり**」、「**大観《たいかん》**」とは君主のことです。君主が天にぬかずくようにして誠心誠意の祈りを捧げる姿からは、目に見えずとも真摯《しんし》な心があふれでて、民に示されます。そして「**下観《しもみ》て化するなり**」とは、民は君主の真心からの祈り、真摯な姿勢を仰ぎ観て、ハッとして感動、感化され、同じ気持ちに同化するのです。

「観」には理屈がありません。推理、推測や論理的判断に寄らずものごとの本質を捉えることを直観といいますが、示されたことを観ただけで直ちに察するのです。

これと似ている言葉が「親の背を見て子が育つ」です。懸命に働く親の背中を見て、子どもの精神が成長していくということですが、示す、観る、そして同化するという意味がこの言葉にも含まれています。親は子どもに何かを示そうとしているわけではありません。しかし、その背中が示しているのは、心の姿勢だけではないですね。どう生きるべきかという方向も指し示しています。

「聖人神道《しんどう》をもって教《おしえ》を設《もう》けて、天下服《ふく》す」、「聖人」とは時を見極め、兆しを察することができる君主を称《たた》えたことばです。「四時《しいじ》」とは春夏秋冬です。春夏秋冬は順序違わず、夏の後には収穫の秋がやってきます。「観る目」を養った君主はいまが乏しくても、その時々、天の運行に順《したが》ってやるべきことをやっていたなら、また豊かな時が来ることを見通すことができます。このように風地観の君主は春夏秋冬の変化、自然の摂理に人事を照らし合わせて、先々の変化の兆しを知り、民を正しい方向へ教え導いていくというのです。

「観る」とは時の風を観ること

卦辞《かじ》の最終行には「風の地上を行くは観《かん》なり」とあります。

風地観《ふうちかん》の卦名には、「風が地上に吹き渡るのを観る」という意味があります。「風」にはことばや物質といった表面の飾りものをすべて吹き払い去って、素の質をあらわすという意味があります。

儀式の供え物よりも、真心が大切なのです。「人を見る目」も洞察力です。地位や名誉があって、お金をたくさんもっているから、高価な贈り物をくれるからすばらしい、また逆に学歴がないから劣っていると私たちは判断しがちです。しかし、観る、洞察するということは、物質や金銭、知識、実績、名誉、権力、ことばすらも表面的な飾りものにすぎないということを示しています。

見た目や情報だけで判断していては、ものごとを深く把握することはできません。あたりまえや常識と思っていたこと、固定観念をもすべて取り払った時、どうなのか？　そういう観る目を養いなさいと説いています。

とはいえ、私たちが生きる現代はつねに物や情報にあふれ、ついつい表面だけで判断してしまいがちです。そして情報や物質に恵まれている時や仕事で多忙な時は、ものごとを静観することがなかなかできません。しかし、世の中が低迷して物や金銭の飾りものが取り払われた時や、何かを失って落ちこんだ時に、いままで観えなかったものごとの真理、実相、嘘偽りのない人の本性が浮き彫りになってきます。ですから、乏しく苦しい時こそ、過去を振り返り、いまの状況を受け容れ、将来を察する洞察力を養うべき時なのです。

風地観が教える洞察力とは時の変化とその方向を知ることでもあります。

時は地上を吹き渡る風のようなものです。風そのものには形がなく、目に見えず、耳で聞くことができません。しかし、体に感じたり、木々が揺れてざわざわと音がしたりすることで風が吹いているとわかります。私たちは間接的な媒体を通して見聞きすることで、風の勢いや力、方向性を知ります。地上にはつねに風が吹き、まったくの無風状態はありません。

同じように時はつねに変化して、流れ往き、目に見えず、言葉で聞くことはできませんが、私たちのまわりには、つねに時の風が吹いていて、その方向を示しています。身の回りで起きることが、何を示しているのかをよく観察していれば、時はどこへ向かおうとしているのか、自分はどうすべきなのかを察することができます。

そのきっかけになるのは、ちょっとした人のしぐさや表情の場合もあるし、ほんの些細《ささい》な出来事の場合もあります。日常のありふれたもののなかに真理は隠れているのです。

つまり目に見えるものすべてが、いまはどういう時か、そして時はどこへ向かっているのかを示しています。その示されていることをよくよく見れば、その奥にある、まだ目に見えない変化の兆しが観えてきます。目に映るもの、体験するすべてのことが、時の方向を示していると風地観《ふうちかん》の卦は教えているのです。

なぜ多くの王が易経を読み学んだかというと、リーダーに必須の洞察力を養う書物だからです。易経の教えはたとえ話で書かれています。たとえをきっかけにして自分の身の上に、またまわりの出来事に摺《す》り合わせていくことで身の処し方や解決策を得ることができます。そして、その体験を重ねることでものごとの隠れた実相を観る目、将来の兆しを察する力が養われていくのです。

そして、もちろん社会的リーダーだけでなく、私たち大衆も観る目を養い、後進に正しい方向を観《しめ》していくことが大切です。

洞察力の成長過程

さて、風地観《ふうちかん》が解く見えないものを「観る目」について解説してきましたが、じつは特別なことではなく、私たちは観るということを普段の生活のなかでもしています。しかし、洞察力を養いなさいといわれたら、そう簡単ではなく実際はどうしたらいいのかと思います。

それには、見えないものを観る目を普段から意識することが大切ですが、爻辞《こうじ》を読んでいくと風地観《ふうちかん》が教える「観」の洞察力の成長段階がより具体的に理解できます。折々、自分のものの観方の判断基準として参考にしていきたいものです。

①童観《どうかん》す。小人《しょうじん》は咎《とが》なし。君子は吝《りん》なり。
象に曰く、初六《しょりく》の童観《どうかん》は、小人《しょうじん》の道なり。
②闚《うかが》い観《み》る。女の貞《てい》に利《よ》ろし。
象に曰く、闚《うかが》い観《み》る、女の貞《てい》とは、亦《また》醜《は》ずべきなり。

③我が生《せい》を観《み》て進退す。
象に曰く、我が生《せい》を観《み》て進退すとは、いまだ道を失わざるなり。
④国の光を観《み》る。もって王に賓《ひん》たるに利《よ》ろし。
象に曰く、国の光を観《み》るとは、賓《ひん》を尚《たっと》ぶなり。
⑤我が生《せい》を観《み》る。君子なれば咎《とが》なし。
象に曰く、我が生《せい》を観《み》るとは、民を観《み》るなり。
⑥その生《せい》を観《み》る。君子なれば咎《とが》なし。
象に曰く、その生《せい》を観《み》るとは、志《こころざし》いまだ平《たいら》かならざるなり。

①「童観《どうかん》」とは、表層的な子どもの物の見方で、観るという洞察には至っていません。子どもはおもちゃを取りあげられると泣いて、渡すとニコッと笑います。子どもはそれでいいのですが、大人《おとな》がものごとの表層しか見えないのでは困るということです。目の前で起こっていることだけで判断して、目先の利害得失で言動が変わってしまう。人の上に立つ人でなければ咎《とが》めはありませんが、組織や団体の大小にかかわらず上に立つ人が「童観《どうかん》」しかできなかったら、いずれ道は塞がってしまいます。
②古代、家の中で守られていた女性が、門から外をちょっとのぞき見するような物の見方に

たとえられています。「闚《うかが》い観《み》る」は、ちょっと垣間見ただけでものごとを判断したり、人から聞いたことを鵜呑《うの》みにしたりすることです。現代でいえば、インターネットの情報だけを鵜呑みにする、経営者が自分で判断せずにコンサルタントの言いなりになるなどです。うかがい観たことだけでものごとを判断するのは、恥ずかしいことだといっています。②も①と同様に観る目がまだ育っていないのです。

③「我が生《せい》を観《み》て進退す」とは、自分の過去の体験と経験を基にして出処進退を判断するということで、処世の道に外れたことではないといっています。しかし、まだ自分のことやものごとを客観的に観る力もなく、経験したことがすべてだと考えて、「これでいい」と思い込みやすいのです。思い込みや決めつけは、経験を重ねるにつれて強くなっていきますから、これに止《とど》まってはいけません。深い洞察に至るには自分の過失、欠陥を振り返り、「これで本当にいいのか」と、自省していくことが大切です。

④深い洞察力を身につけた段階になります。「国の光を観《み》る」という一文は「観光」の言葉の出典です。④は君主を補佐する立場で、君主の代わりに国のあちこちへ視察旅行に出かけます。そこで目にした民の生活ぶりや田畑の様子、民の表情や些細《ささい》なしぐさから、この国は光輝いているか否かと、表面にとらわれずその国全体の情勢を観て、君主に情報やアドバイスを伝える役目を担います。些細な兆しから、国や組織のために何をすべきかを瞬時に判断できる観

る目が養われ、君主の厚い信頼を得ます。

⑤は心の姿勢を民に観《しめ》す君主のことです。「我が生《せい》を観《み》るとは、民を観《み》るなり」とは民を観ることによって自分の行いを観て、なにをすべきかを察する。つまり、まわりの民は自分の写し鏡だということです。民の様子から自分の不完全さ、欠けている能力を観ることができ、また民に観《しめ》すことがどれだけの重責かということもわかっています。ですから、真摯に天の教えに順《したが》おうと、謙虚な気持ちでまわりのすべてのものをあまねく観て、時と兆しを洞察することを怠らないのです。

⑥「その生《せい》を観《み》る」とは、君主の洞察が行き渡っているか、国の光は輝いているかどうか、民は生き生きと暮らしているだろうかと観ています。「志《こころざし》いまだ平《たいら》かならざるなり」の志とは、観る目を養って民に観《しめ》していく、導いていくという志です。それがまだ盤石とはいえず、あまねく行き渡っていないということです。つまり、そのくらい「観」というのは難しいことだといっているのです。

第三章で風地観《ふうちかん》の卦《か》は、陰の勢いが増して、時の衰えを身にしみて感じはじめる時だと述べました。そういう時にどうしてこんなことになったのかと省みれば、いままでわからなかったものごとの真相や、前もって告げられるように観《しめ》されていた、その兆候が観えてきます。

先行きが見えない不安の中で、時の方向を見いだしていくのは不可能なように感じます。しかし、易経は「よく観ればかかならず観えてくる」と説いています。この風地観の卦に学び、落ち着いて静かにものごとを観ていくことが肝要なのです。

沢火革（たくかかく）䷰

新旧交代の革命的変化を成す時は、
天の時に順《したが》い、人の願いに応ずるものでなくてはならないと教えています。

易経六十四卦はすべて時の変化について書かれていますが、なかでもスピード感のある大きな変化を説いているのが沢火革《たくかかく》、ゆるやかでこまやかな変化を説いているのが雷風恒《らいふうこう》の卦《か》です。

いま、世界は政治、経済、社会、文化など、あらゆる分野が急速に大きく変化しようとしています。とくに沢火革《たくかかく》の卦は今後の時代の変化を考えるうえでも役立つものだと思います。

沢火革《たくかかく》の卦の説明をする前に、まず雷風恒《らいふうこう》の卦を短く紹介します。雷風恒《らいふうこう》の「恒」は恒久《こうきゅう》という意味です。卦辞の一文にはこう書かれています。

天地の道は、恒久《こうきゅう》にして已《や》まざるなり。
天地の道は永遠に続いてやまない。

「恒久」とは、永遠に変わらないという意味ですが、ここで四四ページで紹介した「易《えき》の三《さん》義《ぎ》」の変易《へんえき》（この世のものはつねに変化して止まない）、不易《ふえき》（変化のなかにも一定不変の法則がある）、易簡《いかん》（変化と不変の法則に基づけば、ものごとの変化はわかりやすいものになる）を思い出してください。

恒久とは、動かない、変わらないことではなく、一日が朝昼晩と変化し、一年が春夏秋冬とめぐるように、一定不変の法則をくりかえして、幾久しく継続していくということです。私たちの日常生活も「恒久」の変化の中で発展していきます。しかし、その変化はゆるやかです。毎日が同じことのくりかえしのようでいて、少しずつ変化し、発展していきます。いうなれば、雷風恒《らいふうこう》の卦は平時の変化をあらわしているのです。

雷風恒《らいふうこう》が平時の変化とすると、沢火革《たくかかく》の卦は有事の変化といえます。「革《かく》」は革《あらた》めることで、沢火革《たくかかく》は革命的な大きな変化の時をあらわしています。卦辞を紹介しましょう。

革《かく》は、巳日《いじつ》にしてすなわち孚《まこと》とせらる。元《おお》いに亨《とお》り貞《ただ》しきに利《よ》ろし。悔亡《くいほろ》ぶ。

彖《たん》に曰く、革《かく》は、水火相い息《ほろぼ》し、二女《にじょ》同居してその志《こころざし》相い得ざるを革《かく》と曰う。巳日《いじつ》にしてすなわち孚《まこと》とせらるとは、革《あらた》めてこれを信ずるなり。文明にして以《もっ》て説《よろこ》び、大いに亨《とお》りて以《もっ》て正し。革《あらた》めて当たれば、その悔《く》いすなわち亡ぶ。天地革《あらたま》って四時《しいじ》成り、湯武《とうぶ》命を革《あらた》めて、天に順《したが》い人に応ず。革《かく》の時大いなるかな。
象に曰く、沢中に火あるは革《かく》なり。君子もって、暦《こよみ》を治め時を明《あきら》かにす。

革《かく》の時は古い体制の弊害が及び、その盛りを半ば過ぎたころに至って、はじめて民に承認される。革命を成すためには万人に痛みと後悔が伴うが、大いなる変革がなされれば、その悔いもなくなる。

革の時は水と火のように相反し、相剋するものが同居して、互いの志が合わず弊害がおきてくる。革《あらた》めなければならないが、弊害が民に及び、その必要性を認識しなければ革命を成すことはできない。実行者は公明正大な明らかさと悦びをもって、よく時を見極め、その時にあたって決行することだ。そうすれば民は信服するだろう。天地は新旧が革《あらた》まって、春夏秋冬がめぐる。湯王《とうおう》が夏《か》の桀王《けつおう》を、武王《ぶおう》は殷《いん》の紂王《ちゅうおう》を滅ぼしたように、命を革《あらた》めるには正義が必要である。天命に従い、民心に応える革命、変革は偉大なものである。

革《かく》の象は沢（水）と火。陰陽が相剋《そうこく》して四季が革《あらた》まる。君主は革命を成して暦を新しくし、時を明らかにする。

人は大きな変化を嫌い、怖れる

「革命」ということばは沢火革《たくかかく》の卦辞《かじ》が出典です。

「革命」とは「易姓革命《えきせいかくめい》」のことをいいます。「易姓革命」は天子（君主）の徳がなくなり、天が見切りをつけた時、天が別の天子を選び、新たな王朝を建てるために前の天子を滅ぼすことです。姓が変わるために易姓革命といいます。夏王朝《かおうちょう》の桀王《けつおう》が天命を民のために使わず、暴虐な政治を行ったために湯王《とうおう》が桀王《けつおう》を倒して殷《いん》王朝を建て、殷王朝の暴君、紂王《ちゅうおう》を武王《ぶおう》が倒して周王朝を建てたことで名づけられたものです。夏王朝までは聖人（王）が徳のある聖人を見つけて王位を譲り渡す「禅譲《ぜんじょう》」でした。武力によって追放されることを「放伐《ほうばつ》」といいますが、桀王《けつおう》と紂王《ちゅうおう》は放伐になります。

さて「革」の字は獣の皮の毛を抜き、なめして用途に応じて使えるものにするという意味があります。そこから革《あらた》める、革命、変革、イノベーションといった大きな変化の時をあらわしています。革命は古い体制やシステム、価値観を破壊する、あるいはそれらが崩壊して根本的に在り方をあらためて、まったく違う方向へシフトすることです。古きを除き、新しい制度や組織を構築する時です。

「革《かく》は、已日《いじつ》にしてすなわち孚《まこと》とせらる」、「已日《いじつ》」とは、「半ばを過ぎて」という意味です。意味づけにはさまざまな説がありますが、「已」の字は「すで（に）」と読みます。

つまり、古い体制の弊害が広く及ぶ前から革命の必要性が叫ばれていたとしても、弊害の影響がすでにピークに至ったあとでようやくみなに承認されるといっています。

それはなぜかというと、〝すべての人は変化を嫌う〟からです。

ひとたび革命が実行されれば、スピード感のある劇的な変化、進化をします。しかし、現代社会に置きかえても、革命的変革が成されれば、生活や仕事の基盤である社会のシステムが壊されるわけですから、新しいシステムに変わるまでには当然、多くの問題が起きてきます。権力者や既得権益のある層はそれを失うことを怖れ、社会的弱者はこれまで以上に悪くなることを怖れます。

ですから革命を実行するには準備期間が必要であり、社会に弊害が及び、変革の必要性がすべての人に浸透した適切な時期に行わなければ成功しないのです。

「孚《まこと》」の字は、風沢中孚《ふうたくちゅうふ》の卦《か》で親鳥が卵をつかむ様子から誠心誠意をあらわすといいました（一九二ページ参照）。誠心誠意、細心を払って変革に取り組むことで、卵から雛が孵《かえ》るように、人びとは新たな良いものに変わることを認識するのです。

「文明にして以《もっ》て説《よろこ》び、大いに亨《とお》りて以て正し」とは、「観る目」がある人が早い段階から変革の必要性に気づいて声をあげても、変革後のビジョンがはっきりと見えないうちは大半の人々は変化を受け止めるまでに至りません。しかし、気づいている人は革命的変革には必ず痛みがともなうということまでわかっています。

「説《よろこ》び」とは「喜」ではなく「悦」の悦びです。たとえ痛みや危険がともなっても、公明正大に社会を良くするために厭《いと》わず進み、使命を遂行するという「悦び」なのです。

そして、革命を成すには必ず大義名分が必要です。それは**「天に順《したが》い人に応ず」**、「順天応人《じゅんてんおうじん》」とあり、最も重要なことです。革命は天の時にしたがい、人びとの願いに応えるものでなくてはならない。結果的に「変わってよかった」と、人びとに感謝され、喜ばれなくてはならないのです。

平時から変化に備える

沢火革《たくかかく》の象の八卦《はっか》の「沢」は、「水」の他に「金属」という意味もあります。たとえば鋼を利器にするには「火」で熱して溶かします。火熱は熱く、痛くて怖いものです。そして、利器に変わる前の鋼の塊を見せられただけでは、いったいなにをつくっているのか、本当に役に立つのかまったく想像がつきません。

コロナ禍の渦中にある、いまの状況がそれと似ているのではないでしょうか。コロナ禍による混乱は社会のシステムを覆《くつがえ》すような、大きな変化をもたらしています。まさしく革命的変革の時にあたり、これから新旧交代が成されていくでしょう。

その時には、起きている変化を「観」の目をもって洞察することが大切であり、これまで当然と思っていたことを時に応じて自ら覆すほどの、認識や価値観を劇的に変革するパラダイムシフトが重要になります。

これからの社会の在り方が変われば、企業も私たちの生活も変革していきます。社会的リーダーに限らず、家族の生活を守り、より良いものに変えていくためには、多少の痛みがあっても改革を決断しなくてはならない場面も出てくるでしょう。

このような有事の大きな変化に対する適応力は、平時の変化の積み重ねによって培われるものです。平時だからといって、毎日同じことをくりかえしていればいいとあぐらをかいていては、変化を迎え撃つ免疫力も衰えていきます。

はじめに雷風恒《らいふうこう》の卦《か》を紹介しましたが、易経は平時からあらゆる局面、最悪の事態も想定して準備を怠らなければ、有事の変化が起こった時に、その培《つちか》った力が一気に化して適応していけると説いています。有事の変化の痛みに備えるためにも、日々、ブラッシュアップしながら発展向上に努め、自分自身の変化を認識していくことが大切なのです。

ところで、「革《かく》」という字は三十という意味もあります。三十年を一世と考え、新旧の世代交代をして、制度を改めていくことが革という字にはこめられていると、中国の最古の漢字辞典『説文解字《せつもんかいじ》』に書かれています。なぜ三十を意味するかは諸説ありますが、「卄」（二十をあらわす）と「十」が革の字に含まれるからだといわれています。

易経には全編にわたって、困難な時や理不尽さが、いちばん人を成長させると書かれています。有事の危機はかならず終わるけれども、またかならずやってきます。次の危機に備えて学び、準備すれば、いつでも、どこでも生き延びられるようになります。

この度の危機的状況を時の変化に学ぶための最高のチャンスと捉え、私たちはこれからの三十年を見据えて、技術革新、自己改革に取り組んでいかなくてはなりません。

革命的変革を成功させるために

それでは爻辞《こうじ》で革命を成し遂げるまでの段階を追っていきましょう。

爻辞の①〜③までは準備段階、革命を実行するのは④の段階になります。そして、⑤⑥で見事に新旧交代が成されて革《あらた》まります。⑥には有名な故事成語、「君子豹変《くんしひょうへん》」がでてきます。

①鞏《かた》むるに黄牛《こうぎゅう》の革《かわ》を用う。
象に曰く、鞏《かた》むるに黄牛《こうぎゅう》の革《かわ》を用うとは、もって為すあるべからざるなり。
②已日《いじつ》にしてすなわちこれを革《あらた》む。征《ゆ》けば吉《きっ》にして咎《とが》なし。
象に曰く、已日《いじつ》にしてこれを革《あらた》むとは、行きて嘉《よ》きことあるなり。
③征《ゆ》けば凶なり。貞しけれども厲《あやう》し。革言《かくげん》三たび就《な》れば、孚《まこと》あり。
象に曰く、革言《かくげん》三たび就《な》れば、また何《いづ》くにか之《ゆ》かん。

④悔亡《くいほろ》ぶ。孚《まこと》ありて命《めい》を改めれば、吉《きつ》なり。
象に曰く、命《めい》を改むるの吉《きつ》とは、志《こころざし》を信ずればなり。
⑤大人虎変《こへん》す。いまだ占《うらな》わずして孚《まこと》あり。
象に曰く、大人虎変《こへん》すとは、その文炳《ぶんあきらか》なるなり。
⑥君子豹変《くんしひょうへん》す。小人は面《めん》を革《あらた》む。征《ゆ》けば凶なり。居《お》れば貞《ただ》しくして吉《きつ》なり。
象に曰く、君子豹変《くんしひょうへん》すとは、その文蔚《ぶんうつ》たるなり。小人は面《めん》を革《あらた》むとは、順《じゅん》にしてもって君に従うなり。

①は革《かく》の時のはじめで、行動する能力と革命、改革を望む勢いがあったとしても、まだ実行する「已日《いじつ》」の時期には至らず、なにも為そうとしてはならないといいます。「鞏《かた》むる」は固める、「黄牛《こうぎゅう》」は強靱なめし革のことです。また「黄」は「中《ちゅう》」の色で中庸《ちゅうよう》、「牛」は従順さをあらわします。つまり、強靱な革で固く動かないように自分を守り、時に順《したが》い、時中《じちゅう》を見極める徳を養う時です。

②この段階でもまだ已日《いじつ》には至りません。しかし「征《ゆ》けば吉《きつ》にして咎《とが》なし」とあります。これは革命を実行していいということではなく、その時が来たならば実行しなさいということです。革命の旗揚げをし、実行に向かって準備をはじめる時です。

③はいわば革命前夜。気運はさらに高まりますが、考えは正しくとも時は至らず、危うい。早まって断行すれば失敗します。重要なのは**「革言《かくげん》三たび就《な》れば、孚《まこと》あり」**です。**「革言《かくげん》」**とは革命宣言です。なぜ革《あらた》めなくてはならないのか、革命後はどんなビジョンが見えてくるのか、その必要性を何度も何度も誠心誠意話し合い、とことん議論を重ねて、訴え続けていくのです。その間にも弊害は勢いを増していきます。痛みをともなうことになったとしても、いよいよ決行するほかに道はなくなります。

④巳日《いじつ》である革《かく》の時の半ばを過ぎ、決行される時です。革言《かくげん》によって、世の中のために行うという志《こころざし》が民に信じられ、承認されるのです。「この弊害を取り除くためならば、仕方ない」という世論になってきます。ここでの**「悔亡《くいほろ》ぶ」**とは謀反《むほん》にはならないということです。ここでは「革」ではなく「改」の字になっていますが同じ意味になります。賛成派と反対派は最後までせめぎ合いますが、ここで革命を決行します。

⑤**「大人虎変《たいじんこへん》す」**、虎のごとく変ずるとは、陽の変化をあらわします。⑤は革めるべき時を知って自ら変ずるのです。**「その文炳《ぶんあきらか》なるなり」**、「炳」とはあきらかで輝かしい。獣は夏から秋にかけて毛が抜け変わり、なかでも虎の文様は目もくらむほど鮮やかに輝くといいます。革命を成し遂げ、虎が見事に毛色を変え、文様を鮮やかにあらわすように、天下は一新されたのです。虎の毛皮にたとえているのは、変革を成す時は継ぎはぎした補填であってはならないと

いう意味でもあります。「いまだ占わずして孚《まこと》あり」とは、③で革言をくりかえした甲斐あって、革命は間違いなく民に承認され、⑤は次のリーダーとしても認められるという意味です。⑥は革命を終えた段階です。「君子豹変《くんしひょうへん》す」とは、君子は⑤の大人の見事な変革にしたがって豹のごとく毛色を変えます。いまは悪い方へ変わるという意味に使われますが、本来は⑤と同じように変わります。その違いは、⑥は陰の変化をあらわしていて大人（⑤）に触発されて自分も改めるのです。「その文蔚《ぶんうつ》たるなり」、豹の毛皮は虎のように鮮やかではありませんが、細やかで美しい文様です。このように君子はあやまちを見事に一新しますが、小人《しょうじん》は顔向きだけを革《あらた》めます。しかし、変革を認識していないからと、小人を攻めて問題を起こしてはいけない。すでに革命は成され、不満はあっても新体制にしたがっていれば、しばらくたって慣れてきたら「変わってよかった」とわかるだろうといいます。

現在の状況に摺《す》り合わせて解説しましたが、いかがでしたか。

現代は耐える、受け容れる、したがうという坤為地《こんいち》の陰の時代であり、また十二消長卦でいえば、最後の陽が剝がされる山地剝《さんちはく》の時代であり、そして、災禍と無為無作為の自然体を教える天雷无妄《てんらいむぼう》の時代でもあると述べてきました。有事の劇的な変化に対応するために、この沢火革《たくかかく》の卦もまさしく現代を言いあらわしている卦であると付け加えておきます。

火風鼎（かふうてい）

革新の時、リーダーが重責に耐えるためには「聞く耳」を持ち、耳目聡明になることです。

「鼎《かなえ》の軽重《けいちょう》を問う」という故事成語があります。

鼎とは祭祀の供え物を煮炊きする、青銅でできた大鍋です。古代中国においては国の一番の宝器であり、君主の王位とその権威の象徴でもありました。

いまから二千六百年ほど前の春秋時代、新興勢力である楚《そ》の荘王《そうおう》が、王朝というには余りにも勢力の衰えた周に揺さぶりをかけて、「周の鼎の大きさと重さはどのくらいのものだ」と、周王朝の宝器の大小や軽重を問いました。

荘王の問いに　周王の臣の王孫満《おうそんまん》は、「鼎の大小軽重は所持者の徳であり、周王室の徳は衰えたとはいえ、天命はまだ尽きておらず鼎の軽重を問われるいわれはありません」と答えました。この故事から、トップの実力を疑い、その地位を奪おうとすることを「鼎の軽重を問う」といいます。

先の風地観《ふうちかん》では「観る目」、そして、この火風鼎《かふうてい》の卦《か》は「聞く耳」について説いていきます。君主が人の意見に柔軟に耳を傾け、「耳目聡明《じもくそうめい》」であれば、国の権威は保たれ鼎の軽重を問われることはないと教えています。


鼎《かなえ》は元《おお》いに吉《きっ》にして亨《とお》る。

象《たん》に曰く、鼎《かなえ》は象なり。木をもって火に巽《い》れて、亨飪《ほうじん》するなり。聖人は亨《ほう》してもって上帝を享《まつ》り、大亨《たいほう》してもって聖賢《せいけん》を養う。巽《そん》にして耳目聰明《じもくそうめい》なり。柔進《じゅう》みて上行《じょうこう》し、中《ちゅう》を得て剛《ごう》に応ず。ここをもって元《おお》いに亨《とお》るなり。

象に曰く、木の上に火あるは鼎《かなえ》なり。君子もって位《くらい》を正し命を凝《な》す。


鼎で賢人を養うことは、大いに吉であり時が通る。

火風鼎の卦象《かしょう》は鼎の形を表している。君主は祭祀《さいし》の際、木を火に入れて鼎で煮炊きした食べ物を天に供え、祭祀に集まった賢人には供え物よりも多くを饗して養い、振る舞う。そして、国の徳を高めるための情報や意見を聞く。聞く耳を持ち賢人に教えを乞う柔順な姿勢があれば、耳目聡明になり国は保たれる。変革後に尊位に上がった君主には柔軟な姿勢と中庸の徳がある。これによって国は安泰となる。

この象《かたち》は木を火に入れ、煮炊きする象で鼎を意味する。君子は意見に耳を傾けてその地位にふさわしく正しくあり、天の命を自分によく言い聞かせて成就する。

徳を守るために、賢人を養う

卦辞《かじ》を解説する前に、火風鼎《かふうてい》の卦はどのような時をあらわしているのか、また「鼎」と名づけられた理由について説明しましょう。

易経の六十四卦は書かれている順に意味合いの繋《つな》がりがあり、革命の時を説く沢火革《たくかかく》の後に火風鼎《かふうてい》が書かれていますので、本書も同じ順番にしました。

火風鼎は革命後の新しい国家、あるいは政権を築く時です。革命が成功すると、君主はまず暦をつくります。次に国家の権威を象徴する鼎をつくり、あるいは革命によって滅亡した王朝の鼎を所有しました。

鼎の伝統を継承し、制度、組織、腐敗を改めて、新たな時代へと革新、刷新していく時をあらわしています。会社組織でいえば、経営陣が交代して新たな代を築く時、また老舗の世代交代の時ともいえます。

火風鼎の象は八卦《はっか》の「離《り》」(火)と「巽《そん》」(風)の組み合わせです。また「巽」は「木」(大木ではなく小さな木)の性質もあらわします。

この卦が火風鼎《かふうてい》と名づけられたのは**「鼎《かなえ》は象なり」**とあるように、卦象そのものが図表5のように鼎の形になっているからです。鼎には薪をくべて火を焚《た》くために三本の足があり、入れ物部分の胴体、そして担いで運ぶためにつるを通す耳がついています。

鼎の形に卦象に照らし合わせると一番目がしっかりとした安定を意味する鼎の三本の足、二番、三番、四番目が胴の部分、そして五番目の鼎の耳は国家の権威を保つための要として、「王の耳」にたとえられています。六番目は耳に通すつるです。王の耳を貫くつるは賢人の明知のたとえです。

鼎は祭祀の儀式で天帝に捧げる供え物を煮炊きする聖なる器であることから、鼎の大きさと重さが、古代中国では君主の徳と実力と、国の権威をあらわす象徴でした。

祭祀の儀式のあとにはもう一つ重要な行事がありました。それは国と君主の徳を高めるために国の内外の賢人たちを招いて盛大な宴会を開き、情報交換の場をもうけることでした。

「聖人は亨《ほう》してもって上帝を享《まつ》り、大亨《たいほう》してもって聖賢《せいけん》を養う」

とは、鼎で煮炊きした料理はまず天に捧げ、供え物よりも多くを賢人に饗しなさいと説いています。当時、賢人たちは情報と知恵の宝庫であり、また各地の情報を伝える報道的な役割もしていました。

祭祀の祝いの宴の席で、いま、世の中で起きていることや他国はどのように政治を行っているか、それに比べてこの国はどうか、とい

［図表5］火風鼎《かふうてい》

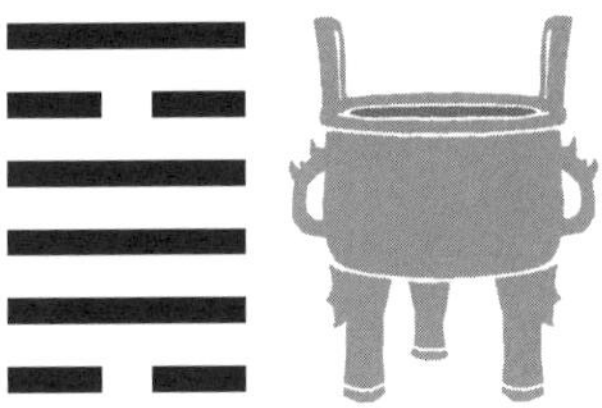

う情報や意見を賢人から聞くわけです。情報の担い手である賢人たちを手厚くもてなし、「教えてください」という気持ちをあらわすことで、各地から多くの賢人が集まり、優れた情報網が構築されていきます。

耳目聡明となる傾聴の精神

鼎は、大人数をまかなう大鍋でした。煮炊きすると手では触れないほど熱くなるので、担いで運ぶためのつるを通す耳がついています。耳が重みに耐えうるようでなければ、せっかくのごちそうをひっくり返してしまって、用途をなしません。つまり君主の耳がしっかりとしていなければ、民を養うという重責に耐えられないというのです。

易経は、君主、リーダーはとくに「聞く耳」を持つことが必須であると何度も説いていますが、本来は耳の徳と書いて「聴く耳」、つまり傾聴のことで耳を傾ける姿勢と環境をあえてつくり、熱心に聴く、という意味なのです。

鼎で供え物を奉じ、饗するまでの手順からも、賢人の意見を聞き、用いるにはどうすべきかを学ぶことができます。

まず、煮炊きの前に鼎を逆さまにして残った古いものをきれいに洗い流し、煮炊きしている間に鼎が倒れないように、足を安定させて立たせます。次に薪をくべて火を起こし、胴の中に肉などの、生の食材を入れ、火が通って柔らかくなるまで煮ます。最後に耳につるを通して、できあがった食べ物を天帝に奉じ、賢人に饗《きょう》します。

最初に古い食べ物を洗い流すのは、古い観念や思い込み、習慣をなくして空虚になるためです。次にしっかりと地に足をつけ、落ち着いて聞く姿勢をつくります。

「木をもって火に巽《い》れて」とは、煮炊きすることですが、「火は」賢人の智恵、才能、明知、明らかさ、「木」と「巽」は、柔軟、柔順を意味します。

祭祀に煮炊きをするのは、物によく火を通すことでものごとが順調に通りますようにという天への祈りがこめられていました。そして火を使うことで、生では食べられないものがごちそうになります。

要するに賢人の意見と智恵によって、役立たなかったものが役立つように革《あらた》まることを意味します。人の意見や言葉で目から鱗《うろこ》が落ちることがありますが、自分を虚しくして素直に耳を傾けなければ新たな気づきを得ることはできないものです。

正しい采配をし、革新していくためには、生きた情報をたくさん集める必要がありますが、生のままでは用いることができません。まず聞くべき情報や意見を聞いて、自分の腹におさめ、さらに賢人の智慧《ちえ》を加えながら、食材をグツグツ煮つめるように熟考することで耳目聡明になり、賢人の明知を用いることができるのです。

「巽《そん》にして耳目聰明《じもくそうめい》なり」の「耳目聡明」という言葉はこの辞が出典です。八卦の「巽《そん》」（風）には柔軟という意味があります。柔軟で謙虚な君主に「聞く耳」があれば、賢人や部下の忌憚《きたん》のない意見や、大切な情報を得て「観る目」が開かれます。

君主が耳目聡明であれば、賢人たちが多く集まり、国は繁栄して鼎は大きく重くなりますが、君主が聞く姿勢と環境をつくらなければ、組織は衰退し、いずれ鼎の軽重を問われることになるわけです。

君主、リーダーが傾聴の姿勢を持つということは、自然体でいて備わるものではありません。古代の賢人や臣下は君主にもの申すことなど怖ろしくて、容易にできることではありませんでした。現代でも部下が社長に意見することは難しいことで、リーダーが人の意見を聞く環境づくりをしなければ、部下は決して口を開かないのです。

国や組織を保つためには、賞賛ではなく批判が活発に行われるような環境づくりをすることです。**「聖賢《せいけん》を養う」**とあるのは、冷静かつ客観的な目を持って私心ない批判ができる賢人を養いなさいということです。

黄金の耳を持つ

爻辞《こうじ》には、鼎という伝統を築きながら革新していくにはどうしたらいいか、どのようなことに注意すればいいのか、が書かれています。組織や団体が旧体制を引き継ぎ、革新していく術を学ぶことができます。

①鼎趾《かなえあし》を顚《さか》しまにす。否《あしき》を出《いだ》すに利《よ》ろし。妾《しょう》を得てその子に以《およ》ぶ。咎《とが》なし。

象に曰く、鼎趾《かなえあし》を顚《さか》しまにすとは、いまだ悖《もと》らざるなり。否《あしき》を出《いだ》すに利《よ》ろしとは、もって貴《たっと》きに従うなり。

②鼎《かなえ》に実《み》あり。我が仇《あだ》疾《にく》むことあり。我に即《つ》くに能《あた》わず。吉《きつ》なり。

象に曰く、鼎《かなえ》に実《み》ありとは、之《ゆ》くところを慎むなり。我が仇《あだ》疾《にく》むことありとは、終《つい》には尤《とが》なきなり。

③鼎《かなえ》の耳革《あらた》まり、その行塞《みちふさ》がる。雉《きじ》の膏《あぶら》食らわれず。方《まさ》に雨ふらんとして悔を虧《か》く。終《つい》に吉《きつ》なり。

象に曰く、鼎《かなえ》の耳革《あらた》まるとは、その義《ぎ》を失うなり。

④鼎《かなえ》足を折り、公《こう》の餗《そく》を覆《くつが》えす。その形渥《あく》たり。凶なり。

象に曰く、公《こう》の餗《そく》を覆《くつが》えす、信《まこと》に如何《いかん》せん。

⑤鼎黄耳金鉉《かなえこうじきんげん》あり。貞《ただ》しきに利《よ》ろし。

象に曰く、鼎黄耳《かなえこうじ》ありとは、中《ちゅう》もって実《じつ》となすなり。

⑥鼎玉鉉《かなえぎょくげん》あり。大吉《きつ》にして利《よ》ろしからざるなし。

象に曰く、玉鉉《ぎょくげん》上《かみ》に在りとは、剛柔節《ごうじゅうせつ》あるなり。

①は鼎の三本の足を上に逆さまにして鍋の中の古く腐敗したものを洗い流します。旧体制のけがれを除いて、貴きに従おうとするためで、道理に逆らっているのではないといいます。重い鼎を支える足は二本では危うく、三本でしっかり安定します。それを古代の王が正妻の他に側室に後継ぎをつくることにたとえています。

②は鼎の胴の底です。良い新鮮な食材が入れられ、胴の中は充実しています。組織を革新するための新体制を整える段階です。人間でいえば、才能があり革新のための実務を担う人物です。①は古い考えが残っていて害を及ぼそうとするのですが、②は過ちがないように自分の為すべきことを為す力があるので害は及ばないのです。

③薪を燃やしすぎて火が燃えあがり、鼎の耳まで熱くなってしまいます。胴の中には美味しい雉《きじ》の料理が入っていますが、鼎を運ぶことができず饗することができません。③は血気盛んで強硬に進みすぎ、態度も穏やかさに欠けるために君主に受け入れられないのです。しかし、慎み改めたならば雨が降り、耳の熱は冷めて、君主に用いられ為すべきことを果たせるといいます。

④は胴の上の部分。君主の側近です。しかし、⑤が自分よりも②を用いることに不満を感じ、⑤にさらなる信頼を得ようとして、自分のいうことを聞く鼎の足にあたる①を重用します。ところが、④は胴に物を詰めすぎるきらいがあり、①は力不足で大任に耐えられずに足が折れてしまうのです。鼎は倒れて胴の中のごちそうがこぼれて台無しになります。⑤の君主の信頼をあざむく行為だと④に戒めます。革新の時は重責に耐えうる人材を用いなければ、変化に対応できずにバランスを崩して転倒してしまいます。

⑤鼎の耳にあたり、君主の位です。「金鉉《きんげん》」はつるのこと。「鼎黄耳金鉉《かなえこうじきんげん》あり」とは賢人の明らかな意見、智慧《ちえ》、明知がしっかりと耳を貫いているのです。変化に応じて革新するには、あらゆる情報、知識、智慧《ちえ》を用いて国の制度、秩序、人事などを統合的に判断する必要があります。そのために国や組織のリーダーが虚心に賢人の意見を聞く耳をもつことは、黄金にも等しいというのです。「黄金の耳」が伝統の宝器、鼎に象徴される国の徳を守るのです。

⑥鼎の耳に通すつるです。君主を補佐する賢人にあたります。この賢人の智慧《ちえ》に耳を傾けることで国の政治、秩序が整えられます。伝統という継続性を保ちながら、革新していくという火風鼎《かふうてい》が教える道を完成することができるのです。

火風鼎《かふうてい》のリーダーは火天大有《かてんたいゆう》の卦《か》と同じく、度量型の陰のリーダーです。革新しようとする時は批判をともなうものです。リーダーは責任の重さを痛感すればこそ、批判をも役立てようと謙虚に聞きいれる姿勢がもてるのです。「耳目聡明であれ」と火風鼎の卦が教えているのは、見聞を広めてさまざまな分野に精通することで変化の波を乗り越えていくためです。

また、ここで教えている「聞く耳」、「耳目聡明」は、陰の時代に生きるリーダーに必須の要素といえます。この卦は会社組織の革新だけでなく、自己革新として読んでみても理解が得られると思います。

水風井（すいふうせい）䷯

整備、管理が行き届いた組織は、冷たく美味しい井戸水が万人を養うように社会に大きく貢献します。

水風井《すいふうせい》の「井」は井戸の意味で、水でもって万人を養う時をあらわしています。

古代は地中の水脈から水を汲《く》み上げる井戸が人の命の源でした。井戸は湧き水とは違って、自然に湧き出るものではありません。人が設備をつくり、水を汲めるようにし、さらに管理もしなければ清い水が保てません。

はじめに卦辞《かじ》を読んでみましょう。


井《せい》は、邑《ゆう》を改めて井《せい》を改めず。喪《うしな》うなく得《う》るなし。往来《おうらい》井を井とす。ほとんど至らんとして、またいまだ井に繘《つりいと》せず、その瓶《かめ》を羸《やぶ》るは、凶なり。

象《たん》に曰く、水に巽《い》れて水を上《あ》ぐるは井なり。井は養いて窮《きわ》まらざるなり。邑《ゆう》を改めて井《せい》を改めずとは、すなわち剛中《ごうちゅう》なるをもってなり。ほとんど至らんとして、またいまだ井に繘《つりいと》せずとは、いまだ功あらざるなり。その瓶《かめ》を羸《やぶ》る、ここをもって凶なるなり。

象に曰く、木の上に水あるは井《せい》なり。君子もって民を労《ねぎら》い勧《すす》め相《たす》く。

国を移し改めても井戸は移せるものではない。井戸は汲み上げても尽きることなく、また汲まなくともあふれることはない。井戸は往来の誰もが利用するものである。しかし、釣瓶《つるべ》が水に至らなかったり、釣瓶が壊れていたりしたら、井戸はその用をなさない。

木で作った釣瓶を水に入れて、汲み上げるのが水風井《すいふうせい》の時である。井戸は涸れないかぎり、人を養って窮《きわ》まることがない。国は遷《う》り変わり、時代の変化とともに環境は変わっても、井戸はその場所を変えず、汲めども尽きぬ冷たい清水を保つ特質を変えることはないのである。清い水がありながら、釣瓶も作らず、その瓶をこわしてしまうようでは、人々を養う道は塞がってしまう。水風井《すいふうせい》は、木の釣瓶で下にある井戸の水を上に汲み上げる象になっている。君子は民の気持ちを汲み、教育して民の才能や実力を長じさせ、その能力を用いる。

釣瓶で水を汲んで万人を養う

「井《せい》は、邑《ゆう》を改めて井《せい》を改めず。喪《うしな》うなく得《う》るなし」とは、日本は水に恵まれていますが、中国は水のある土地がとても貴重でした。その反面、幾多の河の氾濫《はんらん》によって民族が大移動したという歴史があります。

古代中国には、もちろん水道設備はありませんから、人々は水脈のある土地に井戸をつくり、そこに都を築いたのです。ですから都を遷《うつ》すことはできても、井戸は移せませんでした。もし井戸が涸《か》れたら、水のあるところに都を遷すほかなかったわけです。冷たく美味しい安全な水を湛《たた》えた井戸は、人々の生活の中心でした。「市井」という言葉は人の集まるところという意味ですが、古代中国では井戸があるところに人が集まり、往来して町ができたことから生まれた言葉です。

井戸の特質は、動かず、つねに一定の水位で清い水を湛えていることです。良い水脈に通じている井戸水は、多く汲み上げても尽きず、汲まなくてもあふれず、人々はその土地で安心して生活することができます。ここから、水風井《すいふうせい》の卦《か》は水をもって多くの人々を養う時という意味があります。

さて、人々が水の恩恵を受けるためには、井戸を管理しなければなりません。井戸の「井」は、もとは「丼」の字で、省略された中の「丶」が水を汲み上げる釣瓶《つるべ》です。水風井《すいふうせい》の象は水と風。八卦《はっか》の巽《そん》（風）が示すのは火風鼎《かふうてい》と同じく「木」です。つまり木でつくった瓶（桶）に吊り縄をつけたものを用いて、水を上に汲み上げるという象になっています。

「ほとんど至らんとして、またいまだ井《せい》に繘《つりいと》せず、その瓶《かめ》を羸《やぶ》るは、凶なり」とは、どんなに立派な井戸があっても釣瓶が水に至らず、壊れていたならば、水は汲み上げられず、井戸はあってもないと同じことで、それでは人々を養う道は塞がれてしまう。つまり肝心なのは、井戸がきちんと管理され機能しているということだというのです。

君主は井戸を管理して冷たく安全な美味しい水で民を養います。「すなわち剛中《ごうちゅう》なるをもってなり」の「剛」は水、「中」はぴったりの、という意味で冷たく清い水ということです。

そして、君主、リーダーの位にあたるのが井戸の釣瓶です。「君子もって民を労い勧《すす》め相《たす》く」とあるように、君主は水風井の教えに習い、民の気持ち、願いはなにかと思いを汲みとらなければなりません。人々は安定した暮らしを望みます。そのためには力のある人を抜擢《ばってき》して教育し、力を発揮させる。そうすれば国も人々も潤うと教えているのです。

先に紹介した火風鼎《かふうてい》と水風井《すいふうせい》は、似ている点が多い卦です。片や鼎、片や井戸というどちらも人がつくる道具や設備で多くの人を養います。そして、鼎は足と耳、井戸は釣瓶がなくては用を為しません。これらを組織の在り方として読んでいくと、組織の明確な構造を説いていて興味深いものです。

井戸の役目に組織の在り方を学ぶ

井戸は人が自然にならってつくった生活に役立つ施設です。

水風井の卦が教えている井戸の役目に学ぶために、私は井戸そのものを一つの組織体、「機構」と考えてこの卦を読んでみたところ、多くの示唆を得ることができました。機構とはメカニズムのことで、会社、官庁など組織体のことも機構といいます。つまり、井戸をつくるということは、組織体をつくることにたとえられるわけです。

はじめに水風井の卦は水をもって万人を養う時を教えているといいました。井戸をつくったとしても機能しなければ、人々を養うことはできません。

井戸が「機能」するとはどういうことでしょうか。それは井戸から汲み上げられた冷たく美味しい水が万人に与えられ、用いられていくことです。

会社組織でいえば、下層の現場から能力のある人を抜擢し、教育をして、その人が能力を発揮できる環境づくりをする。そして人に喜ばれ、用いられる良い商品やサービスを世に出すことができたなら、会社や得意先も潤い、買ってくれる消費者も、地域経済も潤うでしょう。ひいては国全体が潤うわけです。水をもって万人を養うとは、そこまでのことを教えているのです。

そのような機構（組織体）をつくり、機能させるためにはどうしたらいいのでしょうか。水風井の爻辞《こうじ》は井戸をつくり、用いるまでの手順が示されています。最初は井戸の底に泥がたまっているだけの廃井戸の状態です。飲める水はなく、釣瓶も壊れています。そこでまず泥をさらい、濁りをなくして清水が出るようにします。次に井戸の内壁にしっかりと石を積み上げて、壁から泥が落ちないようにします。そして釣瓶を新しくして、ようやく井戸が整えられま

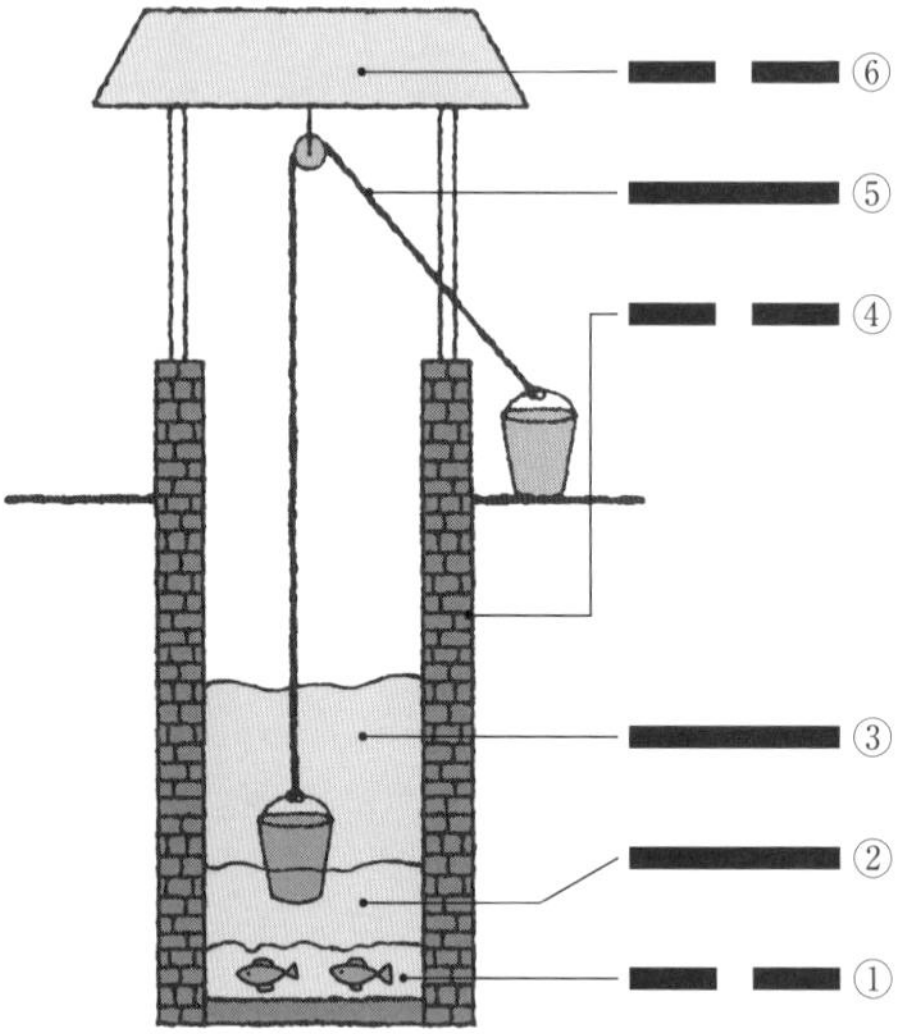

す。

井戸は人がつくるものですから、その機能を果たすには人の働きが必要です。

「ほとんど至らんとして、またいまだ井《せい》に繘《つりいと》せず、その瓶《つるべ》を羸《やぶ》るは、凶なり」と卦辞にあるように、井戸は清い水を湛え、釣瓶も直した。けれども釣瓶が水面に届かなかったり、吊り縄が切れてしまったり、釣瓶の桶が壊れてしまっては、井戸は機能しません。

つまり、管理が大切であると教えているのです。機構というのは一つひとつの部分が連動しあって働く仕組みのことです。会社組織の部署と部署、人と人が互いに関連しあって働くために管理、マネジメントが大切であることは言うまでもありませんが、組織の透明性が求められるのです。濁りが生じていたら管理が行き届かなくなります。

正しい経営、管理ができたなら、井戸水が万人を潤すように、組織体はスムースに機能し、広く社会に貢献できると教えています。

では、具体的にどういうことかを爻辞で読んでいきましょう。

井戸が完成するまでの手順

爻《こう》辞《じ》には井戸を修理して整える手順と各部の役割が書いてあります。

各部の役割を知るために卦象《かしょう》を見てください。䷯六本の爻《こう》の陰（⚋）の爻は井戸の内部構造にあたります。陽（⚊）の爻は動いて機能する役割を担います。下から数えて①は井戸の底、②③は井戸水、④は井戸の内壁、⑤は釣瓶、⑥は井戸の覆い（蓋）をあらわしています。

では、前ページの図を参考に井戸の構造をイメージしながら読んでみましょう。

①井泥《せいでい》にして食らわれず。旧井《きゅうせい》に禽《きん》なし。
象に曰く、井泥《せいでい》して食らわれずとは、下《しも》なればなり。旧井《きゅうせい》に禽《きん》なしとは、時舎《す》つるなり。

②井谷鮒《せいこくふな》に射《そそ》ぐ。甕敝《かめやぶ》れて漏《も》る。
象に曰く、井谷鮒《せいこくふな》に射《そそ》ぐとは、与《くみ》するものなければなり。

③井渫《せいさら》えたれども食らわれず。我が心の惻《いた》みをなす。もって汲むべし。王《おう》明らかなれば、並《とも》にその福《さいわい》を受けん。
象に曰く、井渫《せいさら》えたれども食らわれずとは、行くもの惻《いた》むなり。王の明かならんこと求む

るは、福を受けんとてなり。

④井甃《せいいしだたみ》す。咎《とが》なし。

象に曰く、井甃《せいいしだたみ》す、咎《とが》なしとは、井《せい》を修《おさ》むるなり。

⑤井冽《せいきよ》くして、寒泉《かんせん》食らわる。

象に曰く、寒泉《かんせん》食らわるるは、中正なればなり。

⑥井収《せいみず》くみて幕《おお》うことなかれ。孚《まこと》あれば元吉《げんきつ》なり。

象に曰く、元吉《げんきつ》にして上《かみ》に在り、大いに成るなり。

①はじめは水が湧かない廃井戸という状況です。水はほとんどなく底には厚く泥がたまり、どろどろして虫がわき、とても飲める水ではありません。「禽《きん》」は鳥のことで、普通、古井戸には鳥が集まって水を飲みにきますが、鳥さえも飲まない水です。この泥をさらわなくてはなりません。①はいちばん下の位にいる微弱な陰で、人物にたとえると、志が正しくなく潔くもなく、世に用いられることがない棄《す》てられた人です。

②井戸は水あたりの原因になる虫がわくことがあり、古代の智慧《ちえ》で井戸水に鮒を入れて虫を食べさせました。「鮒」とは①のことです。泥をさらい始めて井戸の底、脇のほうからちょろちょろと水が出てきましたが量が少なく、鮒しか養えず、少しの水を汲もうとしても瓶《かめ》（桶）

が壊れていて汲み上げられないというのです。②の人物は多少の才があるが、環境が悪く志が正しくない①という悪い仲間と泥《なず》んでいるために才はあっても用いられないのです。

③「渫」という字は底の泥をきれいにさらう、そして清いという意味です。ようやく清く美味しい水になりました。汲まなければもったいない水ですが、汲み上げる釣瓶も届かず、人はまだ泥混じりの濁り水ではないかと疑っています。人物にたとえれば、①～③は、組織の現場にいる人たちです。そのなかでも③は世の中に用いられるべき才知と才能がありながらリーダーに用いられていません。だからといって不平不満を言ってはなりません。③は井戸水がそうであるように、上から汲み上げられて用いられ、才を発揮できます。自分から働きかけず、静かな水面のように、じっとして釣瓶が届くのを待つことが大切です。

④は井戸の内壁にあたり、つまり井戸の機構です。井戸をしっかりとつくりあげるために、水に泥が落ちないように内壁に石を隙間なくきれいに積み上げます。釣瓶も修理してここで井戸が完成します。④は才能や才知は③に劣り、世の中に力を発揮することはできませんが、「井《せい》を修《おさ》むるなり」とあるように井戸の内部、つまり機構の管理、水の管理、修理点検のすべてを担う裏方です。⑤の補佐として、水は澄んでいるか、釣瓶が水に届いているかどうかも確認して、⑤に伝える立場にいます。

⑤「寒泉《かんせん》食わる」、汲めどもつきない安全で冷たく美味しい水が釣瓶で汲み上げられ、人々

に飲まれるようになりました。「冽」という字はさらさらと清流が流れるような様。水や酒が清く澄みわたっているという意味です。安全な水が供給できるその機構と機能がすべて発揮されます。そのすべての責任を担っているのが⑤のリーダーです。最も美味しい水という徳で万民を養うのです。

⑥「収」は収めるの意味です。井戸はすでに完成して供給が安定しています。⑥の役目は井戸の覆いです。古代の井戸は屋根がなく、水を汲んだら幕で覆って塵《ちり》やほこり、虫などが入るのを防ぎました。けれども、ここは幕で覆わないようにといいます。なぜなら水を求めて人が次々にやってくるので覆う必要がないからです。井戸を幕で覆わない、蓋をしないことが井戸の本当の意味の完成あり、汲めども尽きず、施して極まりない、高徳であるといっています。⑥は監査役の立場です。井戸に蓋をするように組織を私物化しないよう、養いが久しく続いていくよう見守っているのです。

さて、井戸の美味しく清い水は組織でいうと人材です。能力のある人を汲みあげて用いることで組織は繁栄していきます。汲み上げるべき人材は誰かといえば、③です。②も水ですが、多くの水はありません。③の才能、能力にいち早く気づくのが、機構の管理のすべてを担う④です。そして④が、⑤に③を推挙するわけです。社長、リーダーの位は⑤で井戸の釣瓶にあたりますが、④は釣瓶が壊れていないかということまで管理します。
④は地位でいうと取締役、役員ですが陰の爻ですので、部下である③のような才能はなく、それを自覚して組織の仕組みがきちんと機能するよう、不正が起きないよう、本来の機能が発揮できるように徹底的に管理します。
しかし、それができない場合、④は⑤に自分の言うことを聞く部下や自分の子どもを使ってくれと謀《はかりごと》をします。機構の管理をすべて担うということは、水を汲み上げようとする釣瓶の吊り縄を切ることだってできます。澄んでいても、水が濁っていると偽りの報告をすることもできるわけです。ですから、機構（組織体）がスムースに機能するためには、リーダーは④の人選を間違えないように、才能を持たずともしっかりと管理することのできる右腕を選ばなくてはならないのです。

艮為山（ごんいさん）䷳

止《とど》まるとは、いつでも動きだせる心の状態を保ちながら、能動的に止《とど》まる行為です。

艮為山《ごんいさん》は「止《とど》まる時」を教えている卦《か》です。

やりたいことがあっても止《とど》まらなくてはならない状況はつらいものです。

誰でも悶々《もんもん》としやすく、不運に感じられるような時をあらわしていますが、朱子学で知られる南宋の儒学者、朱子（朱熹《しゅき》）をはじめ、多くの儒学者に大変好まれた卦《か》でもあります。なぜかといえば、止《とど》まる時の心の在り方を説いているからです。

そういう時にどのように精神状態を保てばいいのか、止《とど》まるということは、どういうことなのかを端的に教えてくれているのがこの艮為山《ごんいさん》の卦だと思います。

朱子たちが好む反面、艮為山《ごんいさん》は解釈が難しく、理屈っぽいと嫌う学者の方もいます。解釈の表現を私なりに工夫して、なるべくわかりやすく解説したいと思います。

その背《せ》に艮《とど》まりてその身を獲《え》ず。その庭に行きてその人を見ず。咎《とが》なし。

象《たん》に曰く、艮《ごん》は、止《し》なり。時《とき》止まるべければすなわち止《とど》まり、時《とき》行くべければすなわち行き、動静その時を失わず、その道《みち》光明なり。その止《し》に艮《とど》まるとは、その所に止《とど》まるなり。上下敵《てき》応《おう》して、相い与《くみ》せず。ここをもってその身を獲《え》ず、その庭に行きてその人を見ず、咎《とが》なきなり。

象に曰く、兼《か》ねて山あるは艮《ごん》なり。君子もって思うことその位《くらい》を出《い》でず。

欲や願望を自分の背中に止《とど》め、得ようとしない。人がいる庭に出てもその人を見なければ、咎めを受けることはない。

艮は止《とど》まる。止《とど》まるべき時は止《とど》まり、行く時であれば躊躇《ちゅうちょ》なく行く。今、止《とど》まるのは動くべき時が来たら動くためである。動くにしても止《とど》まるにしても、その時を失うことがなければ、先行きに光明が差してくる。止《とど》まるとは、止《とど》まるべき所に止《とど》まるという行為である。動いても相応するものがない時は我が身を忘れるように願望を忘れて、たとえ世間や人の動きが目に入っても、自分もそうしたいと欲せず、自ら止《とど》まることで咎めを受けないのである。山が二つ重なっているのは止《とど》まる時である。君子は自分の分限や器量を超えたことを欲しない。

自分の欲や願望を背に止《とど》める

艮為山《ごんいさん》は八卦《はっか》の「艮」☶、自然に当てはめると「山」が二つ重なった卦象《かしょう》になっています。
その他に☶の形は門、建物、家など、いずれも動かず止《とど》まるものをあらわしています。
また、艮という字は「目」と「人」という字の組み合わせでできています。人の上に目があるのは、睨《にら》みをきかすということです。城の門番や、あるいは寺の門に守護と魔除けのために置かれる仁王像や、神社の狛犬をイメージしてください。「止《とど》まれ！」といっているように、グッと睨みをきかせていますね。そこから「艮」は止《とど》まる、睨《にら》む、そして悖《もと》る（背く）という意味もあります。

卦辞《かじ》のはじめに**「その背《せ》に艮《とど》まりてその身を獲《え》ず」**とあります。

ことばの通りに解釈すると、まず身体を「背」と「身」に分けると身は前面、背は背面になります。私たちの五感は目で見る、耳で聞く、鼻で匂いを嗅《か》ぐ、口で味わい、ことばを発し、手で触ります。目、鼻、口は身のほうにあり、耳、手も前に向いています。つまり、あれもしたい、これもしたいという欲や願望はすべて身のほうにあるけれども、それらを背に止《とど》めたら満たそうという気持ちがなくなるというのです。

続けて**「その庭に行きてその人を見ず」**と書かれています。庭は世間の人との接点です。庭に出て行っても、世間や人の動きを見て動揺しないということです。

どうしてもやりたいことがあっても、止《とど》まるべき時は止《とど》まらなくてはなりませんが、「背に止《とど》めなさい」といわれても順調な時にはピンとこないものです。

しかし、コロナ禍における自粛生活を経験したいまならば、この意味合いを汲《く》みとることができるのではないでしょうか。私たちはさまざまなことで「その背《せ》に止《とど》まる」ということを学びました。経済活動は止《とど》められ、東京オリンピックは延期になり、そのほかさまざまなイベントも中止になるなど、ありとあらゆる活動、予定は止《とど》まることを余儀なくされました。

仕事も勉強もままならず、いつ終わるともしれない苦境のなか、仕事がしたい、旅行や遊びに出かけたい気持ちも背中に回すようにして止《とど》めたことで、ひとまず緊急事態宣言は解除され、なんとか活動再開の時を迎えました。今後のためにも「自ら止《とど》まる」という心の持ち方を覚えておきたいものです。

艮為山《ごんいさん》の卦《か》は、止《とど》まるべき時に止《とど》まることが時中《じちゅう》です。じっと静かに止《とど》まることができたならば、時を失うことなく、やがて光明が差してくる。しかし、止《とど》まれなければ来《きた》る動くべき時を失ってしまう。**「動静その時を失わず」**とはそういう意味です。

では、止《とど》まるべき時をどう見極めたらいいのでしょうか。**「上下敵応《てきおう》して、相い与《くみ》せず」**、応じ合うものが背き合って応じ合わない、つまり陰陽が交わらないのです。たとえば、上司と部下が助け合わない、国と民が対立する、あるいは需要と供給が見合わない。そういう時に無理に動いても何も生まれず、かえって害になります。ですから動こうとする気持ちを自分の背中に止《とど》めおいて、私心の欲望は何一つ起こさず、分限に逆らわずにいることだと教えています。

自在に止《とど》まり、自在に動く

艮為山《ごんいさん》の卦象《かしょう》䷳を見ると陽の爻《こう》が少なく、陰の爻が多いです。火天大有《かてんたいゆう》の卦《か》で触れましたが、陰陽は数の少ない爻《こう》が優勢になりますから、この卦は陽に勢いがあるのです。艮為山が教える「止《とど》まる」は、陰陽でいえば陰の要素で矛盾しているようですが、つまり動くべき時が来たら動くために、自ら止《とど》まることを教えているのです。

艮為山が教えていることを理解するために、ここからは私が「これは艮為山《ごんいさん》が教えていることだ」と思った実際の出来事、古典の物語などからいくつかの例を紹介します。

二〇一八年、全米オープンテニス・女子シングルスの決勝で、大坂なおみ選手が世界ランク一位のセリーナ・ウィリアムズ選手を破り、見事に優勝を果たした時のことです。

試合中、ウィリアムズ選手が主審の警告に対して激しく抗議して、ペナルティーでワンゲームを失います。会場はブーイングが鳴り響く異様な雰囲気になりましたが、大坂選手はその後も非常に冷静に試合に集中していました。

テレビの画面に映っている大坂選手は、タオルを頭からかぶって、ウィリアムズ選手のほうを見ずに壁を見ていました。

その試合の様子を見ながら、「その背《せ》に艮《とど》まりてその身を獲《え》ず。その庭に行きてその人を見ず」の辞《じ》が私の頭に思い浮かびました。大坂選手の心のなかはしんと静かだったのではないかと想像します。力量はあるものの、「精神面が課題」と言われ続けた大坂選手でしたが、終始、揺るぎない心を保って栄冠を勝ちとったのです。

次に、止《とど》まるという心の在り方を極めていくと、ある境地に至ると教えている古典を紹介します。

『荘子《そうじ》』の達生篇《たっせいへん》に「木鶏《もっけい》」という有名な話があります。木鶏とはまるで木彫りの鶏のように動じない最強の闘鶏《とうけい》のことです。まったく動かずに相手を圧倒する徳を訓練され、顔を合わせただけで相手は逃げてしまうといいます。

この木鶏の話をもとにアレンジされたのが、江戸時代の武士、佚斎樗山《いっさいちょざん》が書いた『田舎荘子』のなかにある「猫の妙術」という物語です。私は「木鶏」よりも「猫の妙術」のほうがおもしろくて好きです。

勝軒《しょうけん》という剣術者の家に大ねずみが住みつきました。この大ねずみには、どんな猫も歯がたちません。勝軒自身も追いだすことができないという始末です。そこで無類の逸物であると評判の猫を遠方から借りてきます。ところが、その猫はうすぼんやりとした頼りない古猫でした。しかし、大ねずみは古猫を見たとたん、ひるんで動けなくなり、古猫はのろのろと動いて、大ねずみをくわえてきたのです。

その夜、猫族会議が開かれます。大ねずみを捕れなかった猫たちが、つぎつぎに古猫になぜ自分は捕れなかったのかを問います。それぞれ技を、気を、心を修練したという猫たちに古猫は、技をかけて狙うこと、気の勢いに乗ること、思慮分別から心を和そうとするのも作為であって、自然体ではないと答えます。そして、どんな修養も無駄ではないが、作為するのと無心から自然に発露するのとでは、天と地ほども違うのだと教えます。

感心する猫たちに、古猫は「しかし、わしを極致と思ってはいけない。上には上がいる」と言って話し出しました。

古猫が若かった頃、隣村に一匹の猫がいました。その猫はいつも居眠りして気勢もさっぱり上がらず、まるで木彫りの猫のようで、ねずみを取ったのも見たこともない。しかし不思議なことに、その猫のまわりにはねずみがまったく寄りつきません。その訳を聞いてみても、その猫は笑うだけで答えない。いや、答えないのではなく、答えられなかったのだ。その猫こそは本当に己を忘れ、ものを忘れ、もの無きに帰した神業の境涯だった。自分など、とても及ぶところではないと言ったのです。

それを聞いていた勝軒は心服して、古猫に剣術の奥義を教えてほしいと願います。

古猫は、その心に少しでもこだわりがある場合は形にあらわれ、形がある場合は敵あり我ありで相対して争うことになる、しかし、何もこだわりがなければ、敵もなく我もなしとなると答えます。勝軒はさらに敵もなく我もなしとはどういうことかとたずねます。その答えが次の一文です。

「猫曰く。

我あるが故に敵あり。我なければ敵なし。敵といふは、もと対待《たいたい》の名なり。陰陽水火の類のごとし。凡《およ》そ物、形象あるものは必ず対するものあり。我が心に象《かたち》なければ対するものなし。対するものなき時は比ぶるものなし。是を敵もなく我もなしといふ。心と象《かたち》に共に忘れて潭然《たんぜん》として無事なる時は、和して一なり。敵の形をやぶるといへども我も知らず、知らざるにはあらず、此《ここ》に念なく、感のままに動くのみ」（『天狗芸術論・猫の妙術　全訳注』佚斎樗山著、石井邦夫訳〈講談社学術文庫2014〉より引用）

少し難しい話になりましたが、朱子をはじめ、儒学者が艮為山《ごんいさん》を好んだのは、このような「止《とど》まる」ということの奥義が書かれているからだと思います。

我を忘れるというのは、欲望や願望を忘れあきらめることではなく、何かをしようと思うことから自由になることで、動く、止《とど》まるという行為すら忘れる。そうして自由になることで、止《とど》まることも動くことも、その時とともにごく自然に、そして自在にできるようになるといっているのだと思います。

我を忘れるなど、易々とできることではありませんが、心の在り方を学ぶうえでの参考にしていただけたらと思います。なお、本書では「木鶏《もっけい》」、「猫の妙術」は要約して紹介しましたので、興味のある方はぜひ、全文をお読みください。

止《とど》まるべきところに止《とど》まる

艮為山《ごんいさん》の教える「止《とど》まる」とは、いわば自分を律することの成長物語ともいえます。

艮為山が教える止《とど》まり方を頭でわかったとしても、実践で止まるのは容易ではありません。やりたいこと、やらなければならないことにストップをかけられたら、大抵はいやいや止《とど》まります。止《とど》まるべき時だと納得するまでは落ち込み、悶々として、不平不満を言ったり、ジタバタともがいたりするものです。

爻辞《こうじ》はそんな心境に寄りそって書かれ、なかなか「背に止《とど》まる」ことができません。たとえとして、足、ふくらはぎ、腰、身、頬に止《とど》まると表現されています。では、読んでみましょう。

①その趾《あし》に艮《とど》まる。咎《とが》なし。永貞《えいてい》に利《よ》ろし。
象に曰く、その趾《あし》に艮《とど》まるとは、いまだ正を失わざるなり。

②その腓《こむら》に艮《とど》まる。拯《すく》わずしてそれ随《したが》う。その心快《こころよ》からず。
象に曰く、拯《すく》わずしてそれ随《したが》うとは、いまだ退きて聴《き》かざればなり。
③その限《こし》に艮《とど》まる。その夤《せぼね》を列《さ》く。厲《あやう》きこと心を薫《や》く。
象に曰く、その限《こし》に艮《とど》まる、危うきこと心を薫《や》くなり。
④その身に艮《とど》まる。咎《とが》なし。
象に曰く、その身に艮《とど》まるとは、これを躬《み》に止むるなり。
⑤その輔《ほほぼね》に艮《とど》まる。言うこと序《じょ》あり。悔亡《くいほろ》ぶ。
象に曰く、その輔《ほほぼね》に艮《とど》まるとは、中正なるをもってなり。
⑥艮《とど》まるに敦《あつ》し。吉《きつ》なり。
象に曰く、艮《とど》まるに敦《あつ》きの吉《きつ》とは、もって終わりを厚くするなり。

①「趾《あし》」は足首から下の部分で、歩くときに最初に動くところです。①は柔弱で力がないため動きはじめに止《とど》まるのです。行動しようにもできないから、仕方なく止《とど》まるわけです。ただ、止《とど》まることができたのは正しい。しかし、意志が弱いためにすぐにまた動こうとします。ですから動かない心を永く保つようにといっています。
②「腓《こむら》」はふくらはぎです。ふくらはぎはそこだけでは動かせず、連動する部分です。つま

り自分では何もできず、黙って上に従うしかない立場です。しかし、すぐ上の上司である③はむやみに動き、間違ったことばかりして危ういのです。②が助けようと諫《いさ》めても、③は剛情に退け、②は迷惑な上司に振りまわされて不快な思いをします。

③「限《こし》」は区切りという意味で腰。体の区切りである腰は大きな動きをするところですから、「限《こし》に艮《とど》まる」ということは、身動きがとれず背骨の両側の筋が裂けんばかりになり、それでも剛情にそこに止《とど》まるために、焦燥感でイライラするというのです。落ち着いて止《とど》まることができず、動けない時に動こうとして、もがき苦しみ、さらに②の部下の意見を聞かずに迷惑をかけます。止《とど》まるべき時、動くべき時を取り違えてあらゆる過ちを犯すのです。

伊藤博文がハルビンに行く前に、易聖として知られた高島嘉右衛門が立てた卦《か》が艮為山《ごんいさん》の三爻《こう》だったという伝説があります。山が重なる卦象《かしょう》から、動くな、止まれと警告し、また艮為山の艮《ごん》（根《こん》）が重なるから、暗殺者の重根という名前まで予言したという話もあるようです。

④ここでの「身」とは伸びた上半身のこと。「躬《み》」は身を屈するという意味です。この屈伸は止《とど》まる、動くという自分の出処進退です。④は⑤を補佐する立場ですが、力はなく、止《とど》まるべき時にむやみに大きく動こうとする③にも引きずられやすい立場にいます。せめて自分だけは間違いを犯さずにいようと必死に止《とど》まろうとする、それだけで精一杯なのです。止《とど》まる時を心得て、まわりには迷惑をかけずに済みます。

⑤「輔《ほほぼね》」は「頬」のことで、言葉を発する時に動きます。頬に止《とど》まるとは、頬を動かして勝手に言いたいことを言わないということです。⑤は君主、リーダーの位です。正しく的を射る中庸の精神を備え、妄言《もうげん》を吐かないのです。まず止《とど》まり、よく考えて慎重に言葉を選び、筋道を立てて話すことができるので、後悔するようなことにはならないといいます。

⑥は艮為山《ごんいさん》が教える止《とど》まり方を体得して「背に艮《とど》まる」ことができるのです。止《とど》まるべき時にしっかりと止《とど》まることができたなら、やがて光明が差してきます。自分の希望に反して止《とど》まらなくてはならない、あるいは止《とど》められたら誰でも焦燥感にとらわれます。しかし自分の力量を知り、止《とど》まるべき時に自発的に止《とど》まるならば、動くべき時に自在に動くことができるのです。

止《とど》まるとは簡単なようで難しいことです。艮為山《ごんいさん》の卦《か》は卦辞《かじ》も爻辞《こうじ》も簡潔に書かれていますが、心の在り方を説き、仏教、禅の精神に通ずるところもあり、深い意味合いをもっています。

少々、深読みになりましたが、止《とど》められるのではなく、自ら止《とど》まるということを学んでおけば、止《とど》まらなくてはならない状況にあった時に、心を落ち着けて、時に対峙できるのではないかと思います。

火水未済（かすいびせい）䷿　水火既済（すいかきさい）䷾

創業は自分の未熟さを自覚することからはじまり、守成は整った組織をゆっくりと成熟させていくことです。

未完成の時をあらわす火水未済《かすいびせい》と、完成の時をあらわす水火既済《すいかきさい》の卦《か》を紹介します。両卦は第五章で紹介した地天泰《ちてんたい》と天地否《てんちひ》と同じく、対《つい》で読むことで理解を深めることができます。易経六十四卦は陽を象徴する乾為天《けんいてん》、陰を象徴する坤為地《こんいち》にはじまり、最後は完成の時をあらわす水火既済、未完成の時をあらわす火水未済で終わります。

最後の締めくくりを未完成の火水未済で終わるところが易経の特徴です。人ものごともすべては未完成に終わる。完成で終わらせず、未完成に終わらせることで、止《とど》まることなく幾久しく循環しつづける、変化の理《ことわり》をあらわしています。また、この二卦だけでも未完成は完成に向かい、完成は未完成へ向かうという循環を示しています。

さて、この「未済《びせい》」と「既済《きさい》」は易経のことばですが、官庁などの机に「既済箱」、「未済箱」と書かれた書類入れが置いてあるのを見たことはありませんか。既済箱は「既に処理が済んだ」、未済箱は「未だ処理が済んでいない」書類を入れて分類するためのものです。「済」は、

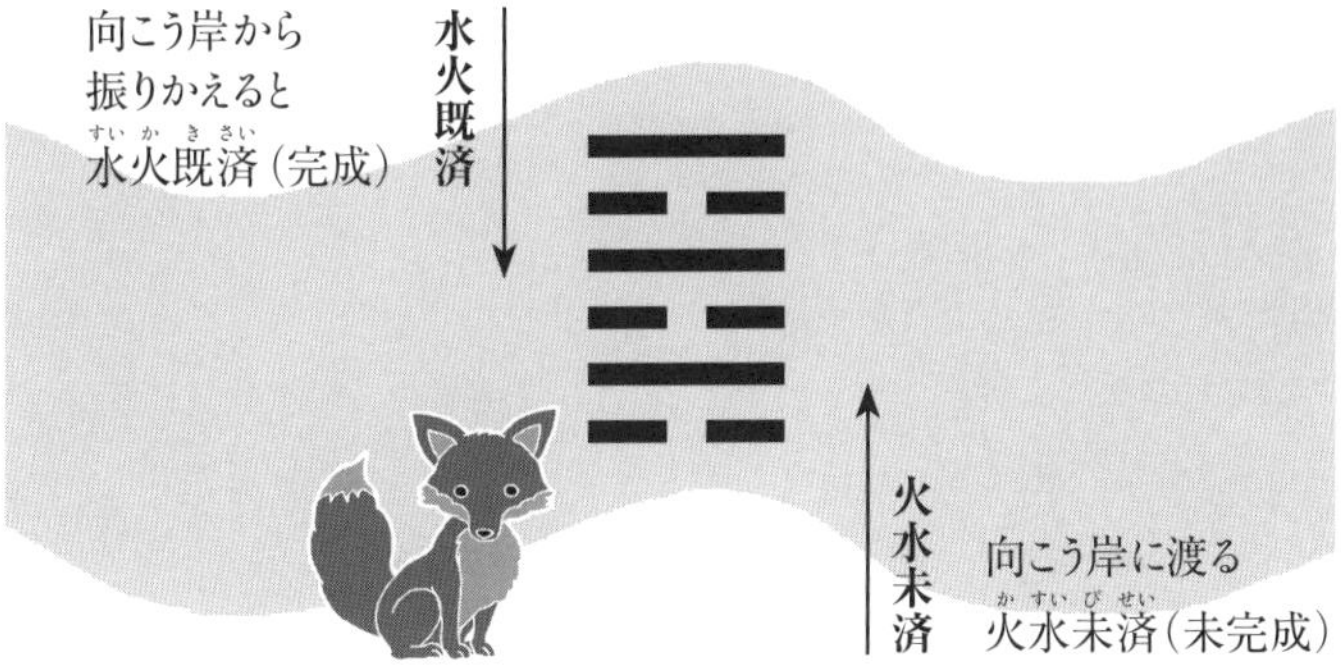

「済《わた》る」と読み、もとの意味は、それぞれ「未だ川を渡っていない」、「既に川を渡り終えた」、という意味です。

つまり未完成の向こう岸は完成、完成の向こう岸は未完成ということになります。

卦象《かしょう》で説明しましょう。まず火水未済の卦象を見てください。六本の爻は下から上へと進みます。六番目（いちばん上）まで行くと未完成は完成に至ります。つまり向こう岸に渡れたということです。そして、渡ってきた川を向こう岸から振り返って見ると䷿《火水未済》の上下が逆さまになって䷾《水火既済》になります（上図参照）。

川を渡り終えるまでの時の経過を月にたとえると、火水未済は新月から満月へとだんだん満ちていき、水火既済は逆に満月から新月へと欠けていきます。

事業でいうならば、これから満ちていく火水未済は創業の卦《か》、欠けていく水火既済は守成の卦《か》ともいえます。「創業は易く守成は難し」（創業の後、事業を守ることは簡単なようで難しい）といいますが、もともとは創業も守成も難しいという話に由来しています。

さて、易経にはどう書いてあるでしょうか。読んでいきましょう。はじめにお伝えしたように易経六十四卦は火水未済《かすいびせい》で終わりますが、両卦の辞の内容をわかりやすくするために火水未済を先に紹介します。

●火水未済《かすいびせい》

未済《びせい》は亨《とお》る。小狐《しょうこ》汔《ほと》んど済《わた》らんとして、その尾を濡らす。利《よ》ろしきところなし。

象《たん》に曰く、未済《びせい》は亨《とお》るとは、柔中《じゅう》を得ればなり。小狐汔《ほと》んど済《わた》らんとすとは、いまだ中《ちゅう》を出《い》でざるなり。その尾を濡らす。利《よ》ろしきところなしとは、続いて終わらざればなり。位に当たらずといえども、剛柔《ごうじゅう》応ずるなり。

象に曰く、火の水上に在るは未済《びせい》なり。君子もって慎みてものを弁《べん》じ方《ほう》に居《お》く。

未完成の時は完成へと向かう。小狐は川を泳いで渡ろうとしてあと少しというところで尾を濡らしてしまい、渡り終えることができない。

未完成が完成へと向かうのは、柔軟、柔順な心がけがあるからである。小狐が蛮勇に川を渡ろうとするのは、自分の力量がわからないからである。あと少しで渡りきるところで渡れず尾を濡らすのは、体力がなく、長く尾を上げて泳ぐことができないからである。小狐は未熟で力がない。だからこそ、助け手となる指導者を得る。

火は上に燃え上がり、水は下に流れる性質がある。陰陽の二気の交わりがないため、何も生まれず未済なのである。君子たるものは未熟さゆえに慎んで準備し、物事をわきまえ、適材適所に人を配して役割を明らかにしていく。

未熟な小狐が大きく成長する

「未済《びせい》は亨《とお》る」と、はじめに保証しています。易経の思想では、未完成は将来かならず何かに成ります。知識も経験もなく、何にも成っていないということは、これからどんなものにも成りうる可能性と将来性を秘めているのです。

未完成の時の象徴として未熟な小狐が登場します。

「小狐《しょうこ》汔《ほと》んど済《わた》らんとして、その尾を濡らす。利《よ》ろしきところなし」、小狐が川を渡ろうとしているところをイメージしてみてください。未完成の向こう岸は完成です。

まず、川を泳いで渡るということは大変危険だということを意味します。そこで狐は川を渡るとき、慎重に尾が水に浸からないように、高く上げて渡ります。なぜ、尾を上げるのかというと狐の尾はふさふさしていて、濡れると重くなり、体力を消耗するからです。そして尾は舵取りの役目もするのです。

ところが、小狐は成長した狐のように最後まで尾を上げて川を渡りきる体力もなく、尾を上げる知恵もないので、尾を濡らしてしまい、あと少しというところ、力つきて溺《おぼ》れてしまいます。小狐は元気だけはありますが、川が危険なことも知らずに「えいやっ！」と蛮勇に川に飛び込みます。すべてにおいて未熟なのです。

しかし、**「未済《びせい》は亨《とお》るとは、柔《じゅう》中を得ればなり」**と、渡れるようになるといいます。小狐は失敗して、がっかりして、くやしい思いをしますが、そのおかげで自分の未熟さを自覚できるのです。つまり失敗したことで自分に足りないものを、時間をかけて謙虚に学ぼうという姿勢ができるのです。

「位に当たらずといえども、剛柔《ごうじゅう》応ずるなり」とは、自分は何も知らない、なにもできないという謙虚な姿勢をもつならば、小狐には師となる人、助けてくれる仲間が現れるという意味です。

未完成の象徴である小狐は、人間でいうと若者のことだろうと思いがちですが、そうではありません。大人《おとな》も当てはまります。成せるように見えて、あと少しで成せないのが未熟さというものです。たとえば、会社を辞めてまったく違う職種の飲食店を開くとしましょう。社会的経験があったとしても、新しい事業を起こすわけですから、最初は小狐からはじまるのです。

もし、充分な調査や準備もせずに、情熱だけで「できる」と飲食店を開いたとしたら、オープンしてしばらくは、新店舗ができたからと客は集まるかもしれませんが、その状態は続かないでしょう。たとえ同じ職種で独立する場合でも、はじめて経営者、オーナーになるのですから、やはり小狐であることには変わりません。

「君子をもって慎みてものを弁《べん》じ方《ほう》に居《お》く」、これは創業時の人事に役立つ教えです。

たとえば、人材を集めるにあたり、社員、スタッフも未経験者ばかり集まる場合がありま す。しかし数字が得意ではない人を経理に置いてはいけないですね。非力ななかでのスタートですから、一人ひとりの力を充分に発揮させるよう、適材適所に人を配すことが肝心だと教えています。

創業は万全な準備とタイミングが必須

卦辞《かじ》は小狐が危険な川を渡るのは大変なことで、準備もなく、智慧《ちえ》、体力もなければ技術もなく渡れっこないといっているのです。しかし**「未済《びせい》は亨《とお》る」**と書いてあります。そんな小狐でも渡る方法があります。爻辞《こうじ》からは創業の精神について学ぶことができます。志を達成するためにどのように心がけ、どのような道を行けばいいでしょうか。

爻辞の①②③までは未済中の未済といって、未完成な状態、準備段階です。④⑤⑥は未済中の既済といい、川を渡りはじめて完成に達するところになります。

では、読んでいきましょう。

①その尾を濡《ぬ》らす吝《りん》なり。

象に曰く、その尾を濡《ぬ》らすとは、また極《きょく》を知らざるなり。

②その輪を曳《ひ》く。貞《ただ》しくして吉《きつ》なり。

象に曰く、九二《きゅうじ》の貞《ただ》しくして吉《きつ》なるは、中《ちゅう》をもって正《せい》を行えばなり。

③いまだ済《な》らず。征《ゆ》くは凶なり。大川《たいせん》を渉《わた》るに利《よ》ろし。

象に曰く、いまだ済《な》らず、征《ゆ》くは凶なりとは位《くらい》当たらざればなり。

④貞《ただ》しければ吉《きつ》にして悔亡《くいほろ》ぶ。震《うご》きてもって鬼方《きほう》を伐《う》つ。三年にして大国に賞《しょう》せらるることあり。

象に曰く、貞《ただ》しければ、悔亡《くいほろ》ぶとは、志行わるるなり。

⑤貞《ただ》しければ吉《きつ》にして悔いなし。君子の光あり。孚《まこと》ありて吉《きつ》なり。

象に曰く、君子の光ありとは、その暉《かがや》き吉《きつ》なるなり。

⑥飲酒に孚《まこと》あり。咎《とが》なし。その首《こうべ》を濡らす時は、孚《まこと》あれども是《ぜ》を失う。

象に曰く、酒を飲みて首《こうべ》を濡らすとは、また節するを知らざるなり。

①は尾を濡らす小狐です。自分の分限を知らないため、蛮勇になり軽率に川を渡りはじめてしまいます。渡れないとわかったならば、心改めてやり直さなくてはなりません。未熟な状態で創業しても長くは続かずに失敗してしまいます。「吝《りん》なり」とある時は、このままでいると凶になって失敗すると教えているのです。

②「その輪を曳《ひ》く」とは車輪を止めること。蛮勇になって勢いづくのを自分で止めることができます。尾を濡らしたことで修養しなくてはは無理だと知り、心焦らず準備を整えようと心を決めるのです。これは堅実な考えで未完成の時にぴったりの行動だといっています。創業の前はさまざまな準備が必要です。資金や技術、人材、そして環境、タイミングもあります。これから、それらの種をまいていきます。

③はついつい勢いで進みがちになります。しかし、力も自信もまだないのに、無理にでも、もう進まなくてはと焦るわけです。それでは道は塞がると戒《いまし》めます。大きな川を渡るのはよろしいとありますが、これは原文に脱字があり、「大川《たいせん》を済《わた》るに利《よ》ろしからず」ではないかという説と、脱字ではなく、方向性は良いから準備をするという意味であるという説があります。どちらにしても、たとえば起業の資金のめどはついたかもしれない。しかしまだ環境もタイミングも万全には整っていないということです。

④川を渡る準備が整い、初夏のような育ち盛りの勢いがあります。創業するのはこのタイミ

ングです。「鬼方《きほう》を伐《う》つ」とは蛮族を攻めることのたとえです。いよいよ勝負に動きだす時を得ましたが、この先は相当な苦労があるということです。覚悟して意志固く正しく進んだなら、三年ほどで大国に封ぜられる。つまり三年間は必死に全力で前へと進み、努力を重ねたなら後悔することなく、志を成せるだろうといっています。

⑤まいた種は見事に実を結び、志を達成します。光り輝くまでの大成功をおさめます。ところで、⑤は火天大有《かてんたいゆう》の卦《か》と同じく陰の爻《こう》です。なぜ力がないのに達成できるかというと卦辞《かじ》に「柔中《じゅうちゅう》」とあるように②の段階の謙虚さを保ちつづけ、誠心誠意でまじめに取り組んだ結果、人の支えと力添えを得られるからです。創業は自分一人ではできません。「君子の光あり」とは「皆さんのおかげです」と心の底から感謝できる、その輝きなのです。

⑥川を渡りおえたところです。皆に感謝して祝い酒をふるまいます。しかし、「首《こうべ》を濡らす」とは、首まで浸かるということで、やれやれと気を緩めすぎて祝いの気分に溺れてはいけないという意味です。真心はあっても正しさを失うと注意しています。つまり節度をもったお礼をして、やりすぎない。達成はしても、ここからまた新たな出発をするのですから、きちんとした態度と距離感をもち、昂揚しすぎてはならないといっているのです。

ここで少し、易経の基礎的知識から火水未済《かすいびせい》がなぜ成功するのかを解説します。易経の卦象の六爻《ろっこう》にはその位置（位といいます）に「正」と「不正」という決まりごとがあります。

左の図を見てください。

　下から数えて①③⑤という奇数の爻には陽の爻があり、②④⑥の偶数の爻には陰の爻があるのが「正」です。この場合、爻のそれぞれが力を発揮してものごとが通ります。水火既済《すいかきさい》はすべてが「正」です。その逆は「不正」といって、位を得ていないので力が発揮できない、ものごとが通らないということになります。火水未済《かすいびせい》はすべてが「不正」です。このことから未完成の時をあらわしているのです。

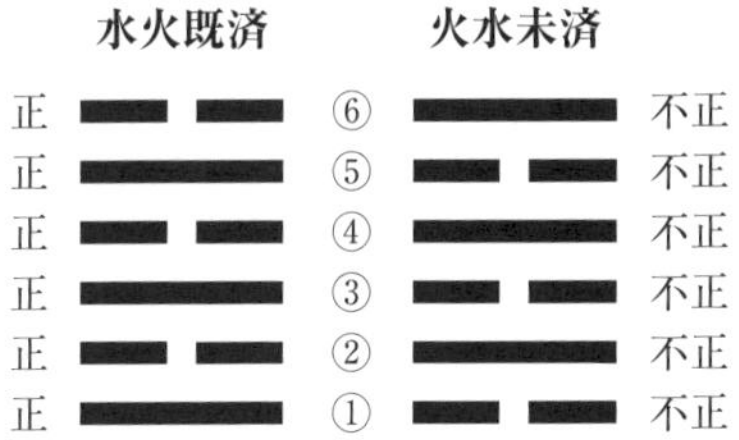

　にもかかわらず、火水未済が大成功をおさめるのはなぜか。それは未完成、未熟で弱いために、まわりの才力と智慧《ちえ》、支えという力添えが得られるからです。
　創業は決して自分だけの力では成しえません。これは創業の時に忘れてはいけないことです。
　さて、次は六爻がすべて「正」の位置（位）を得ている完成の卦、水火既済《すいかきさい》を紹介します。
　火水未済《かすいびせい》と同じように水火既済《すいかきさい》の時の進み方は、爻の前半、①②③までは既済中の既済といって、完成して安定した状態です。後半の④

います。
⑤⑥は既済中の未済といって、完成したものがだんだん乱れて未完成に戻ることをあらわして

●水火既済《すいかきさい》

既済《きさい》は亨《とお》ること小なり。貞《ただ》しきに利《よ》ろし。初めは吉《きつ》にして終わりは乱る。

象《たん》に曰く、既済《きさい》は亨《とお》るとは、小なる者亨《とお》るなり。貞《ただ》しきに利《よ》ろしとは、剛柔《ごうじゅう》正しくして位当たればなり。初め吉《きつ》なりとは、柔《じゅう》中を得ればなり。終わりに止《とど》まれば乱る、その道窮《きわ》まるなり。

象に曰く、水の火上に在るは既済《きさい》なり。君子もって患《かん》を思いて予《あらか》じめこれを防ぐ。

大事を果たし、すでに完成した後は小事ならば通じていく。手堅く慎重に行動することである。完成の時、はじめは良くとも、時が動いて終わりにいくにしたがって乱れていくものである。

完成の時は小事を行う者が通じていく。現状の道を固く守るのがいいとは、陰陽の位がすべて正しく位置しているからである。はじめは柔順であり、順調であるが、やがて活動が停滞して怠惰に流れる。終わりには乱れ、道が窮まる。

水の気は下に向かい、火の気は上に向かう。二気は交わり応じ合い完成の時は保たれる。君

子は完成の時がやがて乱れることを知って、些細《ささい》なことも見逃さず行動を怠らずに予《あらかじ》め防ぎ、保つのである。

成った実を熟成させる時

「既済《きさい》は亨《とお》ること小なり。貞《ただ》しきに利《よ》ろし」、水火既済《すいかきさい》は、もうすでに完成しています。

水火既済は守成の時代にあたりますが、整っているときは大きく動かず、極端に乱れないように警戒、注意しなさい、ということがずっと書かれています。「貞」という字は正しいと固いという意味があり、質を固めていく、小事に専念することだといっています。

完成の後は成熟していく段階です。果実が勢いよく育つ成長期は、見た目にも大きな動きをしますが、熟していく段階では内部的な質を高める小さな動きに変わります。

そして、完成の時はかならず未完成へ向かいます。成熟した果実が、やがて形を崩して朽《く》ちていくように、すべてが整い、治まった完成の時はやがて乱れ、勢いが衰えていくのです。

会社組織の仕組みがきちんと整えられて、社員の生活も安定したとします。それから大きく改革するのはとんでもなく大変なことです。

水火既済の時中は、小事を行うことです。この点はちょっと不都合だから整えましょうとか、これを放っておくとやがて乱れるのでシステムをつくりましょうと、基本的にはマイナーチェンジをくりかえすように、細かいところ、些細なことを改修、刷新していく。守成の時代は、些細なことがものすごく大切になってきます。それが「小なることが亨る」です。

それでも、水火既済は後半に乱れてきます。「初め吉《きつ》なりとは、柔中《じゅう》を得ればなり」のはじめというのは、卦象《かしょう》の爻《こう》の下から数えて①②③で既済中の既済です。はじめがなぜ吉で安定しているかというと、二番目の陰の爻が「柔中」であり、きちんと人の話を聞き、したがい、受け容れるという柔軟性があるからです。

「終わりに止《とど》まれば乱る」、後半は既済中の未済で乱れが生じてきます。終わりに止《とど》まって、何の努力もなく憂いもないとしたら、怠《おこた》り、楽しみ、溺れていきます。そして、これくらいはたいしたことないと、守成の時で慎み控えるべきなのに、危険も知らずに進もうとします。

というのは、君主の位である五番目が陽の爻で剛が強いために、こまかい目配りができず、進もうとして終わりのところで乱れてしまうわけです。「その道窮まるなり」の窮まるというのは、はじめは「既済」ですが、窮まって変じると「未済」になり、未完成になります。「すべてが整ったところから乱れていくよ」ということです。

「患《かん》を思いて予《あらか》じめこれを防ぐ」の「患」は経済的な悩みや病気などの禍《わざわい》をあらわします。水《すい》火既済《かきさい》は順調、好調な時ですが、好調のピークを過ぎてもなお持続するには、急激な失速を防ぐために前もって対処が必要です。

スポーツをしている時、「喉が渇いた」と感じた時にはすでに遅く、体は脱水症状を起こし、充分にエネルギーを燃焼できなくなっているそうです。体力を維持して急激な衰えを防ぐためには、運動前にあらかじめ充分な水分をとり、運動中にもこまめに水分補給することだといわれています。

「防ぐ」とは質を維持することです。人柄や技芸が派手さや俗気を失い、円熟して深みのある味わいを出すことを「枯れる」といいます。技芸で「枯淡《こたん》の境地に至る」といえば、名人芸の域をあらわす言葉ですが、人は衰えを諦観した時から内面の質の深みを増してきます。ですから、事業も同じく、名人芸のごとく質を熟成させることが望ましい。それは外の見栄えではなく、成果や数字の業績でもなく、内部の充実にほかならないのです。

極端な衰えをいかに防ぐか

さて、完成の時と聞けば、良いと思うのがふつうです。実際に好調なのですから、衰退のはじまりは認識しがたいものです。それゆえ、守成の時にもかかわらずさらに大きく成長しようと臨んでしまいがちです。爻辞《こうじ》は、再び大事業を起こして、川を渡ろうとする動きを防ぎ、いかに長い成熟期を保つか。また、急激な衰退の時はどのように訪れるかを説いています。

①その輪を曳《ひ》き、その尾を濡《ぬ》らす。咎《とが》なし。
象に曰く、その輪を曳《ひ》くとは、義《ぎ》として咎《とが》なきなり。
②婦《ふ》その茀《ふつ》を喪《うしな》う。逐《お》うことなかれ。七日にして得ん。
象に曰く、七日にして得んとは、中道《ちゅうどう》もってなり。
③高宗鬼方《こうそうきほう》を伐《う》つ。三年にしてこれに克《か》つ。小人《しょうじん》は用うるなかれ。
象に曰く、三年にしてこれに克《か》つとは、憊《つか》れたるなり。
④繻《ぬ》るとき衣袽《いじょ》あり。終日戒《いまし》む。
象に曰く、終日戒《いまし》むとは、疑うところあればなり。
⑤東鄰《とうりん》の牛を殺すは、西鄰《せいりん》の禴祭《やくさい》して、実《まこと》にその福を受くるにしかず。
象に曰く、東鄰《とうりん》の牛を殺すは、西鄰《せいりん》の時《とき》なるにしかざるなり。実《まこと》にその福を受くとは、吉《きっ》大いに来るなり。
⑥その首を濡《ぬ》らす。厲《あやう》し。
象に曰く、その首を濡らす、厲《あやう》しとは、何ぞ久しかるべけんや。

①「その輪を曳《ひ》き、その尾を濡《ぬ》らす」、火水未済《かすいびせい》にも「輪」も「尾」も出てきました。まず車輪が前に進まないように引きもどす。ここでは狐とはありませんが、狐が尾を濡らすと川を渡

れません。つまり、守成の時に入ったにもかかわらず、ここでさらに新規事業など立ち上げようと変な動きをしたのです。そこで「いや、やってはいけない」と気づいて改めたので咎めはないとあります。火水未済《かすいびせい》の子狐とは違い、成長した狐なので気づくことができるのです。

②「婦」とは君主の婦人です。君主に会いに行くには顔を隠す馬車の覆いが必要なのですが、盗まれてしまい、会いに行けなくなる。これはたとえ話です。②は明知があり、⑤を補佐しようとしますが、トラブルがあって阻《はば》まれます。しかし、それが却って功を奏し、七日もすれば思いはかなうといいます。事案が動きだすまでに、多少時間がかかりますが、無理に進まずに止《とど》まりなさい。焦ってじたばた騒ぐのではなく、冷静にいなさいという意味です。

③「高宗《こうそう》」は殷の名君、武丁《ぶてい》のこと。「鬼方《きほう》を伐《う》つ」は火水未済④の爻辞にも出てきました。二九七ページの図で、火水未済④は上下逆さまに見ると水火既済の③になります。ここでは高宗が蛮族を伐つために三年もかかり、疲労困憊《ひろうこんぱい》した史実にたとえています。つまり、衰えが生じはじめた守成の時は、もう戦うべきではありませんが、創業時のような勢いで挑んでいけば、あの名君ですら疲労困憊したのだから、会社は確実に衰退すると戒めています。

④衰えが目に見えてきました。川を渡ってはいけない時ですが、なんとかしなければと舟で渡ろうとします。舟底にはたくさん穴が空いていて水がにじみ出てきます。水が入ってきたら舟が沈むので、樹木の皮（ヒノキやマキの内皮）を砕いた「衣袽《いじょ》」を使って穴をふさぎますが、

じわじわと浸水していきます。守成の時にむやみに新事業を立ち上げようなどと行動してはならない。不備が出てきて朝から晩まで警戒しなくてはなりません。

⑤「東鄰《とうりん》」は殷の国、「西鄰《せいりん》」は殷の諸侯だった時代の周の国です。殷では牛を殺して贅沢な祭祀をし、周は禴祭《やくさい》といって、質素でも心のこもった祭祀をしました。心のこもった祭祀のほうが大きな福を受けるというのです。⑤の君主が贅沢に溺れず高ぶらず質素倹約に努めたならば、完成の時は未完成の時へと時々刻々と進んでいても、守ることができる。それだけでも吉だといっています。しかし、完成の勢いはここまでです。

⑥守成の時に固く止《とど》まらずにまっしぐらにいくと、首まで濡らしてぶくぶくと沈んでいってしまいます。もうにっちもさっちも行かない危うい状況になるのに、長くはかからないだろうといいます。平らかなものは必ず傾くのです。

火水未済《かすいびせい》と水火既済《すいかきさい》を紹介しました。未完成と完成では完成のほうが好調だろうと思いますが、水火既済の辞は手厳しいものばかりです。創業の苦労と守成の苦労は、まったく質が違うもので、どちらが難しいとはいえませんが、一般に「創業は易く、守成は難し」といわれてきたのは、創業は春、夏、秋と成長する時の勢いに順って進みますが、守成は秋から冬へと向かう時の進行をいかに遅らせて維持するか、というところに難しさがあるからだと思います。

第七章　易経の世界――その考え方――

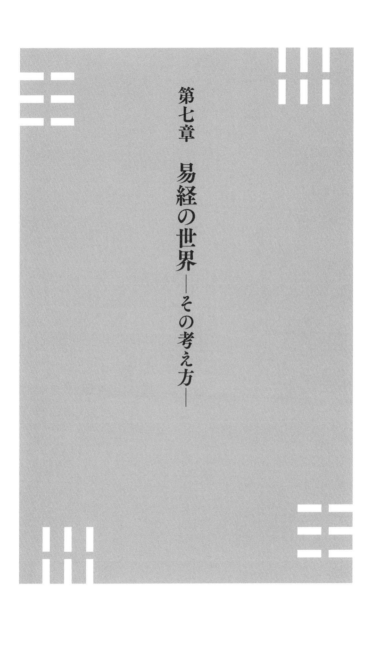

めざましい活躍には陰が付きもの（乾為天《けんいてん》）

さて、『超訳 易経』では「陽」で乾為天《けんいてん》を、「陰」である本書では坤為地《こんいち》を中心に、易経六十四卦からいくつかの卦《か》を取りあげて、卦辞《かじ》と爻辞《こうじ》を読んできました。それぞれの卦の時、場面ではどういう考え方をして、その対処はどうか、どんな問題が起きてくるかということを理解していただけたでしょうか。

最後のまとめとして、易経の考え方を学んでいきたいと思います。易経を理解するには、まずは一つひとつの卦をじっくりと読むことですが、ここではいままで取りあげてきた卦をおさらいしながら易経の全体像に触れていきます。

さて、ここでも卦《か》の爻《こう》の話が出てきますが、爻の順番は下から数えて①②③④⑤⑥と、番号であらわしていきます。

まず、易経六十四卦のなかで最も代表的なもの、純粋な陽の卦、乾為天から入りましょう。『超訳 易経 陽─乾為天─』では乾為天だけを一冊にまとめ、本書は坤為地《こんいち》を中心にお伝えしました。乾為天と坤為地は易経六十四卦の主軸となるもので内容が濃く、どうしても解説が長くなります。しかし、まず乾為天と坤為地を学べば、あとの六十二卦はその変化した象《かたち》になりますので、両卦から入門しますと易経が理解しやすくなります。乾為天と坤為地を樹木の幹として枝葉が広がっているというイメージです。

乾為天《けんいてん》䷀はすべてが陽の爻、そして、坤為地《こんいち》䷁はすべてが陰の爻で成り立っています。主と従、積極と消極とそれぞれ正反対の特質をもち、陰陽は交わることで新しいものごとを生み出します。

易経では乾為天について、リーダーのなかのリーダーとして、龍をたとえとしています。尊位の五番目の爻が空を飛び、恵みの雨を降らす飛龍《ひりゅう》です。

爻辞は地に潜んでいる龍が修養と努力を重ねてやがて飛龍になり、亢龍《こうりゅう》となって地に落ちていく、成長過程と栄枯盛衰の道理を教えています。ふりかえってみましょう。

①潜龍《せんりゅう》。深い淵の水底に潜んでいる龍。まだ世の中に出て行ける力はなく志を打ち立てる時。

②見龍《けんりゅう》。淵に潜んでいた龍が大人《たいじん》（師となる人物）に見出され、学びの場である水田に出てきた段階。見よう見まねをして基本の型を学ぶ時。

③乾惕《けんてき》。師のもとを離れ、一人歩きの段階。努力と反省を繰り返して創意工夫、技を創出する時。

④躍龍《やくりゅう》。いままさに飛龍になろうと跳躍する龍。オリジナリティを確立して兆しを見極めようと躍動する段階。

⑤飛龍《ひりゅう》。志を達成して天翔《あまがけ》り、雲を呼んで地上に恵みの雨を降らせる。リーダーのなかのリーダー。

⑥亢龍《こうりゅう》。驕《おご》りたかぶって雲の上に突き抜けてしまい、やがて地上に落ちていく龍。成功を極め、衰退していく段階。

陰陽の陽を代表する乾為天《けんいてん》の龍はめざましい成長を遂げ、見事なリーダーになります。すべてが陽の乾為天ですが、その成長の各段階では、耐える、受け容れる、学ぶ、したがう、努力と反省をくりかえす、退いて初心に帰るという坤為地《こんいち》の陰の要素が陽の成長には不可欠なのです。つまり、陽を育てるのは陰の力です。陽の成長の裏側にはかならず陰の努力と忍耐が隠れています。

⑤の飛龍の爻辞には**「飛龍天に在り。大人を見るに利《よ》ろし」**と書かれています。この段階では陽のエネルギーは最高潮です。無理や特別な努力をしなくても、必要なものは向こうから飛び込んできて、すべてが整えられます。

このような絶好調の時は、どこへ行っても褒めたたえられ、ちやほやされます。しかし、そんな状況が長く続くと人間はどうなりますか？　修養して徳を養ってきた飛龍でさえ、我が世の春とばかりに褒められることが当然になっていきます。そのうちに「自分のまわりにいるのは、みんな馬鹿ばっかりで、何も教えてもらうことがない」と、本気で口に出して言うようになります。こうしてほとんどの場合、陽の衝動をコントロールすることができなくなり、亢龍になっていきます。

雲と龍はつき物といわれ、雲の合間に隠れるようにしているのが飛龍です。雲のなかに頭を隠している間は何もかもがうまくいきますが、次第に驕りたかぶって雲の上に突き抜けてしまいます。飛龍はしたがう雲とともにいなければ、恵みの雨を降らせることはできません。つまり社会に貢献することができなくなるのです。

⑥の爻辞には「**亢龍《こうりゅう》悔《く》い有り**」、亢龍は必ず後悔すると書かれています。亢龍になるまでには青信号が点滅したり、黄色信号になったりして危ないと兆しが報せています。ところが、飛龍は最も勢いがあるわけです。陽というのは強く進み、絶大な力と勢いがありますから、勢いあまって亢龍になっていきます。

そこで「**大人《たいじん》を見るに利《よ》ろし**」とあります。大人に学びなさいという意味です。

人の言うことは聞かないで、自分から自己主張するのが陽です。人の言うことを聞くのは陰です。すべてが備わっている、すべてが陽という極陽は急激に極陰になりますから恐いのです。ですから、飛龍が亢龍にならないように自分で変わるためには、「大人を見るに利ろし」しかありません。

飛龍にとっての大人は誰かというと、自分以外のすべての人、物、事です。人に学び、物に学び、事に学ぶ。これを私は「自ら陰を生み出す」と表現してきました。飛龍の段階では自ら謙虚になり、人の意見を聞く、受け容れる、したがう姿勢をつくる努力をあえてしなければ、陰を生み出すことはできないのです。

本書では坤為地《こんいち》の卦《か》が教える陰の大切さをくりかえし伝えてきました。私たちは華々しいもの、強いものに目がいきます。人の上に立って活躍したいから、地味に控えめに人にしたがう立場は嫌だと思いがちです。しかし、私たちはつねに何かにしたがって生きていて、どちらかといえば、坤為地の生き方のほうが現実的です。飛龍が飛龍として天に在るのは、陰の働きをするしたがう雲がいて、飛龍が自ら陰を生み出す努力をするからです。

大いなる陰の効用（火天大有《かてんたいゆう》・天火同人《てんかどうじん》）

飛龍が、このままでは国が、組織が危ういと気がついて、陰を生み出すことができた象《かたち》が火《か》天大有《てんたいゆう》です。

火天大有《かてんたいゆう》のリーダーは大きく組織を保ち、そして地位を保つわけです。

乾為天《けんいてん》䷀（すべて陽）→火天大有《かてんたいゆう》䷍（一陰五陽）

火天大有がどういうものだったかというと、一陰五陽の卦《か》です。これは陰がどこの場所にあっても、その一陰が五陽を束ねるのです。

陰が爻のどこに位置するかによって、意味の善し悪しなどは違ってきますけれども、一本の陰で五本の陽とバランスをとります。これは逆の一陽五陰の卦でも同様です。

この火天大有のリーダーは自分の力を誇示せず、自らは虚《むな》しく暗く、ろうそくの芯に徹します。古代から人の意見が聞ける君主、リーダーは最も褒めたたえられてきました。

火天大有の陽の爻《こう》は賢く能力のある人たちです。その人たちの力を発揮させることができたなら、国を、組織を大いに保つことができる。能力のある部下が、リーダーを完璧に補佐してくれるということです。

それはなぜかといえば、リーダーが消極的な陰の力を積極的に使うからです。「聞く耳」というのは陰の力でしたね。火天大有のリーダーは聞き上手でコミュニケーション能力に優れています。そして、個々の部下の意見、気持ちに注意深く耳を傾け、どう考えているのか、どう思っているのかを聞きだすのです。リーダーが部下の気持ちを知ろう、理解しようとするならば、部下は包み隠さずに意見を言うことができます。

部下の不満の多くは、自分が考えていること、やっていることを理解してもらえない、能力を認めてもらえないということです。しかし、自分の得意分野や個性、優れた点を認められ、能力を発揮できる場を与えられたならどうでしょう。気持ちが腐ることなく意欲が出ます。

火天大有《かてんたいゆう》の組織のすばらしいところは、誰も悪人がいないのです。能力のある人が集まった時は、ほとんどのケースで張り合い、潰し合いが起こってきますが、火天大有の卦《か》はそれがありません。それはリーダーがそれぞれの才能と個性を尊重するからです。

乾為天《けんいてん》の飛龍が陰を生み出せずにそのままの調子で、「自分には一番の能力があるのだ。自分より上の大人《たいじん》などいないし、いたとしても言うことなど聞けない」と無意識のうちに思っていたら、ある時、一気に亢龍になります。その違いは大きいのです。

さて、一陰五陽《いちいんごよう》の卦《か》といえば、五章で紹介した天火同人《てんかどうじん》䷌もその一つです。ちょうど、火天大有《かてんたいゆう》䷍の上下を逆さまにした象になっています。火天大有は一番権力を持っている君主、リーダーの位に一陰が入っています。天火同人の場合、リーダーは陽です。一陰がどこにあるかというと、下の②の爻《こう》にあります。

一陰五陽の卦は、必ず一本の陰が微妙なバランスで全体をまとめ、その卦を成り立たせています。天火同人の場合は②が束ね役になっているわけです。

天火同人は志を同じくして、下からの力で不可能も可能にして世の中の閉塞を打開していく時です。そのためには**「同人、野《や》においてす」**です。「野《や》」というオープンな公の場に、謀《はかりごと》なく立つことからはじまると教えていました。つまり私《わたくし》を離れた公の場に立ち、それぞれの環境、性質、能力の違いはあっても、志を同じくして一致協力して事に臨み、ものごとを成し遂げるということです。

しかし、それを成していくために下手なやり方をすると競争になります。競争が悪く働くとどうなるか。公ではなく、私的な働きになり足の引っ張り合いになります。邪魔をしたり、妬《ねた》んだりといろいろ起きてくると爻辞に書いてありました。

そうならないための呼びかけも、人の和のつなぎ役も、すべて二番目の陰の爻が担《にな》います。しかし、②は本来、柔弱で下位にいますから実権もなく、ともすれば一番権力のある人にへつらって、よしみを通じたいと考えやすいのです。

しかし、②は唯一の陰で謙虚で物腰も柔らかく、そして頭も良い。陽と競うことを考えないので、能力のある五陽のすべてから慕われる存在です。また下位にいるということもあって、まわりの五陽は警戒心を持たずに本音で話せます。天火同人の⑤に傾聴の力があったとしても、②の役割はできません。

そして、陰は人の話をよく聞くことができますから、それぞれ意見の違いはあれども、皆の志は同じだといち早く気づくわけです。もし力を合わせたら、これはすごいことになると。そこで②が自分の役目を理解し、私的な思いをなくして「野《や》」に立ちさえすれば、皆の意見を公平に聞いてまとめることができます。皆に「お願いします」と頭を下げて回れる人も②をおいてほかにはいません。天火同人《てんかどうじん》の卦は、そういう人が一人でもいれば、大きな力が集結して奇跡も起こせると教えています。

②の役目は具体的にいうと、プロジェクトや会議など、グループでの活動を円滑に進め、成果を上げられるように促進、支援することです。その役目を担うファシリテーターともいえます。ファシリテーターとは促進者という意味で、あくまでも中立的な立場で話し合いがうまくいくように、準備してテーマを決めます。進行役ですが花形ではなく黒子に徹して、自分の意志や意見は主張することなく、そこにかかわる人、全員の発想や意見を引き出すように進めていきます。つまり陰の力を積極的に使うという意味での促進、支援で、陽を引き出すのです。

陰の兆しと陽の兆しを知る（天風姤《てんぷうこう》・地雷復《ちらいふく》）

つぎに、第三章で紹介した十二消長卦《じゅうにしょうちょうか》のなかから天風姤《てんぷうこう》と地雷復《ちらいふく》を取りあげます。

十二消長卦の全体をもう一度、見てみましょう。天風姤は一陰五陽、地雷復は一陽五陰の卦《か》です。

旧暦（新暦の現行太陽暦とは一～二カ月のずれがあります）

四月　䷀　乾為天《けんいてん》　健やかな成長の時

五月	䷫	天風姤《てんぷうこう》（夏至）	思いがけなく（陰に）出遭《であ》う時
六月	䷠	天山遯《てんざんとん》	逃れる時
七月	䷋	天地否《てんちひ》	閉塞の時
八月	䷓	風地観《ふうちかん》	観る時
九月	䷖	山地剝《さんちはく》	剝《は》がされる時
十月	䷁	坤為地《こんいち》	従う時
十一月	䷗	地雷復《ちらいふく》（冬至）	一陽来復（回復・復帰）の時
十二月	䷒	地澤臨《ちたくりん》	臨む（展望の）時
一月	䷊	地天泰《ちてんたい》	安泰の時
二月	䷡	雷天大壮《らいてんたいそう》	大いに勢い壮《さか》んな時
三月	䷪	沢天夬《たくてんかい》	決し去る時

十二消長卦は、本来は「地雷復《ちらいふく》」からはじまりますが、ここではわかりやすい乾為天《けんいてん》䷀からはじめます。時は刻々と変化して、このすべてが陽の爻のなかに、スッと静かに陰が入り込みます。いちばん下の①に陰が入ってきた卦が天風姤《てんぷうこう》䷫です。これも一陰五陽の卦ですね。ここから陽が消されていき、陰がだんだんと育っていきます。天風姤《てんぷうこう》は夏至をあらわす卦でも

あります。夏至は一年でいちばん日が長く、ここで夏が窮《きわ》まり方向転換して冬に向かっていきます。

天風姤《てんぷうこう》䷫は何を教えているかというと、思いがけなく出遭《であ》う時です。陽ばかりのなかに、すっと入ってきた陰と予期せず出遭うわけです。もともと陰は力がないのですから、いちばん下に入ってきた陰はさらに微弱です。しかし、すべての陽に影響を及ぼすことには変わりありません。

しかもこの天風姤《てんぷうこう》の一陰は火天大有《かてんたいゆう》、天火同人《てんかどうじん》のように良い影響を与えるわけではないのです。坤為地《こんいち》䷁の①の爻辞を思い出してください。「霜《しも》を履《ふ》みて堅氷《けんぴょう》至る」とありました。このくらいはいいだろう、大丈夫だろうと薄い霜を履んでいくように悪事を重ねていけば、やがて堅い氷に覆われてしまう。という意味でした。

天風姤の①は、微かな霜が浸食していくように陽を滅ぼしていくのです。

陰陽を男女でとらえると、陰が女で陽が男です。君子、小人《しょうじん》でとらえると小人が陰で君子が陽になります。能力のある人たちがしっかりと築き上げてきた社会に一陰がすっと入り込みます。能力がなく物腰の柔らかい人が最下層に入り込む時は、かならず柔らかくそっと、非常に腰を低くして入ってきますから、たいしたことないと侮ります。

しかも、小人であればあるほど、非常に言葉が柔らかくて巧みなのです。これは『論語』にあることばで「巧言令色鮮矣仁《こうげんれいしょくすくなしじん》」（巧言令色少なし仁）といって、ことばが巧みなものは、大体情が薄い。口先だけで仁のある人はいないということです。

また一番わかりやすいたとえ話で、女難の卦ともいわれます。男性ばかりのところに巧言令色な美しい女性が入ってきたら、どうなりますか？　史実にもありますが、翻弄されて、たいていの場合、国が傾くのです。春秋時代の妖女、悪女とうたわれた「夏姫《かき》」がその代表といえます。絶世の美女、亡国の美女で、かかわった男性は次々と死んでしまい、または国外追放になり、息子さえも殺されます。この人が動くところでは、男性は死に、国はつぶれて大変なことになります。夏姫こそ天風姤《てんぷうこう》の①だと言った学者もいました。

陰の起こりはじめというのは、じつに微弱、微妙なのです。大した影響を及ぼすはずはないと、みんな見逃してしまう、警戒心を怠ってしまいます。乱れに気づいた時にはもう遅いのです。ですから、そういう兆し、微妙な動きにきちんと注意を払いなさいということです。

陰の勢いはじわじわと浸食するようにそのまま伸びて、陽が消されていきます。

天風姤《てんぷうこう》䷫の次は、天山遯《てんざんとん》䷠です。危機を察したならとっとと逃げなさいと教えています。次に、閉塞した真っ暗闇のような世の中をあらわす天地否《てんちひ》䷋と、陰の浸食は進み、陽は消されて最後に坤為地《こんいち》䷁になって、すべてが陰爻になります。

すべてが陰になったら、今度は突然①に消された陽が戻ってきて、地雷復《ちらいふく》䷗になります。この一陽は冬に生じた春の兆しで、「さあ、再出発だよ」という冬至の卦です。

地雷復《ちらいふく》は復活、復帰、回復の時をあらわしています。「一陽来復」の言葉はこの卦が出典です。

冬至は一年で最も日が短く、夜が長く、冬が窮《きわ》まって頂点に達し、そして冬至を境に日は伸びて、春へと向かいます。古来、新しい太陽が復ってきた冬至は再出発の日とされ、交通を止め、巡行視察も休んで、これからの一年を静かに想う日でした。現代は冬至に柚子湯に入る風習がありますが、柚子を太陽にみたてて、日の復活を祝い、一年の無病息災を願うといわれます。

新暦の冬至は毎年十二月二十二日頃です。一陽来復の春の兆しといっても、それから冬の本番の寒さが訪れるわけですから、私たちは冬至に春を実感することはできません。兆《きざ》した一陽は、寒さ厳しい冬のなかに潜み隠れますが、確実に日は伸びて春へと向かいます。私たちは冬の寒さが緩んだ頃、ふと、日が長くなったなと気づくものです。

同じように低迷した経済や情勢や、重くわずらった病は急に回復するものではありません。しかし、かすかに生じた陽気の働きはゆっくり順を追って養われます。

一陰五陽の天風姤《てんぷうこう》の一陰、おなじく一陽五陰の地雷復の一陽は、最初は微弱でも次第に勢力をもち、確実に伸びていくと教えています。これがものごとの兆しというものです。

天風姤で生じた陰の兆しは乱れる衰退の兆しで、地雷復の陽の兆しよりもさらにかすかなものですから、知らず知らずのうちに浸食され、翻弄されていきます。一方、地雷復の陽の兆しは、最初はかすかといえども順を追ってゆっくりと着実に進み、陽は回復していきます。

どちらにしても、私たちは、春夏秋冬はめぐり、夏が窮まれば冬に向かい、冬が窮まれば春に向かうということを知っていますが、自分のまわりのものごとに生じた兆しを察することはとても難しいのです。

しかし、現象が起こる前には、前駆象として潜在する働きがかならずあります。変化は決して急激にあらわれるものではなく、はじめは潜み隠れたところで発して次第に伸びていくものです。

循環する変化の法則を捉える（火水未済《かすいびせい》・水火既済《すいかきさい》、地天泰《ちてんたい》・天地否《てんちひ》）

兆しの発するところは「窮《きわ》まれば変ず」です。頂点に達すると時は変化し、通じて循環をくりかえしていきます。好調な時も不調な時もずっとそのままではなく、必ず循環して変化していきます。では、その循環の変化のなかでどう対処していけばいいのかを、正反対の意味をもつ対《つい》の卦《か》として教えているのが、創業の卦と守成の卦、火水未済《かすいびせい》䷿と水火既済《すいかきさい》䷾でした。

兆しということでいえば、未完成は完成の兆しであり、完成は未完成の兆しです。

水火既済が何を教えているかといえば、もう川を渡り終えたなら、もう一回、渡ってはだめだということです。すべてが完璧に整ったのが水火既済です。すでに整った、完璧に整ったものは、その時は最高ですが、だんだん内部から崩れだすわけです。水火既済の場合は新しいことをするよりも、いままでに整ったものを何とか智慧《ちえ》を絞って、堅実に長続きさせて守っていくことです。

一方、火水未済《かすいびせい》は前に進むのですから、どんな険しいこと、難しいことがあるかわかりません。けれども、かならず整う方向に行きます。創業者は、蛮勇になって行きすぎてしまうのを抑えて、力をセーブしながら無理をせず、時間をかけて、焦らなければいつかは整うという希望をもって進んでいけます。

さて、水火既済の時は、すでに整っているからといって、絶対に安心してはいけない、あらかじめ崩壊を防ぐために、この状態をいかに長持ちさせるか、保つかを学ばないといけないといっています。

しかし、後継者は、完成した会社を継ぐのですから、創業の苦労や努力や、創業の時の勢いも知りません。その時に小さな才に溺れて、創業者より大きくやってやるぞとなったら、まさに高宗が鬼方《きほう》と戦ったたとえで、後継者が名君ではなく、小人ならばどうなるか、ということになります。

また、力のある創業者が会社を大きくしすぎるのも困ります。後継者にそれに見合う力量がなかったら、会社はいずれ崩壊していきます。引き継がせる側も、あらかじめ崩壊を防ぐことを考えていかなければなりません。

火水未済と水火既済と似たような卦《か》が、第五章で取りあげた安泰の時をあらわす地天泰《ちてんたい》䷊と、閉塞の時をあらわす天地否《てんちひ》䷋の卦です。この二つの卦も同じように対になる卦です。地天泰《ちてんたい》の場合は八卦《はっか》の「地」が上にあって、「天」が下にあります。天地否《てんちひ》の場合は「天」が上にあって、「地」が下にあります。一見見たところ、天地否は「天」が上にあって、「地」が下にあるから正しいはずなのに、なぜ塞がるのだろうという発想になります。

でも、気というもので考えれば、地の気は下に下ります。天の気は上に上がります。だから下に行く「地」が上にあって、上を目指す「天」が下にあるということは、陰と陽が交わる、だからめでたいわけです。

天地否《てんちひ》というのはその逆ですから、陰と陽が交わらず、何ものも生まれないということで、めでたくないのです。

ところが、易の発想は火水未済《かすいびせい》と水火既済《すいかきさい》と同じで交わらないものは交わろうとし、交わるものは交わらなくなります。

地天泰《ちてんたい》は陰陽が交わって、見事に安泰の「泰」、天下泰平、平らかで安しものになっています。しかし、「平らかなるものにして陂《かたむ》かざるはなし」、平らかなもので傾かないものはないと教えています。

ですから、左うちわで「ああ、この安泰さよ」とやっていますと、少しずつ傾いているのに気づかない。ものごとというのは少しずつ傾いていきますから、ある程度の傾きが出た時にパカンと一気にひっくり返るのです。たとえ、自分が現在、恵まれていても、それが永久に続くと思ってはいけない。安泰の時は「存《そん》して亡《ぼう》を忘れず」、絶えず存亡の危機を意識しておかなければならない。万が一に備えて、正しく怖れる危機管理意識をもちなさいと教えています。

天地否《てんちひ》のほうは、すべてが塞がって通じない、とてもつらく暗い世の中ですが、通じない時が続くと、通じさせようとする衝動が起きてきて、いつかは通じるのです。時間がかかりますが、閉塞を打開すべく人と力を合わせて希望を失わずに進んでいけば、いつか陰陽が交わって開けます。

ちなみに六十四卦が書かれている順番は、この天地否《てんちひ》のあとに天火同人《てんかどうじん》の卦が置かれていて、閉塞を打開するためには同じ志をもち、一致協力して大きく世の中を変えていく術を教えています。

変化を観る目と聞く耳（風地観《ふうちかん》・火風鼎《かふうてい》）

第二章で「易の三義《さんぎ》」について述べたのを覚えているでしょうか。易という字には「変易《へんえき》」「不易《ふえき》」「易簡《いかん》」という三つの意味があり、時は変化して止まない。しかし、その変化には春夏秋冬に見られるような、一定不変の法則性がある。その変化と不変の法則を理解すれば、ものごとはわかりやすくなり、その対処を見つけることができるはずだと説いています。

一定不変の法則性とは、「易は窮《きわ》まれば変《へん》ず」です。夏が窮まれば冬に向かい、窮まったところに変化の兆しは生じます。

ものごとの変化をとらえ、その兆しを察するには、見えないものを観る目を養うことです。易経の「繋辞伝《けいじでん》」の一節には、「幾を知るは其《そ》れ神か」と書かれています。「幾」とは兆しです。兆しを知るのは神業に等しいということです。それほど難しいことですが、人の上に立つ者は、この幾を観る目が必須であると書かれています。とくに変化の起伏が激しい現代は、リーダーに限らず、将来の兆しを見極めるためには、観る目を養っていくべきだと思います。

観る目、つまり洞察力について書かれているのが、風地観《ふうちかん》䷓です。

風地観が教えているのは、表面の形にとらわれないで、心の目で洞察することです。

風地観の④に**「国の光を観《み》る」**ということばが出てきます。「観光」の出典となったことばです。王はかならず、観る力のある臣下を視察旅行に派遣しました。派遣された臣下は、民がいい顔をしているかどうか、住まいの様子はどうかと観て歩きました。

風地観は心の目で観なければならない、表面の形にとらわれてはならないと教えています。実相、真理はどうなのかということを観るために、何が教えてくれるかというと、それはチラチラと出てくる兆しです。

良い兆しならば、民の表情は光り輝いて観える。でも悪い兆しならば、「なんだか変だな」と、気づくわけです。

では、観る目をどのように養うかというと、私たちは超能力者ではありませんから、観ようう、とらえようという意識と経験によって訓練され、養われるものだと思います。経験と訓練という意味では、「プロの目」をもつことともいえます。

たとえば、新しい飲食店がオープンしたとします。すると、その道の専門家は、店構えを見ただけで「この店は繁盛する」ということがわかるといいます。

また、これは私が実際にある人から聞いた話ですが、某新聞社の編集局長は新聞をパッと開いただけで瞬時に誤植を見つけるそうです。その後、たまたま、別の新聞社で校正（印刷に先立って文字の誤り、不都合を正すこと）担当をしていた方と知り合ったので、その話をしてみました。私が「それは編集局長だから見つけられることなのですか？」と聞くと、「いや、校正の担当になって三年も経つと八割の人はそうなる。あれは第六感なのかな、どういうわけかわかるようになる」と言うのです。「あと二割は？」と聞くと、「十年経ってもわからない」と言います。

実際に校正の担当者は、原稿を読まずに一瞥《いちべつ》しただけで、なんだかここが変だと思うところに目が行くそうです。そうするとそこに誤りがあるというのです。まず九八％くらいは確実だといいます。古代の王の臣下も、このような目で国と民を視察していたのではないでしょうか。

そして観る目とともに養うべきものが、火風鼎《かふうてい》䷱が教えている「聞く耳」（聴く耳）です。火風鼎の一番のポイントは鼎《かなえ》の耳でした。人の意見をよく聞く耳は黄金にも等しい。国や組織を保ち、革新していくためには、「耳目聡明《じもくそうめい》」でなければならないと教えていました。あらゆる情報と意見を聞くために、祭祀《さいし》で天に奉ずるよりも多くを賢人たちに饗しなさいというのは、賢人の話にはそれだけの価値があるからで、この卦は人の意見を聞くために努力をしなさいということを教えています。

乾為天《けんいてん》、火天大有《かてんたいゆう》の解説でも「聞く耳」が大切だとくりかえしてきましたが、それはなぜかといえば、人の意見を聞かなくなると、兆しを観る目も塞がれてしまうからです。とくにリーダーが先行きを察することができなくなれば、失脚するほかなくなります。「耳目聡明」という通り、聞く耳があれば、観る目も明るく開かれるのです。

さて、易経の世界の一端を紹介してきましたが、いかがでしたか。易経の六十四卦はすべてが編み目のようにつながった智慧《ちえ》の宝庫です。

それぞれの卦《か》を流れで読んでみることで、易経のものの考え方、時の勢いの捉《とら》え方、陰陽の用い方のヒントになればと思います。

「前言往行《ぜんげんおうこう》」とは、先人のことばや行いに学ぶということです。

易経に書かれていることは、太古の先人があらゆる時代を懸命に生き抜き、数々の経験をもとに蓄えた力と智慧《ちえ》です。人間の原点はいまも昔も変わりなく、読み解きにくいことばのなかに、生き生きとした先人のメッセージが宿っています。

易経は、「どんな時代になろうが心配ない。大丈夫だ」と私たちに語りかけてきます。どんなに苦しく、混迷した時であっても、かならずその時を通すための「時中《じちゅう》」があると。

六十四卦に書かれている卦徳《かとく》は「時中《じちゅう》」、つまり運命の新しい扉を開き、成長していくための的《まと》です。時に応じて自らが能動的に変化して生きていけば、今度は時があなたに応じてきます。これが「変じて通ずる」、つまり中《ちゅう》することであると易経は教えています。

あとがき

本書では、乾為天《けいいてん》と対極の関係にある坤為地《こんいち》の卦《か》をベースにして、「陰の力」を紹介してきました。しかし、今回、いちばんお伝えしたいことは、「中《ちゅう》する」です。

陰と陽というと、ついつい積極的な陽が、消極的な陰よりも優れていると思われがちですが、それは大きな間違いで、陰と陽に上下はありません。むしろ陰のほうが本質的で、より根源的なのです。

結論からいえば、欠けたものがあって変化を起こします。欠けたもの、すなわち陰が陽よりも少し多いほうがものごとは通じていきます。欠けるとはつまり損することで、損するほうが陰で、得するほうが陽です。

では、陰が陽よりも少し多いとはどういうことか。

具体的には「いつもいつも、得するほうを選択しない」「少し不足する」「ちょっと損する」「満ち足りることを極力避ける」「譲る」などが挙げられます。

そして、それらのことが「中《ちゅう》してものごとが通じていく」ための解決法となるのです。

たとえば、弱った樹木を回復させるためには、わざと枝を落としたり、樹皮を剥《は》いだり、根に「傷」をつけたりします。こうしてさらに陰を生じさせることによって、陽の生命力（自然治癒力）を引き起こし、樹木は元気に回復します。これも「中する」です。

ただし、「中する」は、バランスをとることではありません。現在ある問題を、一段高い段階で解決し、新しく別な形に創造する働き、それが「中する」なのです。これは易経的弁証法といってもいいでしょう。

易経は、あの手この手で「中する」について語りかけてきます。つまり、易経を学ぶということは、中する術、問題の解決法を知るということなのです。ですから易経をよくよく読めば、占わなくても自分の頭で考え、出処進退を選択できるようになる。これが「君子占わず」の意味です。


父が玄米食運動家だった関係で、私の幼少時代に、わが家では毎日のご飯が白米から玄米に変わりました。すると、体が弱く、すぐに風邪をひく体質だった私が、半年で風邪をひかなくなりました。結核で幾度か血を吐き、医者から匙《さじ》を投げられていた父が完治しました。高血圧だった母は、血圧が安定して元気になりました。玄米食になってからのわが家は、病院と無縁になりました。私も二木《ふたき》謙三先生や千島喜久男先生をはじめ、多くの食養指導者の方とお会いし、知識も多少増えたおかげで、その後も玄米を食べ続けています。

加えて、五十年近く前、ちょうど易経と出合った頃に、断食と出合いました。それ以来、毎年恒例として一週間の断食を続けています。しばらくは各地の断食道場にお世話になりましたが、三十五年ほど前からは自宅で断食をしています。

私にとっての断食は修行ではなく、ふだんの暴飲暴食に対する罪滅ぼしであり、陰を生じさせること、そして「惜福《せきふく》の工夫《くふう》」なのです。

「惜福の工夫」とは、易経を座右の書としていた幸田露伴が『努力論』のなかですすめているものです。簡単にいえば、幸いをあとに残しておいたり、人に分け与えたりして、わざと不足の部分をつくり出すことです。易経的な考えでいえば、いつもいつも得《とく》するほうを選択しないこと、時に損をしてあえて満ち足りないようにすることです。損とは譲るということでもありますが、これは見返りなく譲るということです。これぞまさしく陰の力、陰徳なのです。

玄米食や自然食ももちろん、惜福の工夫になりますが、断食は陰をより強く生じさせる方法でした。それを気づかせてくれた本が、『断食療法の科学』(甲田光雄著、春秋社)です。断食は、健康管理としてだけでなく、易経の理解を深めるのにもたいへん役に立ったと思っています。

江戸中期の観相学の大家に水野南北《みずのなんぼく》という人物がいます。南北の名である南と北は、火と水で、陰陽すなわち「易」です。彼は「食は命《めい》なり」という名言を残しています。「飲食により、人間の運命が変わる」という意味です。

具体的にいうと、どんなに良相・吉運・健康な人でも、つねに美食をし、大食いをしていたら悪相に変わり、凶運短命になるということです。

逆にどんなに悪相・凶運・病弱な人でも粗食にして、さらに量を腹八分目にする人は良運に変わり、健康長命になるといいます。

いかがですか。これこそ惜福の工夫、陰の力で「中する」ことではないでしょうか。

ただし南北は、観相家には似合わぬ悪相だったため、地方へ行った時などは、偽者と間違われることがしばしばありました。そこで自分の人相書きを門人に描かせ、身体の特徴を記入して持ち歩いていた、という笑えないエピソードが残っています。

二〇〇九年に『超訳・易経』のお話をいただいた時は、講演やセミナーに追われていました。あまりにも忙しくて、陽が強くなりすぎていたので、二〇一一年は陰を生じさせるための充電期間と称して、仕事をかなりサボりました。おかげさまで陰の力がたっぷり蓄えられたと思います。

担当編集者の内田朋恵さんに言われたのは、「帝王学としてでなく、リーダーのためでもなく、一般人のための易経を」ということでした。実は二〇〇五年に『リーダーの易経』を出版した時、ある人に「僕はリーダーじゃないから、いつか『みんなの易経』を書いてください」と頼まれていたのです。今回やっと、その人の期待に応えることができました。

本書を書くにあたって助けになったのは、約二十年前から編集のお手伝いをしてくださり私の分身ともいえる都築佳つ良さんと、編集者の内田さんです。内田さんは「易経をはじめて読む読者が理解できる表現で」と、実にわかりやすく調理してくれました。三人集まれば文殊《もんじゅ》の知慧。お二人がいなければ、こんなに良い本（自画自賛しています）は生まれませんでした。ほんとうにありがとう。このトリオでまたやりたいと、本気でそう思いました。

そしていつも励ましてくださるセミナーや講座の受講生のみなさん、応援や協力、アドバイスをしてくださった多くの方々に感謝いたします。

拙著に対して各方面からいただきましたご感想やご批評にこの場を借りてお礼を申し上げ、またふたたびご批評、ご叱正を賜れば幸せです。

ここで私の公式サイトとブログを紹介させてください。お暇な折にでものぞいていただければとても嬉しいです。

公式サイト　http://www.aki-ta.com

ブログ【亞】の玉手箱2　http://plaza.rakuten.co.jp/anotamatebako2

最後に、故神野三男さんに本書を捧げます。

神野さんは、NHK文化センター「易経」講座（名古屋）を第一回から十年間（八十二歳～九十一歳）にわたり受講されました。その一年目、ちゃらんぽらんだった私に「あなたは、易経の本を書かなくてはならない」と真剣に、ひざ詰め談判で迫り、私が「書く」と約束するまで粘られました。

神野さん、あなたがいなければ、私は生涯、易経の本を出版することはなかったでしょう。

あなたとの邂逅《かいこう》に、心から感謝いたします。

竹村亞希子

引用・参考文献（順不同）

『易』中国古典選／本田濟（朝日選書）1997年
『易経』（上）／高田眞治・後藤基巳（岩波文庫）1969年
『易経』（下）／高田眞治・後藤基巳（岩波文庫）1969年
『中国の思想Ⅶ　易経』／丸山松幸訳（徳間書店）1996年
『易学大講座』全8巻／加藤大岳（紀元書房）1973年
『増補　高島易断』元亨利貞・全4巻／高島嘉右衛門（熊田活版所）1906年
『春秋左氏伝』／中国古典新書鎌田正（明徳出版社）1968年
『荘子外篇』／福永光司・興膳宏訳（ちくま学芸文庫）2013年
『中国古典文学大系10史記（上）』／司馬遷、野口定男・近藤光男・頼惟勤・吉田光邦訳（平凡社）1968年
『易占の神秘』／熊崎健翁・加藤大岳校訂（紀元書房）1976年
デジタル版『渋沢栄一伝記資料』1～57巻／公益財団法人渋沢栄一記念財団
『努力論』／幸田露伴（岩波文庫）1940年
『易と禅』／佐藤大心（ビジコン株式会社）1988年
『易と人生哲学』／安岡正篤（致知出版社）1988年
『南北相法極意修身録』全4巻／水野南北（人間医学社）1952年
『浪速の相聖水野南北とその思想』／牧野正恭・田中一郎（大阪春秋社）1988年
『断食療法の科学』／甲田光雄（春秋社）1973年
『正法眼蔵』／道元、水野弥穂子校注（岩波文庫）1993年

『日本人のこころの言葉　良寛』／中野東禅（創元社）２０１０年
『新明解国語辞典第四版』／金田一京助（三省堂）１９９３年
『自然農法　わら一本の革命』／福岡正信（柏樹社）１９７５年
『リンゴが教えてくれたこと』／木村秋則（日本経済新聞社）２００９年
『「これから」の時代を生きる君たちへ　イタリア・ミラノの校長先生からのメッセージ』／ドメニコ・スキラーチェ著（世界文化社）２０２０年
『天狗芸術論・猫の妙術全訳注』／佚斎樗山・石井邦夫訳注（講談社学術文庫）２０１４年
『ファシリテーション入門〈第2版〉』／堀公俊（日経文庫）２０１８年
『訓読　説文解字注』全五巻（金冊／石冊／絲冊／竹冊／匏冊）／尾崎雄二郎編（東海大学出版会）１９８９年〜１９９３年
『優れたリーダーはみな小心者である。』／荒川詔四（ダイヤモンド社）２０１７年
『上杉鷹山の経営学　危機を乗り切るリーダーの条件』／童門冬二（ＰＨＰ文庫　電子版）２０１５年

参考資料

日本中央競馬会「馴致に対する考え方」　http://www.jra.go.jp/training/pdf/research_junchi.pdf
「揺るがぬ心で勝った（社説）」（中日新聞）２０１８年9月11日 朝刊
「神ではなく、人間が引き起こす・『禍』という漢字（中日文化センター紙上講座③）」／円満字二郎（中日新聞）２０２０年7月23日 朝刊

竹村亜希子（タケムラ・アキコ）
易経研究家。東洋文化振興会相談役。1949年名古屋生まれ。
中国古典「易経」を、占いでなく古代の叡知の書としてわかりやすく紹介。全国の企業、官庁で講演やセミナーを開催している。易経全文を読むのに14～15年かけるNHK文化センター（名古屋）「現代に生きる『易経』入門」講座は、今年で24年目に入った。
主な著書に『超訳 易経 陽—乾為天—』(新泉社)、『人生に生かす易経』『「易経」一日一言』（共に致知出版社）、共著に『ここどもと読む東洋哲学 易経 陽の巻 夢をもつってどういうこと?』『こどもと読む東洋哲学 易経 陰の巻 結果が出ないときはどうしたらいい?』『こどもと読む東洋哲学 易経 青龍の巻 自分の足で歩いていくってどういうこと?』(全て新泉社)、『こどものための易経』(致知出版社)。ほかにユーキャンCD全13巻『易経入門～64の物語に学ぶ生き方』、日経eブック『江守徹の朗読で楽しむ易経入門』シリーズでは声の解説者としてもおなじみ。

スタッフ
編集協力：都築佳つ良
ブックデザイン：山原 望

超訳 易経 陰 ——坤為地《こんいち》ほか——

2020年10月 2 日　第1版第1刷発行
2023年 6 月 2 日　第1版第3刷発行

著　者　竹村亜希子
発　所　株式会社 新泉社
　　　　東京都文京区湯島1-2-5 聖堂前ビル
　　　　TEL 03-5296-9620　FAX 03-5296-9621

印刷・製本　創栄図書印刷株式会社

ISBN 978-4-7877-2018-4 C0095

新泉社の本

こどもと読む東洋哲学シリーズ

易経

陽の巻 夢をもつってどういうこと？

竹村亞希子・都築佳つ良

小学5年生の乾太《けんた》は、夏休みの宿題「将来の夢」の作文が書けずに困っていた。そこでおじいちゃんがくれた『易経』の本を開いてみたら……。中国古典・四書五経の一つ「易経」は、帝王学の書として世の中のリーダーたちに読み継がれてきました。その中から最強の成長論である「乾為天《けんいてん》」（龍の成長物語）を取り上げ、乾太《けんた》の成長を通して夢（志《こころざし》）を実現するいちばんの近道を見つける方法を解き明かした易経の入門書です。

四六判・280ページ・1800円＋税

超訳 易経 陽
―乾《けん》為《い》天《てん》―
竹村亜希子

帝王学の書「易経」から、龍の成長物語「乾為天《けんいてん》」だけを取り上げて、やさしく解説した超入門書。龍が潜龍《せんりゅう》、見龍《けんりゅう》、乾惕《けんてき》、躍龍《やくりゅう》、飛龍《ひりゅう》、亢龍《こうりゅう》と成長していく6つの過程を通して、すぐに実践できる具体的な智慧を紹介しています。竹村亜希子の代表作『リーダーの易経』の増補改訂版です。易経を読んでみたいという人にお薦めの一冊です。

四六判並製・200ページ・1600円+税

超訳 易経 陰
―坤《こん》為《い》地《ち》ほか―
竹村亜希子

四書五経の一つに挙げられる易経は、中国最古の「思想哲学の書」として、西洋哲学にも大きな影響を与えています。その易経の中から、陰の代表卦「坤為地《こんいち》」を中心に、天雷无妄《てんらいむぼう》、地天泰《ちてんたい》、天地否《てんちひ》、天下同人《てんかどうじん》、坎為水《かんいすい》、山天大畜《さんてんたいちく》など17の卦を取り上げています。「みんなのための易経」として、初心者でも気軽に読めると評判の『超訳 易経』の増補改訂版です。

四六判並製・348ページ・2000円+税